花荣　余文迪　著

私募冠军股市看家功夫

——心有猛虎，细嗅蔷薇

经济管理出版社
ECONOMY & MANAGEMENT PUBLISHING HOUSE

图书在版编目（CIP）数据

私募冠军股市看家功夫：心有猛虎，细嗅蔷薇 ／ 花荣，余文迪著. -- 北京：经济管理出版社，2024.

ISBN 978-7-5243-0120-2

Ⅰ．F830.91

中国国家版本馆 CIP 数据核字第 20258Y6L31 号

责任编辑：高　娅

责任印制：许　艳

出版发行：经济管理出版社
　　　　　（北京市海淀区北蜂窝 8 号中雅大厦 A 座 11 层　100038）
网　　址：www. E-mp. com. cn
电　　话：（010）51915602
印　　刷：唐山昊达印刷有限公司
经　　销：新华书店
开　　本：720mm×1000mm/16
印　　张：31.25
字　　数：512 千字
版　　次：2025 年 3 月第 1 版　　2025 年 3 月第 1 次印刷
书　　号：ISBN 978-7-5243-0120-2
定　　价：98.00 元

序一

修身，投资，助人，玩天下

证券投资是个伟大的职业，也是个异常"毁人"的职业，如果你是股市投资者，一定会对此感受颇深。

现代社会，每个人都有对事业和财富的梦想。相对来讲，男人，年轻人，更需要一份责任，你的成功与否，决定着你的家庭的生活质量。如果你没有一个有钱的父亲，也没有遇上一位家财万贯的公主，那么你别无选择，只有想办法让你自己成为一个有钱的父亲，让你的女儿成为骄傲的公主。

这样，"修身，投资，助人，玩天下"就成了现代人实现人生价值的必要过程！

无疑，我们生活在一个不可预见的社会，生活在一个意外之财随时出现的时代，没有人能无视"财富非常道"这一事实。要想获得人生中的这种"非常财富"，希望自己幸运的人必须学会新的生存方式，及时顺应社会发展的新变化。

我们目睹了 21 世纪的快速发展，20 世纪 80 年代"万元户"是令人美慕的，而现在 1 万元早已不是个新奇的数字，许多人一个星期就可能轻松赚到。在瞬息万变的社会环境下，死守着一份打工薪水是不够的，必须想办法获得第二份或者其他更快捷的一些收入。

股市则给稳健者提供了"第二份薪水"，给聪明人提供了更快捷的收入可能。

大多数中国人更注重传统知识的学习，而忽视胆识的积累。而"修身，投资，助人，玩天下"正是胆识积累和精彩人生开启的四步骤。

笔者作为中国第一代职业操盘人士，长久以来一直想写一部关于中国股市专业投资原理与技术的书籍，精研理论和亲身经历都是股民积累胆识、获得运气和提高技能不可或缺的途径。

如果你爱他，送他去股市，那里是天堂；如果你恨他，送他去股市，那里是地狱！

在纷繁的股市秘闻中，精英投资高手总是最变幻莫测、最引人关注的人物。人们对于这些处于股市食物链顶端的猎食者又爱又恨。职业操盘手在中国股市中有很强的传奇性和神秘性，一般人很难接触到，而本书总结的正是他们炒股的独到思想、纪律和原则。

没有品尝过牛市的浓浓烈酒、没有经历过熊市的漫漫长夜，就很难说对资本市场有充分而全面的了解。

"淘尽黄沙始见金"，股市交易史如一条不息的川流，江面的波澜与涟漪，或许能吸引眼球，但真正的负重致远，却在深层处。

股海中的高手，无一不是从无数激烈的战斗中成长起来的。他们在股海中翻过风、起过浪，也被风浪冲激过。被风浪冲激过的人都知道，股海之路其实是一条惨烈的金色大道，看上去全部是金银珠宝，上了阵却要流血拼杀。

股海风云诡谲，谁有一套听风观浪的绝技，谁就可以在这股海中捞上几笔。"股海自有黄金屋，股海自有颜如玉"，但是如果没有正确的理论指导，没有上乘的武功研习，恐怕股海就不那么温柔了，美人鱼会变成大鳄鱼。

本书是笔者多年炒股心得的浓缩总结，希望有缘、有慧根的人读完本书后，在"修身，投资，助人，玩天下"的途中少走些弯路，在股海中让自己少流些血，多钓几条能为自己带来自由的"大金鱼"。

为了生活的精彩、家庭的幸福，把你的潜能多激发出来一些吧！

百战成精、千炼成妖，成精成妖之前最起码要做到不糊涂吧！

休闲工程师

花荣

序二
股市投资是美好的职业

　　股市投资是一份高贵的职业。投资者可以超越尘世的喧嚣，置身于自己的独立意志之中。他可以随身带着他的赚钱工具：一台看行情、下买卖单的电脑，也许还有一份操盘手册——《百战成精》。他没有老板也没有雇员，可以随心所欲地支配自己的时间，可以想干一切自己想干的事情，吃、喝、玩、乐、游、秀、骂，等等。

　　人不一定要富有，但一定要独立。当然，富有也是很重要的。所以，要做股市投资者，就要做一个成功的股市投资者。要成为一个成功的股市投资者，就必须学会"自我造钱"的本领。把你的金钱种子投在神奇的股市里，然后很快地收回更多的钱，这样的生活多么值得人们去追求，许多人也会因此羡慕你、效仿你、帮助你、嫉妒你。

　　投资是一份美好的职业，但是追求任何美好的东西都是需要付出代价的，做股市投资者也是这样。要想做一名合格的股市投资者，就必须学会像孙悟空那样的七十二变，会腾云驾雾，会耍金箍棒。也就是说，要当人间神仙，就得先修成神仙的武功。股市投资者武功的最高境界是"超级系统""盲点获益""热点投资""人生赌注股""凌波微步"。

　　有缘的读者即将阅读的是一本专门讲述关于股市投资者修炼武功的技术读本。与其他讲解股市投资技术的书籍不同，本书涉及股市最优投资技术的理论，其中的主要内容代表了中国股市投资技术的"少数人"的水平，其核心思维是许多先驱付出了难以想象的代价形成的。有缘的读者如果能够在这些高级投资技术上多下些功夫，同时清醒地认识自己，可能会有意想不到的收获。

好书改变命运，智慧创造人生！投资岁月，快乐着一点儿也不痛，但是如果武功不到家时，有时也会很痛。

事实已经证明，读有用书，需要多读、多理解、多琢磨；练成某项高级武功，也需要一些时间的磨砺，这种努力是值得的，也是成为股市"斗战胜佛"的必由之路。

美好的未来在等着我们！下面就让我们跟随老投资侠客们的最优投资思维，踏上一条崭新的、神奇的、充满诱惑的投资之路吧！

来吧，伙计，不要客气！

股市投资者

花荣

目　录

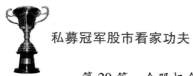

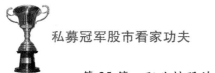

第一部分

毛毛虫是怎样过河的？变成蝴蝶

　　股市没有用兵布阵，一样两军对垒；没有刀光剑影，一样充满杀机；没有硝烟弥漫，一样惊心动魄。

　　进入股市，自己做自己的盖世英雄，一个人面对股海中的千军万马，闯出一番朗朗新天地。进退有据，不逞一时之勇；荣辱不惊，方显英雄本色。忍受得住破茧成蝶的痛，才担得起振翅高飞的美丽。世上最美的，莫过于从泪水中挣脱出来的那个微笑。

第1篇
小众高端的实战体系框架

　　随着市场规模和交易制度的变化，市场的波动规律也相应地出现了一些变化，为了应对这些变化，使自己的操盘体系更客观地符合实战背景，我特别做了这次实战体系的修改和改进，现在总结记录如下，供内部实战交易和辅助工作人员学习。

一、根据大盘的仓位选时系统

在花氏实战体系中，先大盘后个股是一个重要的前提和原则，根据大盘的趋势变化确定账户的持股仓位比例。

我的最新判断大盘短中趋势的方法工具是指标王平滑异同平均线（MACD），对于这个指标要熟练运用和敏感地注意细节并对照比较历史数据。

（一）红柱线阶段的判断原则

1. 强红柱线

（1）强红柱线的标准是红柱线高且红柱线根数多（与历史强势情况相比可得出未来展望判断）。

（2）强红柱线伸长阶段是最佳短线机会时间段（持股仓位超过50%）。

（3）强红柱线缩短阶段是短线平衡市时间段（持股仓位25%~50%）。

（4）强红柱线出现后，会对后市有阶段性的惯性反馈影响。

2. 中等红柱线

（1）中等红柱线的标准是红柱线的高度是中等程度的且红柱线根数中等（与历史平衡势情况相比）。

（2）中等红柱线伸长阶段是平衡势短线强势机会时间段（持股仓位20%~40%）。

（3）中等红柱线缩短阶段是平衡势短线弱势风险时间段（持股仓位尽量降低）。

3. 弱红柱线

（1）弱红柱线的标准是红柱线的高度比较弱且红柱线根数较少（与历史弱势情况相比）。

（2）弱红柱线出现阶段是弱势短线微弱反弹时间段（可以忽略，不做不算错）。

（二）绿柱线阶段的判断原则

1. 强绿柱线

（1）强绿柱线的标准是绿柱线长且绿柱线根数多（与历史大跌势情况相

比可得出未来趋势展望）。

（2）强绿柱线伸长阶段是最佳做空时间段（尽量降低现货持仓，加强期货弱品种做空）。

（3）强绿柱线缩短阶段也是风险时间段（谨慎不做也可以，要做只能做强势大盘指标股）。

（4）强绿柱线出现后，会对后市有阶段性的惯性反馈影响。

2. 中等绿柱线

（1）中等绿柱线的标准是绿柱线长度中等且绿柱线数量中等（与历史弱势情况相比）。

（2）中等绿柱线伸长阶段是风险时间段（顶住心理障碍降低仓位）。

（3）中等绿柱线缩短阶段是平衡势小机会时间段（20%仓位，分散持仓，低振幅战法）。

3. 弱绿柱线

（1）弱绿柱线的标准是绿柱线长度比较小且绿柱线数量较少（与历史类似情况相比）。

（2）弱绿柱线出现阶段是短线整理时间段（可以忽略做多机会，有原有持仓可以持有等待）。

（三）MACD 的补充原则

1. MACD 的二次伸长

（1）红柱线二次伸长时，短线强度比同规模红柱线要强一些。

（2）绿柱线二次伸长时，短线弱势度比同规模绿柱线要更弱更危险一些。

2. MACD 的零轴预示

（1）MACD 指标在零轴上方运行代表中线趋势处于整体强势。

（2）MACD 指标在零轴上方运行时，定性 MACD 指标的强度时应比零轴下方情况要更强。

（3）MACD 指标在零轴下方运行代表中线趋势整体弱势。

（4）MACD 指标在零轴下方运行时，定性 MACD 指标的强度时应比零轴下方情况要更弱。

（四）其他补丁配合原则

1. 结合均线的判断

当出现有一定力度的行情后，会出现阶段次级行情反波动，支撑位往往是重要均线（10 日、30 日最重要，20 日、60 日、半年线、年线也需要参考）。

2. 均线结合 K 线逻辑的判断

均线处附近的指数走向判断是难点，可以参考组合 K 线逻辑的七种判断形式来加强判断。

3. 敏感时间点的判断

关注市场出现的敏感时间点（坏消息集中公布、季度底、期指交割日、大消息突然出台），这个时间点的判断要参考当时的夜盘 A50 提示。

二、稳健思维的选股系统

选股的总体原则是短线爆破点、中线爆破点、稳健低振幅。

（一）中线重仓股的选股原则

1. 央企小市值股

央企是最安全的股，个股有退市利空时大部分股给予了现金选择权，中线持股、低振幅战法是可以被优先考虑的。

2. 大股东要约收购股

大股东实力强大，持股比例大，不断地进行要约收购、增持的个股需要中线重点持续跟踪考虑。

3. 中线爆破点股

最常见的中线爆破点是解决同业竞争问题和有资产注入承诺，同时也需要考虑没有退市风险，最好是集团公司现存有大量未上市优质资产。

4. 基本面稳定或者业绩强周期股

基本面稳定主要指主营是类似于公共事业行业的公司，或者季报主营收入、利润增长的公司。

5. 选股条件叠加更好

最好的股是上述选股条件集中为一个股，比如又是央企，又是大股东持股比例大，又是需要解决同业竞争问题、有资产注入的承诺和能力等。

（二）短线效率的选股原则

根据个股的情况选股原则有：

（1）短线成为热点。

（2）具有短线爆破点。

（3）短线技术指标与大盘技术指标双底。

（4）大盘处于强势期、个股短线不高。

（5）防守反击，留有余力。

（三）操作原则

（1）中线持股结合短线低振幅战法。

（2）短线组合战法。

（3）跟随服从大盘的总仓位控制法。

（4）定增和大宗交易优先考虑。

（5）根据转债申购表，在大盘强势时针对含权股短线套利。

（6）注意季度底、报表时间底、期指交割日，在这时间的前夕，注意夜盘 A50 的波动提示。

第 2 篇
机会硬度判断与实战流程

股市中的真正独立思考者看上去可能像个会计，在对历史熟悉的基础上，不断地进行统计对比，再结合自己的能力流程化地知行合一。一项高端技能的精进，熟练地应用且不断地完善进步，是需要理论指导和不断地多次实践应用的，重复一万次必然熟练，再从实践中来变成更完善的心中有数的理论。

下面我结合实战流程来总结一下我自己的机会硬度判断排序。

一、首选机会

（一）确定性机会

这个确定性是具体制度化的，不能是抽象感觉化的，是以时间、价格作为参照物的，是有年化收益率作为满意度心理预期的。

1. 现金选择权

（1）表现形式。主要是吸收合并的现金选择权和股权转让的全额邀约收购。

（2）判断难点。主要是预案实施的可能性，有些预案曾经出现过反悔撤销。一般情况下，央企和主动性的行动比较可靠，预案出现后出现意外大盘大跌的民企则容易反悔。

（3）实战流程。操作前夕和操作过程中可以多次与上市公司联系，持续洞悉其态度。

计算年化收益率的满意度，分批加大仓位。

2. 回收价即将到期

（1）表现形式。主要是债券到期或者债券型基金到期。

（2）判断难点。主要是公司的偿债能力，一些折价较大的民企偿债能力不足会造成重大损失。一般情况下，大型央企的安全度较高。

（3）实战流程。计算年化收益率的满意度，分批加大仓位。如果出现波动导致短期年化收益率提前实现，可以进行低吸高抛操作。

（二）短线爆破点机会

短线爆破点有常见形式以及阶段有效形式，要熟悉常见形式并持续统计，借以发现阶段的有效形式。

1. 有效的制度爆破点

（1）表现形式。主要是《花荣股海操盘笔记》一书中所记录总结的短线爆破点形式，要熟悉并进行持续效果统计。最常见的是业绩预报、公告和敏感时间。

（2）实战流程。根据股价波动周期进行有流动性的短线买卖操作。

2. 有效的双轨爆破点

（1）表现形式。主要是根据证监会、交易所、药监局、公共资源交易网站平台提供的信息，提前埋伏上市公司利好公告。

（2）实战流程。根据股价波动周期进行有流动性的短线买卖操作。

二、最佳机会

(一) 最佳成本

1. 股灾暴跌机会

(1) 表现形式。在大扩容与经济形势不明朗时间，阶段性的定期暴跌是不可避免的，要提前防止和等待这种机会的出现。

(2) 实战流程。要熟悉历史 K 线，比较历史近似 K 线，要注意重要均线的作用。有足够的资金进行这种机会的等待，做能把握后续新机会的稳健投资者。

左侧只能是指标股，重仓机会、小市值机会要耐心地等到右侧第一根中大阳线的出现。要根据均线的压力进行可能的纠错。

2. 超强反馈市场的"博傻"

(1) 表现形式。超强的特征是大盘明显的持续价涨量增或者 MACD 的持续强势表现。

(2) 实战流程。持有多只符合阶段万能公式的股票组合，根据均线乖离度进行车轮战操作。选股形式可以参考本书下面描述的"最佳技术形态"。

(二) 活跃主力

1. 活跃主力被套

(1) 表现形式。长期跟踪自选股，会发现一批股性十分活跃的股票，一旦大盘出现较大的下跌，并把这些个股的股价拖累，这种形式就出现了。

(2) 实战流程。在大盘的低点，优先注意这类股票。

2. 最佳技术形态

(1) 表现形式。一种表现形式是：用量比最小排序选择（选择持续堆量后缩量调整到位的股）。

另一种表现形式是：用量比最大排序选择（选择远低于 MCST 线初步价涨量增的个股）。

(2) 实战流程。每天用上述方法选择上述股票，结合其他优先因素（本书提到的）分批选择买点。

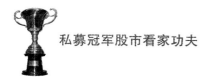

三、优势机会

《孙子兵法》的核心内容是以强胜弱，不是以弱胜强（这是许多平庸者的小概率幻想），要制造自己的优势，利用自己的优势，打破能力升级的门槛。

（一）低振幅战法

1. 流通股东最少

（1）表现形式。用股东人数排序，选择中线几个技术形态低的。

（2）实战流程。在大盘稳定的时间低挂承接，或者在大盘急跌接近低位时低挂承接（如果大盘和个股都低位转强，也可吞吃大单）。

2. 价格最低且具有防守性

（1）表现形式。选择一批这类股作为自选股。

（2）实战流程。在大盘强势时建仓这类股效率容易更高一些（相比于股东最少的股）。

（二）中线爆破点战法

1. 明确中线爆破点

（1）表现形式。主要是指有解决同业竞争承诺、大股东实施高价要约收购、上市公司有资产重组表态问题的。

（2）实战流程。在大盘的相对低点介入，中短线结合。

2. 央企小市值

（1）表现形式。在没有其他明显机会时，优先选择央企小市值增长股。央企股往往有保底习惯原则，以往的基本面转坏或者退市的品种都被给予了现金选择权。

（2）实战流程。根据大盘情况进出。

四、组合性机会

前三部分的机会可以是单独的，但如果是机会重合的更要加分优先考虑。

（一）顺势组合

1. 顺势机会的高概率组合

在大盘强势时多持有一些品种，一方面可以增加获胜概率，另一方面可以提升资金的运用效率。

2. 双向机会的组合

在大盘不明朗和弱势时，可以考虑做空措施，一方面可以对冲多头风险，另一方面可以获得空方角度利润（也可以降低做多的情绪倾向）。

（二）多重机会组合

1. 突出机会优先

如果有一个机会点特别突出，成为主因，则属于重点机会。

2. 多重机会重叠

在选股时，如果某些品种具有多重机会叠加因素，也应该优先考虑。可以把这些选股因素按照顺序列出来并施加分值，然后对后选股进行打分客观判断。

第3篇
私募冠军的王牌看家功夫

要成为股市顶级高手，必须要有持续稳定的盈利模式，以及优势的看家功夫，还不能有阶段性弱势和习惯性弱点，一点点也不能有，一次大失败的可能性也不能有，要把一切可能的较大风险消融在操作之前，同时还需要持续保持良好的心态和身体状态，在基础素质和专业素质上都要明显高人一筹。

下面，我就来把获得冠军的看家功夫总结一下，以形成重要文献保存，供后来值得信任的公司内部年轻基金经理学习。

一、盈利模式的关键要素

（一）持股成本

持股成本低是非常重要的优势，这个优势是必须要把握住的，把握持股优势的主要手段有下面几个。

1. 定增

（1）在大盘中高位（中级行情中后期）不能参与。

（2）参与定增的个股必须是当期基本面向上的，没有明显基本面缺陷的。

（3）参与锁仓的仓位比重原则是：大盘底部个股底部时重仓参与（最高50%），大盘中低位个股低位时组合化投入（总仓位不超过50%）。

（4）参与定增的价格必须要考虑大盘下限出现时的安全垫（绝对价格和补救价格），不能盲目报高价，宁肯错过也不能被套被动。

（5）对于公募基金重仓股可以加分考虑（适当提高价格和数量）。

（6）价差大的定价补充发行多数有利可图（经常是底价发行）。

2. 大宗交易

（1）在大盘中高位（中级行情中后期）不能参与。

（2）参与大宗交易的个股必须是当期基本面向上的，没有明显基本面缺陷的。

（3）参与锁仓的仓位比重原则是：大盘底部个股底部时重仓参与（最高50%），大盘中低位个股低位时组合化投入（总仓位不超过50%）。这条同时适用于定增和大宗交易。

（4）参与大宗交易的价格必须考虑大盘出现下跌时的安全垫（绝对价格和补救价格），不能盲目报高价，宁肯错过也不能被套被动。

（5）对于大宗交易，尤其要注意大盘和个股的双低时机。

3. 大盘的绝对低点

中线仓位的重仓必须等到大盘的绝对低点才能参与，在高市盈率大扩容背景下，周期性大跌的防范意识不能松懈，并要做好事前预防措施（特别是在仓位控制和意外出局与对冲措施准备上）。

4. 个股的绝对低点

沪深股市上市公司数量众多，活跃性是周期波动的，宁肯降低一些效率，也要把主要精力放在具备绝对低点的个股板块上。

（二）中线股需要有未来

1. 不能有基本面恶化的黑天鹅

（1）包括商誉在内的大幅计提。

（2）包括公司资金被挪用的ST。

（3）行业的不确定性。

（4）具有不明朗的信息。

2. 常见的未来

（1）有中线爆破点。

（2）大股东实力强且稳定。

（3）十大流通股东实力强。

（4）行业稳定有前景。

（三）重仓股须有保证手段

1. 有意外补仓自救预备队

任何时刻都要有预备队，但预备队在机会强势时也可以短线投入。

2. 中线股要有风险对冲手段

在大盘出现意外风险时，能有适当的期指对冲手段。

3. 大盘强势时锦上添花

因为重仓股的研究是经过深思熟虑的，大盘强势时可以进一步大胆加仓扩大市值。

4. 锁仓仓位应该分时定投

有锁仓的仓位应该分时定投，重仓时应该将锁仓仓位与短线仓位结合，只有在绝对低位时才能单一股重仓锁仓，此时重仓的品种市值不宜太大。

二、最重要的盈利模式

考虑盈利模式时必须要有时间确定、价格确定的思维，必须要有买点明确、卖点明确的思维，必须要有保证心态稳定的有知者无畏思维。

（一）现金选择权

现金选择权、要约收购、面值回购是最常见的选项。

（二）有效的短线爆破点

包含行政审批性的、公示性的、融资利益性的、信息公开制度性的、机构风格性的、技术规律性的。

（三）以强胜弱的优势

把自己的优势发挥出来，并且积累优势资源。

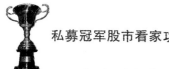

（四）有知者无畏

投资项目必须熟悉，熟能生巧，不能被陌生表演所诱惑。

三、功夫在股外

基础素质是专业素质的保证，没有高的基础素质，不可能有高的专业素质。

（一）保持好心态，保持好基础素质

做股票的技能体现，六分心态，三分技术，一分运气。技能的正常发挥必须是冷静理性的，不能冲动。有后续手段就容易有好心态，处于不利状态时谁的心态也好不了，人的能力又是与处境挂钩的，不利处境时容易出现低级错误。

（二）亏钱出现失误的常见现象

先置立场的期望和猜测与后知后觉的情绪跟随，是股市投资大忌，容易把追涨杀跌不学自会的弱点暴露得异常充分。

（三）追求难度

正确认识市场、认识自己、认识清楚年化收益率，追求简单机会，追求80分的中庸行为。

（四）有操作参考点

要有操作原则、操作参考点和应对逻辑，持续统计市场。

第4篇
怎样解决常见的实战难点？

股市的客观现实是多因一果，但是阶段时间中或者某个具体个股存有关键因，这个关键因有时是明显的立刻就能起效果的，但是更多时间的关键因是隐含的，是需要与其他反动因斗争的，或者延迟发挥效果的。有经验的职业投资者在实战中都非常重视三个问题的处理：情绪的控制与处理、关键因的认识、机会的正确把握与有效率的把握。这三个问题的处理既是实战难点，又是我们经常遇到且必须把握好的。

一、情绪的控制与处理

(一) 人的本性情绪

1. 趋势进行时的反馈

没有受过职业训练的人,现时情绪通常会是对前期大盘走势的正反馈映照,前期行情好,现时的情绪就好;前期行情差,现时的情绪就差。

即使是受过职业训练的人,投资情绪也会多多少少地受到前期大盘走势的影响。同一种连续趋势时间越长,影响越大。

2. 自我的意愿

绝大部分人对市场机会和自我能力的认识会超出客观情况,要求过高,不切实际,这是投资者在股市中亏损的最常见原因。

3. 承认错误的难度

在股市中一旦出现错误,会受到本金亏损的惩罚,多数人会有侥幸心理,很难承认错误并改正错误。

(二) 正确的职业理性情绪

1. 熟悉比较历史

在股市中,熟悉 K 线历史和走势规律,是非常重要的能力训练。让历史告诉未来,摆脱反馈情绪的影响,是职业高手必须具备的素质。

2. 中庸留有后手的执行

保留后续机会,保留纠错能力,保持良好心态,也是股市投机实力的重要体现。

3. 买卖点明确

在股市实战,有选股硬依据、有效买卖点明确是控制情绪问题最有效的手段,"有知者无畏"是最高境界。

(三) 行动、坚持与放弃

1. 低压力的执行

低压力的执行,是指能够承受后果的投资行为,这是股市投资行为的正常状态。

2. 优势有力的执行

事前知道不会输、超短线有效操作、卖完立刻脱离成本价格都属于优势有力的执行，这是我们追求和希望的。

3. 有严重后果的执行

有严重后果的执行必然会出现心态问题，这是我们需要避免和有纠错后续手段的。

二、关键因的认知

（一）关键因

1. 利益

一只股票上涨，必须要有强动机的利益因，这个利益因可能是重要题材、主力重套需要解套、主力赚钱愿望强烈。这个利益因必须是主力既有愿望也有实力才行。

2. 时间

发现了利益因，必须要了解大致的时间，最好是了解年化收益率。有了年化收益率概念，就能够了解这个项目是否值得投资，以及实施的第一次价格和后续价格。

3. 力量

爆破点的力量爆发必须能够覆盖你的持股浮亏。

（二）更强的反关键因

1. 大盘的反关键因

发现利益关键因很重要，但也不能忽视风险关键因，利益关键因的实施必须要在利益关键因明显大于反关键因的时刻，如果时机不对，则需要耐心等待更好的时机，不能因为抓机会而导致亏损。大盘的弱势趋势是最常见的反关键因。

2. 实施有难度的反关键因

有时机构投资者甚至上市公司也会出现意愿强于现实的情况，这样利益因出现了线索，但是难以把握，一旦失望出现，利益关键因会演变成风险关键因。

3. 利益最大化的反关键因

有时，一些股票因为有强烈的利益因，但是设局者为了利益最大化，会选择时间等待（大盘、合理的价格），甚至制造反关键因导致股价下跌。

（三）关键因的表现形式

1. 主力的筹码

主力的筹码数量和筹码成本是必须要了解的因素。

2. 题材、事件和热点

这是关键因启动的时机。

3. 自己的优势因

必须有自己的优势因，不能轻易参与自己处于劣势的朦胧梦局。

三、机会的正确把握与有效率的把握

（一）机会的认知

1. 确定性

机会线索的证据必须硬，机会线索必须明确，不能含糊、猜测，并建立跟踪、熟悉。胜率高很重要。

2. 效率

在保证胜率的基础上，尽量争取高效率和高年化收益率。

3. 风险所在

任何时候都要注意相对价格（成本风险）、基本面下限风险和大盘风险（包括未知的黑天鹅，也需要防范）。

（二）正确把握

（1）时机和品种的组合性。

（2）自我优势和后续手段的结合。

（3）宁肯错失机会，不能承担不愿意承担的风险。

（三）效率和年化收益率

（1）中线选股要注意基本面下限和周期冷门，中线时机要等绝对的大盘低点（大扩容时代不用担心不会出现）。

（2）要有框架规划和计划，要有有效的盈利模式。

（3）要控制回撤，计算个股年化收益率、阶段年化收益率。

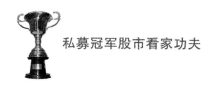

第 5 篇
股海实战中好习惯与紧要守则

股市波动是多因一果，要想常胜大胜而不出现大输，必须要有一些紧要的原则，用这些原则来帮助自己防范随意性和情绪感觉，这些随意性和情绪感觉是许多投资失误的最常见原因，甚至许多高手也会在这方面不够细腻而吃亏，所以投资者必须要书面性地厘清自己的投资原则并形成习惯。下面我就把我自己的投资原则厘清一下。

一、中线股原则

（一）强股东

（1）最好是央企或者是实力强大的国企。

（2）实力强大的民企也可以考虑。

（3）股东进行过要约收购或者明显大幅增持。

（二）基本面增长或者稳定

（1）行业是稳定行业，不能是周期行业或者夕阳行业。

（2）当期业绩是主营增长的，且后期业绩也很可能是增长的。

（3）不能有退市可能、高商誉集体可能以及绩优股不达预期可能。

（三）技术面双低位置

（1）大盘必须处于明显波段低点或者放量上涨中级行情时间。

（2）个股必须处于"中线+短线"的双低位置，要注意不能是短线低位（中线都是中间位置）。

（3）不能有解禁抛压或者再融资打压等因素存在。

（四）尽可能以折价方式买进

1. 定增经验

（1）小市值的基金重仓股比较合适。

（2）不能有解禁股的解禁压力。

（3）必须是大盘和个股的双低位置。

（4）强股东、基本面增长或者稳定。

（5）考虑冷门股。

（6）平常选股时也需要参考这个指标。

2. 大宗交易经验

（1）此前6个月不能有低于目前大宗交易价格的大宗交易接盘。

（2）必须是大盘和个股的双低位置。

（3）后续的解禁压力不能特别的大。

（4）强股东、基本面增长或者稳定。

（5）考虑冷门股。

（6）平常选股时也需要参考这个指标。

二、重仓股原则

（一）折价方式获得的重仓股

可参考中线股原则，特别是要参考定增、大宗交易经验。

（二）二级市场重仓股选股经验

（1）有现金选择权保护的品种，并且题材要可靠。

（2）有大股东要约收购题材和重仓增持的股票。

（3）强股东、基本面增长或者稳定。

（4）强机构重仓被套股票（包括社保基金、大保险资金）。

（5）有中线爆破点股票。

（6）不能有低成本的解禁股解禁压力。

（7）小流通市值且有反击能力个股。

（8）平准强势股。

（9）安全的转债。

三、其他常见现象和操作

（一）市场虹吸现象应对原则

（1）遇见虹吸现象，被虹吸股需要立刻进行减仓处理，止损原则参考重要均线和 K 线逻辑。

（2）制造虹吸现象热点板块需要阶段性关注，参照"量比最少"和 KDJ 指标选股。

（二）低振幅操作原则

（1）低振幅股必须是股东最少或者成交最少的股。

（2）必须是低位且走横盘个股。

（3）最好是没有公募基金的个股（大盘弱势时公募基金抛股不计成本）。

（4）最好是结合中线爆破点。

（5）同一个价位区间，持股上限不能超过 300 万元市值，切忌同一价位买成重仓股。

（6）次新股需要注意解禁减持压力。

（7）业绩周期需要是成长的，且不能有高商誉风险。

（8）公用事业等稳定行业优先。

（9）要学会低挂买单。

（三）绩优股和基金重仓股

（1）要防止业绩不及预期风险。

（2）要防止定增、配股风险。

（3）大盘上下行时，公募重仓股容易助涨助跌（包括社保股）。

（4）买绩优股要选择其强势时。

（5）做热点题材股不选绩优股。

（6）平准绩优股是重点股。

（7）大盘股参与时要走得强，小盘股参与时要价格绝对低。

第 6 篇
股市中人的命运是怎样改变的？

股市是虚拟经济，在这里财富波动得更为剧烈，如果运气好或者操作得当，比实业更容易快速地获得财富；如果运气不佳或者操作失误，也容易导致财富快速丢失。相对实体经济来说，股市技能更为综合，掌握起来难度也更大，更需要明白自己的认知域，今天我就来从宏观的层面上总结一下股市人改变命运的情况。

向上改变命运的常见情况：

一、大牛市

虽有智慧，不如乘势；虽有镃基，不如待时。在股市中，顺势而为，不逆势，等待和抓住大牛市是最重要的技能。

（一）牛市技能

股市中的常规技能只有在牛市（强势）中管用，在弱势中越努力越不幸。

（二）牛市起点

牛市的起点有三种：

第一种，大熊市后的复苏。如 2009 年的情况。

第二种，低位长线利好的刺激。如 2005 年的股改、2014 年的融资制度建立。

第三种，阶段大主力的点火中级行情活跃，突然性的大盘价涨量增，并且有指数权重板块连续走强。如 1999 年的"5·19"行情。

（三）牛市过程

典型特征是：沪市指数 10 日均线、30 日均线持续向上；大盘成交量能连续维持高量能；大盘 K 线小阴线难以超过三根，大阴线难以超过一根半；利空打压，沪市指数在 30 日均线、60 日均线处也有较强的有效支撑。

（四）高点要及时逃顶

A 股的波动规律是周期循环：大涨导致大跌，大牛市后面都伴随了大熊市，所以高位逃顶也是非常重要的。

（五）牛市规律要熟悉

要对历史上牛市走势熟悉并对照进行时的行情阶段特征。

二、股灾后猛烈反弹

"股灾财"是 A 股中的重要机会之一，而且每过几年就来一次。

（一）股灾的常见形式

第一种，突发大利空导致的原本弱势波动中的连续大跌。

第二种，长期弱势后的低位信心崩溃大跌。

第三种，负反馈导致融资、质押、衍生品的平仓大跌。

（二）抄底注意点

第一，要事先留有资金准备，不着急，有胆识，要分批。

第二，先关注大盘指标股，再注意绩优基本面形象好股，最后是超跌股。

第三，要耐心，不能提前重仓。

三、无风险套利的重仓

无风险套利只存在在长时间熊市中，强势中很难出现。

无风险盲点套利的主要形式：

第一种，股权转让导致的全额要约收购或者吸收合并导致的现金选择权。

第二种，债券的面值或者到期价格的保护。

第7篇
最应该掌握的几个盈利模式

职业投资者与业余投资者的最大区别是，职业投资者依靠盈利模式赚钱，而个人投资者依靠个股赚钱，这两者是有着明显区别的。是否有几套相对高频的能保证满意年化收益的可靠的盈利模式，是评判投资者水平高低的最重要标准。下面就来总结和说明几套我自己比较喜欢的盈利模式。

一、防守反击盈利模式

（一）概念

只做超跌反弹、无风险套利和超强小仓位短线。

（二）适合什么样的账户

适合只能赢不能亏且要求不高的账户。

（三）操作注意点

严格把关，宁肯错过，不能做错。

（四）表现形式

（1）短线超跌反弹。

（2）无风险套利。

（3）超强短线。

（4）大资金在绝对低位的大宗交易和定增认购。

二、中线爆破点盈利模式

（一）概念

个股存有一个比较强的中线题材爆破点。

（二）适合什么样的账户

适合相对稳定、有一些风险偏好的账户。

（三）操作注意点

只能局部仓位，要留有充裕的补偿资金，箱体中线指标运作，中短线结合。

（四）表现形式

（1）大股东要约收购增持（有时会有进一步增持）。

（2）需要解决同业竞争问题。

（3）有重组承诺。

三、短线爆破点盈利模式

（一）概念

有一个短线刺激股价的利好。

（二）适合什么样的账户

适合短线爱好者的账户，适合小账户和大账户的小资金操作。

（三）操作注意点

需要统计短线爆破点的有效性，爆破点前后结合万能公式进出。

（四）表现形式

（1）交易所行政审批网站。

（2）证监会深证审批网站。

（3）每年定期信息披露制度规定。

（4）中线大题材结合敏感时点。

（5）再融资信息。

四、低振幅盈利模式

（一）概念

主要是交投清淡，下跌下限有限的个股。

（二）适合什么样的账户

适合小资金稳健投资的账户。

（三）操作注意点

选成交量最少（持有户数最少）的低位股，有中线爆破点更好，同一价位附近仓位不能过重，要留有一定的补仓资金。

（四）表现形式

（1）成交量最少的基本面稳健的个股。

（2）基本面稳健或者有重组预期的 ST 股。

（3）绝对股价低没有退市风险的小市值股（有重组预期更好或者基本面稳定）。

五、权重平准股盈利模式

（一）概念

长时间低位的冷门权重股开始走强。

（二）适合什么样的账户

作为稳健组合的一部分操作，或者出现二八现象时的激进局部仓位操作。

（三）操作注意点

适合短线投机波段操作，要有两三次补仓机会。

（四）表现形式

（1）大盘大跌时的低位定增和大宗交易。

（2）出现二八现象时的转换仓位。

（3）大盘高位危险期时吃鱼尾巴。

（4）箱体箱底位时的短线平准投机。

六、双轨价格盈利模式

（一）概念

阶段低位的抄底方式。

（二）适合什么样的账户

适合大资金账户的中线持仓。

（三）操作注意点

大盘和个股双低，要注意买卖时机的博弈因素。

（四）表现形式

（1）定向增发。

（2）大宗交易。

（3）小市值中线高概率爆破点。

七、股价跌透概念盈利模式

（一）概念

个股板块处于严重明显的超跌状态个股的中线持有。

（二）适合什么样的账户

适合中线稳健账户和主动账户。

（三）操作注意点

要在大盘安全期和个股的绝对低位，最好是被非实质性利空打击过，要留有充裕的预备队补偿资金，短线有收益可以低吸高抛以降低持股成本。

（四）表现形式

（1）强股东小盘股。

（2）有中线爆破点的中小市值股。

（3）有主力被套的基本面稳健股。

八、猎庄盈利模式

（一）概念

主要是伏击规律性庄家机构和被重套活性庄家机构。

（二）适合什么样的账户

适合部分资金长线被忘记的博弈资金。

（三）操作注意点

要看准成本、数量、机构活性以及潜在题材，持仓数量少且长线博弈。

（四）表现形式

（1）大股东强大且持股比例大（中小市值）。

（2）主力被套数量大且持股数量大（清晰）。

（3）大盘低点的著名大机构重仓股（有后续活资金）。

（4）历史股性活跃的绩优股（大市值的也可）。

九、异动短线投机盈利模式

（一）概念

根据经典技术指标特点选股。

（二）适合什么样的账户

适合小资金或者大资金的小仓位局部组合。

（三）操作注意点

要对异动规律熟悉，熟练短线运作。

（四）表现形式

（1）大盘阶段低点的量比小排名。

（2）大盘阶段低位的被套 K 线发现。

（3）大盘绝对大低点的内外比承接力分析。

（4）受大盘影响的前阶段热门股的低点。

十、最后的说明

（1）上述战法根据账户的追求可单独使用，也可以组合使用。

（2）要注意根据阶段特点灵活使用。

（3）要被动和主动结合使用。

（4）个股要熟悉和灵活观察运用。

（5）出现失误时要快速清零重来。

（6）杜绝灵机一动和被高位短线诱惑。

（7）对 A 股大扩容的风险高度警惕。

第 8 篇
注册制下的股价波动规律总结

随着注册制的全面实施以及市场规模的扩大，股价的波动规律出现了明显变化，进行二级市场投资，对于这种变化不可不察，并必须考虑应对策略。现在，我们就来对新形势下的股价波动规律进行总结，并讨论一下合理的应对措施。

一、大盘

（一）大盘的波动规律

（1）弱平衡市是常态。

（2）平均股价下沉必须防范。

（3）超跌反弹是主要机会。

（4）二八现象的处理是难点。

（二）应对措施

（1）防守反击是主策略，要有足够的耐心场外等待，只在超跌时进行机会反击。

（2）要加强期指做空的手段，要了解阶段的弱势指数。

（3）要加强融券做空的手段，要熟悉了解阶段的融券资源。

（4）中线选股要精益求精，既要抗跌，又要有中线爆破点，还要有反击优势。要格外清醒，大盘不行时，什么绝招什么技巧都没用。

二、次新股

（一）次新股的波动规律

（1）发行价高，容易破发。

（2）第一年不计指数，容易单边下跌。

（3）大小非减持的压力不容忽视（并要了解大宗交易的细节）。

（4）第二年容易基本面下滑。

（二）应对措施

（1）这个板块轻易不能碰，操作时要慎之又慎，在仓位和时间上要严格控制。

（2）对于其中的少数极品股，在大盘重要中线低点可以采取大宗交易手段。

（3）在大盘高点对于明显弱势股可以考虑融券做空。

（4）在年报前，可以对业绩增长有送股潜力的机构重仓股做短线爆破点操作。

三、大盘权重股

（一）大盘权重股的波动规律

（1）如果不动，则长时间没机会。

（2）成为平准强势股或者出现二八现象时有机会，并且有持续性，可以用均线、KDJ、MCST指标进行跟踪，在敏感时间也可以注意。

（二）应对措施

（1）在大盘绝对低位可以对历史低点的绝对低市盈率个股进行大宗交易建仓。

（2）初步高强度时可以短线注意。

四、高振幅股

（一）高振幅股的波动规律

（1）个股位于 MCST 上方时容易出现高振幅波动。

（2）高振幅股在阳线多时，遇到大盘阶段低位容易出现高振幅机会。

（3）高振幅股一旦出现高位负逻辑 K 线，容易产生较大跌幅。

（4）中线高位股一旦出现单边阴跌走势，往往时间比较长。

（二）应对措施

（1）可以结合大盘低点和个股低点少量操作高振幅股。

（2）严重中线超买的高振幅股一旦出现负逻辑 K 线，可以适当少量做空。

五、低位股

（一）低位股的波动规律

（1）超跌低振幅股的定义是：年度跌幅排名靠前且股价已经横盘抗跌，或者日成交金额排名最低且已经横盘抗跌。

（2）需要防范的下降通道种类：①先出现中线大涨又出现中线超跌，但是依然有涨幅。②低振幅基本面下滑股会非常沉闷，也很难中线抗跌。③没有明显优势的科创板、北京交易所股，因为它们有 50 万元的交易门槛。

（二）应对措施

（1）超跌低振幅股有中线爆破点的可以结合大盘中短线操作。

（2）超跌低振幅股中成交金额小的可以结合大盘短线小仓位投机（尾市交易法结合高低挂法）。

（3）其中极品股可以有核心资产，但是每个阶段只能有一只，重仓时机必须在大盘重要低点。

（4）大市值、原绩优股、原基金重仓股、有退市风险的基本面下滑股不要轻易碰，并可以选择合适时机融券做空。

六、再融资股

（一）再融资股的波动规律

（1）定增获利股有中线负爆破点。

（2）定增前夕股价表现相对稳定。

（3）刚刚实施过定增，但市价低于定增价或者解禁定增价的公募重仓股比较活跃。

（二）应对措施

（1）定增获利股在接近解禁前夕可以适当做空。

（2）定增股在锁价后的报价日可以做超短线（前一日也可以）。

（3）定增被套股结合分析机构持仓量、集中度、风格可以考虑中短线结合的伏击。

（4）有锁定期的大量大宗交易股也要注意解禁日附近时间的风险。

七、常见特点机会股总结

我的常见特点机会股和操作原则有：

（一）央企股

大盘央企股做强势，低位央企股做定增、大宗交易，小盘央企股做大盘抄底。

（二）大股东增持要约股

主要做中短线结合。

（三）中线爆破点的股

主要指有重组征兆的股，主要做大盘抄底结合中短线。

（四）主力重套股

最常见的是定增重仓被套股。

（五）强势权重平准股

发现并根据波动规律做短线。

（六）有效短线爆破点股

选择经过统计证明有效的短线爆破点股。目前比较有效的短线爆破点是结合大盘背景的转债发行公告。

（七）低振幅股

已经横盘抗跌的成交量稀少股和股东数量少股。

第9篇
做空手段的细节应用总结

随着大扩容的推进，市场的供求关系发生了较大的变化，市场长时间弱势波动，做空的机会也是比较多的，为了适应市场的客观情况，使自己的投资活动更加主动和胜率更高，我们不应该放弃做空的盈利手段，为此，我总结了这篇以期指和融券为主要手段的做空技术集锦，希望能为实战操作提供一些理论指导。

一、大盘指数做空时间经验总结

这部分内容主要为期指做空和融券做空时的操作参考。

（一）箱体平衡市做空时点

1. 箱体上沿高位无力时

（1）K线负反击、负连续时点。

（2）MACD弱势时点。

2. 箱体下行时出现利空

箱体下行时，如果出现利空，容易导致中级下跌行情。近几年的常见利空因素是人民币贬值，导致北向资金流出。

（二）弱势做空时点

1. 弱势无量拉高时点

弱势中指数无量拉高后，容易引出抛压，导致指数跌回。

2. 非实质性利好

弱市中出台非实质性利好，容易导致高开低走。

3. 重要均线压头

指数反弹至或者横盘至重要均线压下来的时间，属于危险时间，需要提前防范。

（三）短期强势后做空时点

在大盘弱势时，大盘的强势时间很短，强势后走弱是经常现象。特别是大盘处于月底的周四，容易习惯性短线弱势。

（四）二八现象做空时点

二八现象出现时的弱指数，有期指短空机会。

二、个股指数做空时间经验总结

这部分内容主要为融券做空操作的总结。

（一）中线经典负爆破点

1. 有较大盈利的定增解禁股

（1）最好是二级市场机构参与定增股，在解禁日前后往往走势比较弱。

（2）注意需要排除大股东定增单独解禁事项。

2. 首发小非解禁股

（1）有众多持股比例低于5%的小非解禁往往抛售压力较大。

（2）注意需要排除大股东定增单独解禁事项。

3. 大量盈利大宗交易解禁

（1）有大量盈利的分散大宗交易解禁会有抛售，密集持续数天解禁的抛售压力更大。

（2）如果是单一的大单解禁需要排除，单一小单也可以忽略不计。

4. 信息获得方法

银河海王星软件板块分类中有"即将解禁"板块，F10资料中的龙虎榜单中有大宗交易解禁时间记录（解禁时间为自大宗交易日算起的6个月）。

这几个做空时点在弱势中是比较准的，需要重点注意。

（二）经典现象做空时点

1. 次新股进入单边下跌走势

定位明显偏高、基本面下滑的次新股，一旦沿10日均线单边下跌，往往时间比较长，甚至数月。

2. 中线涨幅较大的个股进入单边下跌走势

中线涨幅较大的个股，一旦跌破 MCST 线，往往容易进入长时间下跌走势。

3. 高价股基本面转坏并进入单边下跌走势

高价股一旦基本面不达预期，甚至转坏，容易引起公募基金长时间出货走弱。

4. 中线利好兑现并呈现负逻辑 K 线走势的股

中线利好兑现且股价走弱，往往杀伤力比较大。

（三）经典做空时间

1. 中级行情结束的时点

中级行情结束后，大盘和大部分个股走势比较差，适合做空。这时不能做空的是低位的大盘指标股与低位的防守属性个股（比如高速公路股）。

2. 1 月底业绩预亏商誉计提时间

1 月底是计提公告、预亏预降的集中时间，大盘往往比较弱，高位与技术指标不佳的公告利空股容易短线大跌。

3. 4 月底是绩差股集中公布年报时间

4 月底绩差股集中公布年报，高位与技术指标不佳的公告利空股容易短线大跌。

4. 弱市中高位个股出现利空时间

弱市中高位个股出现利空的，容易短线大跌。需要每天看公告。

（四）与大盘共振的负双击

1. 大盘高位的负反击个股

大盘箱体高位或者高位拐头时间，出现负反击 K 线、负连续 K 线的个股容易走坏。

2. 大盘下跌时间技术指标趋坏的弱势股

大盘下跌时，个股 MACD 指标出现死叉的弱势股容易有下跌空间。

3. 大盘弱势中的单日强势股

在大盘低成交量盘整时，个股容易第一天涨一下，第二天就走弱，这是常见现象，可以注意在第二天出现弱势迹象时短空一下。

4. 弱市中非实质性利好

弱市中个股出台非实质性利好，股价反而走坏的股容易连续大跌。

第 10 篇
全天候实盘整体策略统筹

随着 A 股规模的扩大和新的经济形势形成，A 股的波动规律有了新的明显特点。针对此，我们必须要有新的有针对性的实战策略，以应付目前的客观状况，这篇文章是我的最新操作策略框架设计的说明，相信会对实战操作有良好的指导作用。

一、顺应客观的关键性认识

（一）弱平衡是常态

1. 供求关系失衡

（1）供求关系失衡导致平均股价重心下移，黑天鹅事件冲击会有一定力度。

（2）经济形势不明朗导致多数股是有重力的，整体有持续一定时间的强势，缺乏基本面配合，公布业绩期间需要谨慎。

2. 指数平准手段

（1）公募基金有最低持仓限制，造成双向的结构化波动。做多动能只能支持结构化，虹吸现象会经常出现。

（2）大主力平准沪市指数，并有阶段性的平准股。维稳是必须，要了解维稳的手段和规律。

（二）价格波动是局部结构化的上下回荡

1. 指数波动形式是箱体震荡和平均股价下沉

（1）阶段区域和边界分析是最重要的股市投机技术。

（2）以抓顺势性的稳妥优势机会为主，警惕传统价值投资、情绪追随趋势行为。

2．双向思维和实战手段成为必须

（1）要有"空军"思维和对冲思维。

（2）要有最佳机会思维和足够的耐心，警惕和杜绝平庸操作。

（三）多空判断标准

1．框架趋势标准

（1）要清楚阶段的主要矛盾、主要事件影响和指数箱体区域。

（2）对比历史类似 K 线背景波动情况。

2．短线指标判断

（1）大盘和个股的 MACD 状态。

（2）CCI、PSY 结合敏感时间。

二、做多策略实务操作原则

（一）超跌反弹是主要系统机会模式

（1）大盘、个股的稳妥机会都是超跌反弹。

（2）要有短线波段思维。

（3）要警惕平庸操作。

（二）主要做多选股标准

以下选股条件是并行逻辑：

（1）低位个股，评估股价下跌下限。

（2）中线爆破点，逻辑明确（要约收购、解决同业竞争问题）。

（3）无明显负爆破点（基本面、主力面、股东面、成本面）。

（4）有自我优势手段和优势机遇。

（三）主要做多辅助手段

（1）把握双底（大盘和个股）的时尚机遇。

（2）留意双底（大盘和个股）的双轨价格。

（3）平时的中线持仓数量个数要少，要有仓位控制（考虑大盘的）和自我绝对优势。

（4）必要时要有对冲手段和止损手段。

三、做空策略实务操作原则

（一）超涨回荡是主要系统机会模式

（1）大盘、个股的稳妥机会都是透支超涨后的回落破位和重心下移的持续阴跌。

（2）做空手段在制度上是要求短线的，期指和融券都是有时间限制的。

（3）优先做多（制度上支持），在做多无机会时不能浪费时间和做空机会，至少要对冲做多仓位的回撤风险。

（二）主要做空选股标准

以下选股条件可以是独立逻辑：

（1）超涨后的高位破位股和单边持续阴跌股。

（2）短线成本抛压爆破点（有盈利的定增、分散大宗交易、5%以下的原始股东解禁）。

（3）要防止重点平准股和强势平准股。

（4）要注意利空消息和敏感走势做空时间点。

（三）主要做空辅助手段

（1）双高（大盘和个股）的共振时机把握。

（2）短线做空时优先考虑有融券资源的个股（其他条件不能放松）。

（3）做空大盘趋势以弱势期指为主，做空个股以短线负爆破点的预约融券为主。

（4）必须要尽快止损。

四、阶段计划的制订

（一）市场定性

（1）最明显的主要矛盾和事件是什么？

（2）市场的趋势、特点和框架认识。

（3）历史K线和技术指标的复核。

（二）目前存在什么问题，怎么解决？

（1）现存仓位的评判。

（2）是否需要补救？

（3）是否需要清零重来？

（三）简单机会是什么？怎样抓住机会？

（1）积累、发现以及比较机会。

（2）确立最容易最简单的机会。

（3）没把握时要耐心等待或者采用对冲性机会。

第 11 篇
A 股优势对冲参照点位置解释

我理解的 A 股赚钱术是三个词：爆破点、高概率、双轨优势。把这三个词与 A 股的客观实际结合起来，并把它们付诸实践，是 A 股实战最重要的课题和工作。下面我就把这种优势对冲参照点策略进行细则性的实务解释总结。

一、爆破点思维

这个爆破点总结，既包括多方爆破点，也包括空方爆破点，两者同等重要。这里的总结，主要是针对大盘弱平衡背景。爆破点的作用，一是未来（中线）或者现时（短线）对股价的实际刺激作用，二是心态预期影响。

爆破点，又可以解释为强逻辑和经过统计数据检验的高概率依据，是行动前的理由。

（一）消息面爆破点

（1）小利好必须是统计有效的，在弱势中小利好不一定有用，但小利空多数都是有用的。

（2）弱平衡市下，小利好容易引发抛压。

（3）再融资消息（特别是增发）、再融资除权（转债）容易引发下跌。

（4）定时制度性消息披露是最常见的爆破点。

（5）大消息结合量价关系是重要的中线爆破点起点。

（6）基本面变化是否符合以及是否超预期也是很重要的爆破点。

（二）成本面爆破点

（1）最重要的成本面爆破点是解禁，最常见的解禁是原始股东解禁、定增解禁、大宗交易解禁，原则上盈利解禁是利空爆破点，被套解禁是小利好（要考虑大盘背景和统计数据），单一的重仓解禁有庄股化倾向，多个持股小于5%的股东同时解禁则有利空倾向。

（2）对于成本面爆破点的利好利用和利空防范，是注册制时代非常重要的选股技术。

（3）中线股必须排除再融资、解禁、基本面下滑风险。

（三）趋势面爆破点

（1）要注意箱体高低点的K线逻辑爆破点。

（2）要注意特别事件（常是人民币汇率变化）引发的初期和持续趋势。

（3）要注意趋势中重要均线的压力、托力，压力需要提前打量防范。

（4）敏感时间（季度底和业绩密集公告预报时间）也需要注意。

二、高概率思维

这里讲的是行动的具体过程步骤和细节。

（一）顺势思维

（1）必须顺势，确定性最大。

（2）必须有空仓等待的耐心，没把握不操作不算错。

（3）犯错后要尽快纠错。

（4）如果市场确实弱势，就必须克服一切困难（肯定有困难），建立强大的"空军"。

（二）多次纠错思维

（1）给予随机波动多次补仓的机会。

（2）顺势提升效率、增加措施。

（3）考虑大盘框架的仓位控制。

（三）对冲思维

（1）有锁定期的品种，实施反向高点对冲。

（2）有锁定期且盈利的品种，实施反向爆破点对冲。

（3）有操作困难的重仓品种，敏感时间实施同指数的反向对冲。

（4）初始机会的选择，优先顾及结束时的反向赛道对冲。

三、双轨优势思维

《孙子兵法》的核心思想是以强胜弱，避免以弱斗强。

（一）信息优势

（1）中线信息的持续跟踪。有价值的中线信息必须持续跟踪，等到合适的时机再行动。这个跟踪过程有两点作用，一是熟悉股性，二是等待合适的时机。

（2）短线信息的提前获取。行政审批是有程序和网站公开进程的，相比于其他投资者，我们如果熟悉这个行政公开程序，是能够通过政府行政网站获取短暂时间信息优势的。

（3）制度性信息的提前预估。定期的信息披露是有制度性原则的，我们可以根据这些固定的制度时间，对于相关的公司提前预判其信息，比如说1月底不仅是预亏预盈的截止时间，也经常是密集时间。

（二）成本优势

（1）自我成本的优势。可以通过等待获得系统性的低位价格，也可以通过大宗交易、定增方式获得有折扣的价格。

（2）主力成本的利用。了解主力的成本和增减仓趋势，进行相应的伏击。

（3）两极量能的利用。

低量能的个股品种以低振幅投机为主。

高量能的个股品种以大盘的合适高低点进行顺势短线操作。

（三）交易权限优势

（1）双向权限。既要有做多操作，也要克服困难形成自己的强大"空军"，在注册制、大扩容、经济形势不明朗时代，"空军"的实力决定着我们的年化收益率水平。

（2）线下权限。大宗交易、定向增发、融券做空的资源要熟悉和顺手。

（3）足够的耐心。交易是一项长期事业，不在于短线一时一地的得失，关键是后续的结果。

资金是有量能的，好钢要用在刀刃上，在多数非最佳时刻要沉得住气、要能忍，一旦遇到最佳时刻，要猛虎出山不能犹豫，克服极端情绪的感染和不良影响。

第 12 篇
花荣机构实战技能内部培训资料

经常有机构和 FOF 基金来公司尽调，询问了解基金的操作理念、一些与盈利模式和风控有关的问题。为了方便这些机构做书面总结，提高公司员工的路演水平，以及培训内部员工的实战能力，特写作本总结。

一、基金的盈利模式

（一）伏击量化基金

1. 量化基金是活跃资金

目前市场中最活跃的力量是量化基金，它们制造的短线波动是市场现在最重要、最常见的机会和风险形式，所以必须研究清楚和有相应应对手段。

2. 破解量化基金

量化基金的操作是有固定的策略和模型公式的，目前常用的模型公式有10 种左右，我们投入了很大的精力做了结、破解和市场波动验证。

3. 伏击超越量化基金

在大盘安全时间，通过触发量化基金的买卖点，获得一些超短线快速收益，所以近几年我们的基金收益表现优异于国内的最优秀量化基金。

（二）短线爆破点

1. 归纳常见短线爆破点

花荣实战书籍基本上把市场上常见的由题材消息导致的短线波动进行了较为全面的归纳总结，比如说证监会、交易所的行政审批流程，常规性的上市公司信息披露，社会资金的敏感时间点，以及一些公募机构的操作习惯等。

2. 统计工作

短线战法很多，但不一定是同时有效的，每个阶段我们都要通过统计数据结果，发现各阶段有效的几种短线战法。

3. 超短线操作

根据大盘的安全度，进行超短线操作，获得较准确的多次复利收益。当然这种操作是比较辛苦的。

（三）低振幅战法

1. 低振幅意识

近几年市场波动弱势时间非常长，所以要适应客观，服从大概率。

2. 选股注重个股的下跌限度

防守比进攻更重要，进攻赢得少数小概率的传奇，防守赢得冠军和心态稳定。我选股时更注意个股的下跌下限，比如说低位的处于业绩成长期的小市值公司股票，我们发现一些 QFII 资金也在用这个模式，比如摩根斯坦利（他们刚进入 A 股市场时更喜欢蓝筹股，吃过亏总结后才得到现在的结论），事实证明，这种方式在近两年中获得了成功，充分地发挥了大资金的优势。

3. 无风险利润

主要指的是新现金选择权、转债即将到期的差价、北交所的新股认购。

（四）中线爆破点

主要指的是：

（1）需要解决同业竞争问题的央企上市公司。

（2）实施过要约收购的强大股东上市公司。

（3）有过明确表态要注入新资产的上市公司。

（五）超跌时的优势叠加

（1）在大盘的中线低位实施低位股的定增机会。

（2）在大盘的中线低位实施低位股的大宗交易机会。

（3）在大盘的中线低位注重抄底即将发行转债的中小市值个股的含权机会。

二、基金的风控措施

(一) 短线是实战操作的重要方式

(1) 持股时间短。

(2) 只在安全时间操作。

(3) 操作成功率高。

(二) 操作策略是防守反击

1. 重仓盈利模式是超跌反弹

只在大盘重要的中线低位才重仓出击。

2. 重仓盈利模式是强防守品种

比如央企、基本面稳定公司（如公共事业行业）、社保重仓股（基本面处于增长期、未有机构明显减持迹象）。

3. 重仓盈利模式是可控品种

以小盘绩优股为主，在低位买进时容易形成低点，在大盘强势时加仓容易形成强势赛道。

(三) 重视风险的对冲

1. 股指期货的对冲和下跌趋势的做空利润

这是我们的重要优势之一。

2. 开通了融券约券业务

在弱势中总可以通过融券做空。

3. 对债券有独到的研究功底

善于发现和挖掘有面值保护的债券机会。

三、超越他人的优势和独特能力

(一) 有优异的过往业绩

1. 熊市业绩稳定回撤率较低

在 2008 年、2018 年均实现正收益，2015 年最高点出局、股灾后的第一时间重仓抄底，2022 年获得私募冠军。

2. 强势业绩突出

由于业内环境熟悉、业务熟练、大资金优势，在强势中多次抓住年度大黑马，比如 2022 年的中国卫通、中公高科等，也能获得低成本的股票（如大宗交易），获得超额收益。

3. 缺点

有些客户认为我们的风格略微保守，比如说我们在 2022 年获得私募冠军，是在全年最重仓位时刻没有超过 50%（且时间短，总体收益也不低）的情况下获得的。

（二）盈利模式独到且先进

1. 主要实战人员经验老到

这些实战人员是 1991 年入市的全国第一批职业操盘手，在全国私募公司中极为罕见。

2. 善于研究和发现阶段有小盈利模式

比如说伏击量化基金和短线爆破点的模式是我的独门模式。

3. 公司内部人员信任公司的能力

公司的主要股东和工作人员以及亲属都是重仓持有公司基金。

（三）业内人脉关系稳定且实用

由于我们业内工作时间久以及业绩优异，在业内有着广泛、可靠、有效的业务渠道，同时为了保证业绩的持续，核心基金控制了规模，许多基金客户都是社会成功人士。

第 13 篇
不同行情阶段的实战兵法

A 股市场经历过大扩容后，供求关系出现了一定程度的失衡，市场多数时间处于弱波动时间，作为职业投资者必须采取应对措施，对选股、选时和仓位控制等策略要进行针对性的调整，下面我就此做个书面总结。

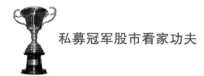
一、操作总则

（一）防守反击策略

1. 对市场风险有足够的警惕性

（1）对市场的残酷要有充分的认识，以及明确有力的事前防范措施（特别是仓位的控制）。

（2）风险来临时要有果断的应对手段，要熟悉历史跌势中的 K 线形态。

（3）要建立熟悉、简便的做空盈利模式。

2. 重仓时机是阶段超跌点

（1）最重要的盈利模式是发股灾财，不出现阶段严重超跌现象，正常持仓不能超过 50%。

（2）非超跌时间要严格控制仓位（不超 50%），还需要注意进出的灵便性，不能过早重仓，要有足够的耐心等待市场的严重超跌，供求关系失衡的市场一定能等来这种机会。

（3）熟悉超跌时间的大盘 K 线组合以及重要机会股的 K 线组合，先小市值机会（左侧）后大市值机会（右侧）。

3. 选股缩容原则

选股要严格缩容，具体的常规条件为：

（1）当期业绩处于成长状态或者具有明显业绩趋势质变点（有重组征兆且无退市可能）。

（2）央企、小市值、中线爆破点、大股东增持优先。

（3）回避具有即将解禁（半年以内）的低成本机构大户持股，比如原始股东、盈利的定增（大宗交易、股权激励）、股东的解禁，以及其他明显不确定因素（高商誉、颓废行业、诉讼）。

（二）短线操作策略

1. 尽量短线方式

（1）注重大盘和个股的技术指标。

（2）注重大盘和个股的阶段箱体位置。

（3）设立严格的跟随大盘的止损点。

2. 低振幅方式

（1）注重个股的技术性低位（下跌空间低）。

（2）注重个股的基本面防守性（行业变化少，比如说公共事业行业）。

（3）注重流通市值低。

3. 准备充足补仓方式

（1）总体仓位要留有充足的补偿资金。

（2）重要个股要留有充足的补偿资金。

（3）中线持仓要严格控制仓位和持股时机。

（三）优势操作原则

1. 成本优势原则

（1）要让自己有成本优势，用耐心、定增、大宗交易的手段。不能选别人有大量优势成本的个股。

（2）要发挥信息盲点优势，注重制度性信息的利用，以及注意敏感时间点的应对，对于北向资金、夜盘 A50、量化模型、转融通信息有熟悉的规律性判断。

（3）要发挥自己的资金优势，形成多次补仓的可能。

2. 信息爆破点原则

（1）总结熟悉信息爆破点。

（2）统计观察信息爆破点。

（3）实战应用信息爆破点。

3. 明确高概率原则

（1）现金选择权。

（2）面值保护权（主要指转债，并要计算年化收益率）。

（3）REITs 基金的收益率计算。

二、阶段低位时间实战策略

阶段低位时间是指明显的低位点，比如 2022 年 4 月底和 10 月底，2023 年 10 月底的类似情况。

（一）机构重仓被套超跌选股法

1. 机构重仓且股价超跌是第一原则

在大盘低位，超跌的社保重仓股以及单一公募重仓股值得注意，超跌可以用阶段跌幅排名来衡量，短线超跌（10 日），中线也超跌（本年度或者 60 日）。

2. 其他辅助原则

其他辅助原则是指业绩成长、机构持股趋势、现存成本状态、流通市值、行业活跃性方面。

3. 组合原则

在低位抄底时，大资金最好是用组合多品种方式，小资金可以用组合多价位单一品种方式。

（二）该选股法的具体操作

1. 考虑历史 K 线规律

要熟悉历史 K 线跌幅以及当时的政策信息的坚决度，分批介入，尾市介入。

2. 短线低吸高抛

操作可以车轮战形式进行低吸高抛，结合阶段机会点进行重点进攻。

3. 批量预选股的操作

要事先大批量地备选、预选股，根据打分排名优选一部分股。

（三）优势点发挥

1. 成本优势的发挥

只有在大盘低位时采用定增、大宗交易手段，其他时间要非常谨慎。

2. 重仓股

在大盘低位时，可以有重仓股。

3. 中线爆破点个股

中线爆破点个股在大盘低位时也可以适当地考虑。

三、平衡市时间操作策略

在最低点 8% 以内属于大盘低位区域，高于最低点 8% 属于大盘平衡市区域（且 MACD 指标不能处于恶化期）。

（一）短线爆破点模式

（1）有效的常规爆破点。

（2）有可能的热点爆破事件。

（3）大盘个股的利好消息点。

（二）低振幅波动模式

（1）市值小成交清淡独立。

（2）有中线爆破点。

（3）无基本面进一步恶化的趋势可能（稳定行业多考虑，如燃气）。

（三）弱势时间操作法

（1）期指做空或者对冲手段。平衡市是有阶段技术高点和利空爆破点的。

（2）融券和借券手段。要准备好交易通道。

（3）对于大利空刺激的下跌趋势要重视。下跌初期要采取果断的避险行动，特别是对当时结果满意时更要果断降低仓位，可以参考北向资金的操作。

第 14 篇
相对灵验的实战经验总结

投资很有趣，很刺激，但如果你不下功夫练好实战本领的话，那就会很危险，股市一直都是一个对小白和生手非常不友好的地方。想成为一名合格的职业股民，你需要具备以下三点：常识、知识和胆识。我们经常听到的一句话"投资就是认知的变现"，说的就是做投资，常识、知识、胆识是必不可少的。

下面，我就来总结一下一些职业股民自己研究的相对灵验的股市实战经验。

一、判断大盘

（一）观察夜盘 A50 的经验

1. 夜盘 A50 的小趋势

（1）夜盘 A50 对第二天开盘有正向影响，对北向资金第二天的流向有正向影响，如果头天的夜盘 A50 表现与第二天的北向流向相同，又进一步与市场走势一致，短线趋势则相对明显。

北向资金的尾市大规模动作，又会对夜盘 A50 表现有暗示作用。

（2）夜盘 A50 对突发消息会有相对客观的反应，对第二天的市场响应相对比较客观。北向资金和量化基金的操作与夜盘 A50 的操作有较大的趋同化。

2. 夜盘 A50 的大趋势

（1）用趋势逻辑（超越、反击、连续等）判断夜盘 A50 相对比较准，夜盘 A50 又对 A 股的走势有趋势暗示作用，也对股指期货交割日有暗示作用。

（2）机构操作量化策略是潮流。夜盘 A50、趋势技术指标、量能都是判断因子。我们操作和分析时，必须加以利用。

（二）均线与 MACD

1. 均线的趋势之因

（1）10 日均线和重要均线的走向指引，显示了市场的波段趋势。

（2）指数趋势与均线趋势同向时，均线是有支持原趋势作用的；指数趋势与均线趋势反向时，均线是有否定原趋势作用的。

2. MACD 的波段重要性

（1）MACD 良性区域是短线操作时间，MACD 恶性区域是短线避险和做空时间。

（2）CCI 是对 MACD 指标的补充。

二、判断个股

（一）盈利模式

1. 防守反击模式

（1）赚股灾的钱，赚维稳的钱，赚严重超跌的钱。要有耐心等到最佳机会的来临。

（2）赚机构重套自救的钱。利用行情软件的机构分类、板块分类、排名与万能公式。

2. 低振幅模式

（1）主要是低位小成交量个股的低振幅套利，这是近几年机构大户操作的环境演变，近几年也获得了一定的成功。

（2）选股标准是，无低成本解禁股干扰，无明显反向基本面消息干扰，无其他量化机构（包括公募基金、两融盘）持仓干扰。

3. 安全爆破点模式

（1）熟悉常规爆破点，比如制度化时点、资金敏感时点、专业化消息时点、满意稳定年化收益率。

（2）统计爆破点的有效性，同时要考虑大盘趋势。

（二）资金仓位

1. 单一股票的仓位

（1）重仓股。不论对企业分析得多么正确，总会有意外事件发生，单一股票仓位过大的话，一旦发生风险，就会对大局造成很大影响。所以，要尽量缩短单一仓位的持股时间，只能在大盘中期低点才能采用这种方式，选股上要慎之又慎，以基本面明确简明的品种为主。

（2）轻仓股。用技术分析选那些有量化趋势资金活跃的股（比如北向规律股和 ETF 基金股），同时考虑大盘的安全时间。

2. 总仓位

（1）所有操作都要有充裕的补偿资金，在弱势期间可以慢一拍。

（2）重仓位（70%），只有在中线低位时才能被考虑，平衡平庸时间一定要有足够的耐心等待，供求关系不会轻易改变。

三、关于操作

（一）常用工具

1. K 线的波动规律

要经常看，关键时刻要比较。

2. 其他资金走向

北向、夜盘 A50、市场个股潮流。

3. 复盘统计与自选股观察

大盘状态统计，熟悉自选股观察，常见爆破点的有效性统计。

（二）自我管理

能看到机会和很好地把握机会是两码事。无知是看不到把握机会的，一知半解是把握不好机会的，只有真知才能融会贯通、紧紧地抓住机会。

1. 逻辑判断与行动

有了逻辑判断就必须有行动，行动可以始终分批地进行，当迷惑不清时就在场外观望。赚钱、不赔钱、少赔钱都是正确的行为。

2. 培养优势、发挥优势

《孙子兵法》的核心要素是以强胜弱。

（1）追求成本优势，双轨价格，大跌价格。

（2）追求信息优势，双轨信息，中线滞后信息。

（3）追求技术优势，了解其他对手策略（量化、北向、社保），有多次出手机会。

四、实战计划

近期的盈利模式设计：

（1）1月的预增扭亏。

（2）机构重套股的自救。

（3）刺激消费的潜在手段。

以上三者可以叠加应用。

第 15 篇
优秀操盘手的必备职业技巧（上）

优秀操盘手的数量很少，社会上也严重缺乏职业操盘手的培训教材，即使有少量的存在，多数投资者也不认识或者根本理解不了，如果依靠自己悟则需要有专业岗位和年限阅历。为了给自己的私募公司培养几个合格的助手，分担自己的一些工作量，特写出下面这篇个性化的总结，期望几个年轻同事根据这个简明总结再结合日常的实务尽快地提高自己，尽早地成为优秀的私募基金经理。

盘前功夫

一、职业操盘手的框架大局观

（一）最好是有多周期循环阅历

股市中阅历很重要，这个阅历必须记住，包括牛熊单边过程以及牛熊转换的情况，同时要了解当时的消息情况以及人们的情绪状态，还有国家采取了什么行为。最好是有自己的股海操盘日记，能回顾并在以后进行对照。

（二）熟悉历史 K 线

即便没有亲身经历，也要熟悉历史 K 线，以及其他人对当时情况的记载，并要把自己面临的情况与相似情况进行类比。

（三）要客观认识股市

教科书和从业考试所倡导的理论类似于儒家理论学说，主要目的是维护股市生态稳定，不是精英理论，需要了解，但不能被其误导。

一些经典股谚是非常实用的技能理论指导：

（1）绝望中新生，迟疑中上涨，欢乐中死亡，期盼中下跌。

（2）强市重质，弱市重质。

（3）股票的基本面决定股价的下限，资金认同面决定股价的上限。

（4）题材是第一生产力，有庄则灵。

（5）股价的涨跌是由供求关系决定的。

（6）A 股是政策市、主力市、消息市、融资市。

二、大盘趋势判断标准

（一）均线趋势

重要均线的移动方向代表相关时间的股价波动趋势，在一个趋势情况下，重要均线是有支撑和压力的，一旦有效突破支撑或者压力就代表着趋势的转变，同时如果股价严重偏离重要均线，均线会对股价有拉回的吸引力。

（二）量能

无论个股也好，大盘也好，量能代表着能量。量能越大，大盘波动的幅度也越大。这个量能是持续量能。

量能大意味着高振幅，量能小意味着低振幅。

（三）两极

（1）两极的振幅是非常大的，都存有情绪化的宣泄，两极时的操作要控制好仓位，要慎之又慎，稳妥的留有后路的考虑才不容易后悔。

（2）两极的反向操作必须是见到右侧信号，两极确认后对于新趋势的操作要坚定和果断。

（3）对于单边走势要熟悉并对照历史 K 线，要有足够的耐心，一个趋势一旦产生，会产生反馈效应，平常因素很难扭转。

三、盈利模式的客观设计

我的常见盈利模式有：

（一）股灾财

捕捉股灾财要有耐心和一定的熟悉度，不能过早进场，有时早一步、两步也会被砸得半死并影响心态和情绪。

不是特别重要的严重超跌，抢反弹一定要控制仓位，并快进快出，不能出现"新手死在追高，老手死在抄底"的情况。

（二）无风险套利

主要是指现金选择权、全额要约收购和有面值有期限保证的满意年化收益率。

（三）短线爆破点

操作短线爆破点的注意事项是：

（1）有统计数据支持的盈利概率。

（2）有消息面支持的双轨时差。

（3）有个股万能公式的技术基本面保证。

（4）短线操作。

（四）低振幅战法

低振幅战法的注意事项是:

（1）最好是有明确的中线爆破点。

（2）最好是流通市值小、振幅小的波动规律（不能是两融标的，不能是北向标的）。

（3）基本面不能恶化，有退市风险不能考虑。

（4）小市值的公用事业概念也可以考虑。

（五）强势战法

（1）强势时间是比较难遇的，遇到了也不能优柔寡断，来临前要有足够的耐心，不能有赌博心理，不能有孤注一掷的侥幸心理。

（2）非强市时间一定要有足够的预备队资金，以及两个方向的操作手段。

（3）强势时间的顶部时刻风险一定要规避。

（4）强势选股要选贴近均线的强势股，要组合持股，结合重点进攻目标股。

四、阶段操作计划

每个阶段要有操作计划，操作计划的主要内容有:

（一）阶段盈利的思维确定

（1）要了解每个阶段中股市的主要矛盾，并用逻辑判断大盘波动倾向。

（2）确定主要盈利模式。

（3）确定主要思维倾向，是防守，是进攻，是防守反击，是"博傻"，是做空，还是等待最佳机会。

（4）每个阶段要熟悉一批候选自选股，自选股的选择主要从主力面、题材面来考虑。

（5）每天要了解常规情况，对计划进行修正。

（二）选股的评分比较

人都是有感情、情绪和状态的，保证选股的客观性，必须根据大盘阶段特点对机会选择设立条件，再根据具体条件的硬度进行打分，根据打分的数值确定最终临战标的股。

打分的条件通常有：阶段主要机会点、热度点、主力面、题材面、技术面、可操作面。

（三）计划的了结

（1）风险来临时要果断了结。

（2）买点出现时要果断了结。

（3）收益满意时可以分批了结，没有完美操作，只要不后悔就是完美。

（四）中庸的宏观态度

要养成中庸留有后路的习惯，留有余力，保持优雅。股市发生任何情况，都不能让自己成为赌博者和命运失控者。

第16篇
优秀操盘手的必备职业技巧（下）

前篇主要总结的是操盘手的盘前工作技巧，下面就来总结一下操盘手的盘中工作技巧，这部分内容很少有教材提及，是属于比较神秘的内容，应该是优秀交易员的工作技巧，但社会上很少有优秀的职业交易员，一般情况下，这部分工作都是由操盘手自己独担的。盘中交易技巧很少有文字总结，通常都是操盘手之间师徒相传的，多维的复杂阅历很重要，下面尽量贴切地做个文字总结。

盘中功夫

一、常规观察分析技术

（一）大小盘的活跃性

每日大盘的波动数据线有两条：一条是白色的，是大盘的指数即时数据曲线；另一条是黄色的，是大盘中的小盘股即时数据曲线。白色曲线在上就意味着大盘股走势相对更强一些，黄色曲线在上就意味着小盘股走势更强一些。了解这个信息，就能知道短线资金的投向。

如果白色曲线走势明显超强，就容易出现二八现象，这时需要注意小盘股是否出现了虹吸现象，如果虹吸现象出现，要顺势而为，不能强硬地逆势操作。

（二）当日的涨跌逻辑

每日波动曲线画框中，以前日收盘为零轴线，零轴线上方会出现红柱线，这是买方力度；零轴线下方会出现绿柱线，这是卖方力度。

红绿线的比值以及与当日大盘走势的关系可以用逻辑判断，以得出即时超短线的波动趋势可能，比如红绿周期、红绿高低点、红绿力量对比、红绿超越、红绿逆反等逻辑，可以得出短线即时买卖点，这种买卖点可以用于短线的个股或者期指操作。

（三）大盘的日 K 线指标

（1）重要均线。最常用的均线是 10 日均线和 30 日均线，有股价支撑和压力作用，也可以结合 K 线逻辑判断突破、破位的情况。20 日均线、60 日均线、半年线、年线也很重要。

（2）重要指标。最重要的技术指标是 MACD，在定性大盘情况后，它的状态好坏有助涨助跌的作用。

（3）重要成本。MCST 预示着市场成本线，在成本线上方波动的股是活跃股，在大盘安全时逢低缩量吸纳；在成本线下方波动的股是弱势股，在大盘安全时于个股价涨量增强势时介入。

如果能通过公开信息，发现机构的准确持仓成本则更加明了。

二、买卖博弈心理技术

（一）顺势加力

顺势加力能够助涨助跌。

（二）弱势吸纳

弱势吸纳应该低挂，不要怕低。另外，耐心等待尾市常常会有意外低点。

（三）补仓要看到积极信号

如果个股被套，补仓要等到积极信号；如果大盘安全，也要等短线信号调好。

（四）大盘趋坏

如果大盘趋坏，要尽量减仓，不能因为浮亏就舍不得，必须有意外果断力。

三、大盘日线组合征兆

（一）黄线上且红、白线下且红

最佳情况，大盘强势背景。

（二）白线上且绿、黄线下且绿

最坏情况，大盘弱势背景。

（三）黄线上且红、白线下且绿

如果小盘股力度强则尚可，如果小盘股力度弱则存有风险。

（四）白线上且红、黄线下且绿

容易是短线调整。

（五）大盘较大低开且上午未补缺

容易尾市跳水。

（六）大盘较大高开且上午未补缺

容易下午继续强势，甚至加强强势。

四、日均线与即时股价的关系

根据日均线与即时股价的关系能判断股价当天的波动状态。

（1）日均线的波动方向为股价的当天趋势。

（2）日均线为红盘预示着当天股价为强势。

（3）日均线为绿盘预示着当天股价为弱势。

（4）如果日均线横向波动，股价乖离偏差大了将会被拉回均线附近。

（5）如果日均线猛地抬头，预示着股价有启动的迹象，反之亦然。

（6）如果日均线连续抬头，预示着股价当天有大涨急涨的可能，需高度注意。

（7）如果股价有效穿越日均线，预示着股价有扭转当前趋势的可能。

（8）如果股价斜上且股价在日均线处受到支撑，当大盘安全时，日均线附近是买点，反之亦然。

（9）日均线由绿转红，是股价转强的征兆，反之亦然。

五、辅助工具

（一）沪深 300ETF 是大主力最常见的护盘工具

注意 300ETF 的明显价涨量增，第一时间买进持仓股可以做 T。

（二）北向资金的动向

北向资金的当日大举动作，能影响市场短线趋势。

（三）指数的单次短线急涨

如果指数出现短线单次急涨，随后就无力，则可能是量化基金的短线动作，可以做短 T。

（四）逆回购

如果在月底临近时间，逆回购特别高，预示资金紧张，在大盘弱势时要注意短线风险。

（五）如果盘中个股突然异动

需要查询一下同板块个股是否出现异动，或者查询百度个股，寻找异动原因。

（六）大盘强势时注意异动窗口

看看是否能抓住一些短线少量单品种组合。

第 17 篇
判断大盘与个股的重要因素排序

股价的波动是多因一果——多个因素一起产生作用，在数个明显利多利空因素相抵后，如果利多因素有多余，大盘就涨，如果利空因素有多余，大盘就跌。在某个特定时间段，如果一个主要因素力量很强大，且这个因素能超越所有反面因素之和的力量，那么这个主要因素就能决定大盘或者股价的涨跌。在每个时间段，我们必须有意识地分析出来这个阶段市场是否有主因，是否有能影响大盘的重要因素，并判断它们的力量，无论大盘也好，个股也好，这个工作是非常重要的，这是我们进行股市分析的最重要部分，其分析水平也是高要求的。

股市中最常见的重要因素有群体情绪、重大消息、大主力态度、市场成本、现金选择权、主力利益、机会面硬度、关键短线时点、经典习惯规律、公认指标节奏、不同角度、独特优势。

一、群体情绪

每个阶段的群体情绪是非常重要的，它直接导致股市短线的强弱。

（一）正反馈强化情绪

一个趋势形成一个阶段后，如果没有出现短线极端一致性，以及大主力的反作用，那么这个趋势是十分顽强的，意外的次级都是短线的和对原有趋势的强化。

（二）一致性情绪

一致性情绪的出现，会导致短线加速后的迅猛衰竭。

二、重大消息

在金融投机领域，题材是第一生产力。

（一）新重大消息导致的新趋势

当一个新的（可能是意外的）重大消息出现时，如果大盘趋势给予了配合，这个新趋势将会有一定力度。

（二）怎样判断消息的影响力度

可分为超预期、符合预期、低于预期三种情况处理应对。

三、大主力态度

A股是政策市、消息市、主力市、融资市。A股是有大主力的。

（一）大顶底都是调控出来的

指数两极的出现必会引起大主力的严厉调控。

（二）中级行情

大主力有某个大意图时，也会在低迷的时间启动中级行情。

四、市场成本

在博弈市场中，成本是非常重要的。

（一）成本线对股价有强大吸引力

脱离成本线必须要有情绪力量，靠近成本线则是趋势力量（速度常常比较快）。有效地分析市场成本和主力成本是很重要的技术能力。

（二）双轨成本

发现双轨成本以及发现双轨成本的并轨效率是常见的重要获利手段。

五、现金选择权

现金选择权是资本市场中最重要的稳定利润。

（一）现金选择权的形式

现金选择权是整体上市（吸收合并的制度性安排），全额要约收购也会提供现金选择权，即将到期的低于面值的债券也可视为现金选择权。

（二）现金选择权的实战难点

（1）题材进度以及题材最后实施的确定性。

（2）年化收益率的满意度。

六、主力利益

机构的状态和动作是最重要的分析事项，资金面决定股价的上限。

（一）主力的活动规律

个股的股性和机构活动规律的发现和伏击是重要的获利手段。

（二）主力的利益博弈

主要是成本、题材、资金进出的博弈。

七、机会面硬度

主要从时间确定和股价确定两方面考虑。

（一）时间确定

必须有大概率支持。

（二）股份确定

必须有效率支持。

八、关键短线时点

短线爆破点的统计和伏击是最重要的短线投机手段。

（一）制度特色性的试点

主要是指制度化的消息披露和季度底的资金状态。

（二）即时爆破点

主要是指双轨信息的有效利用，以及常规性爆破点的统计。

九、经典习惯规律

股市中有一些现象是非常有用的，但是没有明确逻辑。

（一）习惯性的现象

比如新股、新转债的高开。

（二）有可见数据的分析

比如说北向机构的活动规律分析。

十、公认指标节奏

最不能忽视的指标是重要均线和 MACD。

（一）重要均线的作用不能忽视

特别是压力支撑以及压力支撑的突破，柔性敏感点需要用 K 线逻辑辅助。

（二）MACD 指标

MACD 指标的助涨助跌性一定要注意。

十一、不同角度

不同的角度就会有不同的决策。

（一）弱势做空

要学会双向思维，不能执迷固化于非得做多的单向思维。

（二）低振幅

低振幅大仓位容易把握，博大振幅中长线须是小仓位。

十二、独特优势

《孙子兵法》的核心内容是以强胜弱。

（一）小市值中线爆破点低振幅

我的重要优势和轻车熟路战法是低振幅战法，选股的主要条件是央企小市值、中线爆破点、基本面稳妥、中低价小市值。

（二）中庸思维

留有余力，保持优雅。有等待最佳机会的耐心。

十三、常见因素的力量排序与比较对冲

（一）常见因素的力量排序

（1）群体情绪第一，群体情绪的力量是异常强大的，佛魔难挡。

（2）重大消息第二，重大消息能引发群体情绪的共振。

（3）大主力态度能决定阶段的中线趋势，可以利用其次级波动。

（4）市场成本，在正常情况下，股价容易靠向成本线。

（5）现金选择权是必须把握的机会，如果稳妥，应该重仓。

（6）主力利益，要发现主力利益所在，还要等待和跟踪合适时机。

（7）机会面硬度，是否存有最佳机会，要放弃赌博心理和行为。

（8）关键短线时点，要结合大盘背景的强弱，利用、规避关键短线时点。

（9）经典习惯规律，要保持每天统计、熟悉的习惯。

（10）公认指标节奏，这是重要的行动参考点，也是重要的行动点，没

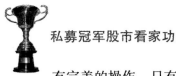
有完美的操作，只有不后悔的操作。

（11）有不同的角度，就能化不利为有利，增加利润源。

（12）独特优势。要培养自己的独特优势盈利模式，重用应用，留有余力，保持优雅。

（二）比较对冲

根据分数决定仓位和操作。

第18篇
常规作战思维和紧要注意点

近几年的市场波动有了一些新动向，最值得注意的有下面几项：

第一，市场波动幅度明显加大，尤其是波段跌幅大、快速下跌次数多以及弱势波动的时间较长。这要求我们在控制风险、控制回撤、控制仓位、控制平庸机会方面，有进一步的实务性的有效新手段。

第二，大主力的深度介入，必定会对市场的波动形式有所影响（机会和风险都有，也需要清醒大主力是自私的），也会使一些板块的股性发生变化，我们需要及时地认识到这种变化并有针对性地应对和操作，这种针对性的操作既有节奏方面的，也有个股板块风格方面的。

第三，对于风险和变化，没有认识到和做好事先防控措施就是风险，及时认识并防控好就有后续的利用机会，在风险得到一定的释放以及国家有做多的意愿和努力的背景下，市场一定是存有后续自救性质的恢复机会的，作为职业投资者应该合理地发现和抓住这十分难得的机会，抓住这种机会可能有一些难度，所有人（包括我们自己）都会有心理障碍，前期大跌的残酷性心理负反馈肯定是记忆深刻的，但是我们必须意识到现在的股市可能已经是这几年国内所有经济领域中最重要的也是相对最容易、最明显的一次机会了。

鉴于此，为了更好地进行常规性操作，适应 A 股新环境，有针对性地、更有把握地抓住后面 A 股的机会，我总结了重要注意点，作为后面的实战操作实务指导原则。

一、保持良好心态，保持好基本实力

股市赚钱技能中，最重要的因素是心态、技术和运气。心态占据了六分因素，技术占三分，运气也有一分。只有良好的心态，才能发挥出基本的技术，也才配有好运气。反之，心态乱了，如惊弓之鸟，更容易错上加错和犯低级错误。保持良好心态的前提是控制好风险和回撤，保持机会反弹力，要做到这一点，一定要慢一点，放弃一些平庸机会，才能把握住最佳机会和等来好运气。

（一）根据 MACD 指标控制仓位

根据《花氏实战体系框架备忘》要求控制仓位，留有余力，保持优雅，既要保持信心勇气，也要有足够的耐心等待最佳机会。

（二）等待最佳机会

在最佳机会没有来临时，不能仓位过重，既要在选股上精益求精，也要在大盘非明显极端时严格地控制好仓位（不轻易超过 30%，大资金还可以更轻一些）。

（三）最佳机会的特征

只有在最佳机会来临时，才能让仓位超过 50%。

（1）最佳机会之一，大盘的价涨量增。

（2）最佳机会之二，意外大跌后的止跌。

（四）持续的风控措施

对市场保持信心，对自己的操作计划要有信心和勇气，但是风控意识要持续强化。

（1）MACD 指标不良时，要有持仓退出的操作。

（2）在赚钱难度大的时候，有可能是大盘问题，也有可能是持股问题，要有退出换股或者等待新机会的魄力。

（五）遗留仓位的处理

（1）大盘 MACD 技术指标不佳时，尽量地降低仓位，以及采取对冲手段（做空期指）。

（2）短线敏感时间，尽量地降低失误仓位（主要低振幅失误和短线爆破点仓位）。

（3）非核心中线股，设立5%的止损点，防止失误失控。

（4）遗留仓位的自救，要等待双加时机（大盘和个股），不能过早地导致仓位过重。

二、机会的新认知

熟悉大主力，抓住灾后明显中线机会，结合优势获得稳定利润。

（一）大主力维护拉升指数的机会

大主力已经进场，就必然会有它们的力量，大主力发力的主要方式有：

1. 危机时刻对冲指数

主要是权重指标股，常见的是银行股和"中字头"股。

2. 拉升指数上台阶

主要是指数权重和央企热点股。

3. 合并重组解决整体上市

主要是解决同业竞争问题和提高上市公司质量，以央企类公司为主。

（二）中线爆破点赌注股

1. 大股东要约收购

大股东已经持股比较大，继续要约收购以及增持，必有所图。

2. 有解决同业竞争问题的承诺

需要了解同业竞争的具体承诺内容。

3. 有过转型重组的明确表态

这个不能是猜测，必须有上市公司的明确表态。

（三）短线爆破点股

1. 有效的题材短线爆破点

经典的双轨信息以及有实效的制度信息。

2. 重要题材后置爆发

比如说大股东转让的后置，或者较大收入的后置到账。

3. 强势股的回调到位

必须是由大盘强势时的量比缩量选股法选出的符合万能公式的个股。

（四）低振幅个股

1. 权重指标股

在大盘技术性质的相对高位或者短线敏感时间，著名强势权重股技术指标调整到位。

2. 低价低位的中线爆破点股

中线持股，短线操作，不断地摊低成本，更换潜力股。

3. 小市值潜力股

要绝对低振幅以及有中线潜质，需要业绩处于成长周期，要有反击的能力。

三、操作要点

操作要点：

（1）先大盘，后个股，没有大盘的良好背景，好股票也没用，也会伤人，持有的时机很重要，大盘不好时要有降低仓位的决心，不能因为任何理由，在跌势中持续重仓。

（2）操作个股，要有多次补仓摊低成本的机会和能力。忌讳孤注一掷和过早重仓甚至加杠杆，否则心态容易失控。

（3）所选股最好是多条题材兼备，比如说短中线结合，低振幅与基本面质变兼备等。

（4）不能让重仓出现重大失误，宁肯降低效率，也要保证基本面的稳定性。

第 19 篇
特殊思维和特殊手段

近几年，随着股市的流通市值越来越大，同时宏观经济最高峰已经过去，A股的走势持续几年不尽如人意，而且股市弱平衡波动已经成为常态，在这样的情况下，如果对风险的警觉度不够，再采用常规思维方法进行投资活动，不但难以赚钱，而且容易掉入常规化的风险陷阱。作为职业投资者，我们必须与时俱进，改进投资方法，更要有适应环境的新思维和有效的特殊手段。

下面是我较全面地统计分析市场机会和风险后的最新总结，供自己备忘以及同事、基金经理研究股市机会参考借鉴。

一、时机的严格把握

（一）大盘短线持股时机要非常严格

（1）MACD的时机系统定义要严格执行，要慢一步，不能提前。

（2）在发现夜盘A50与消息、敏感时间（交割日、月底）配合时要及时降低仓位。

（3）有持仓时，如果技术指标和量能同时不好，要分批持续减仓。

（4）单一底仓股票如果遇到意外较大上涨，不管盈亏都需要减仓，不能让这次涨幅或者利好浪费。

（二）最佳时机

（1）持续大跌后的止跌信号出现（大跌后的第一个放量中大阳线），不等到大跌仓位不能上得太大（至少不能超过50%，更轻也不能算错）。

（2）大盘价涨量增出现时，要注意主流热点指标股的动向，并可以作为先期行动目标。

（3）要勤快地发现有效爆破点，并且利用电话、网络平台跟踪发现细节。

（4）现金选择权品种出现时，把握态度要坚决果断。

二、交易品种的模式把握

（一）转债模式要加强研究

1. 转债发行

"集思录"有待发行转债信息，需要进一步利用交易所网站和电话跟踪细节。

2. 转债发行临门一脚

"东方财富网"的"转债申购"有即将发行转债的具体时间，看看是否有短线含权低点机会。

3. 价格低于到期价的低溢价转债

注意转债和对应股的比较机会，以及可能的强赎机会。

（二）央企机会

1. 同业竞争问题解决机会

主要选在大盘的重要低点时机，中短线结合。

2. 临近面值时的保壳机会

注意股价临近 1 元的大型央企保壳动作，电话调研和捕捉第一启动点。

3. 启动行情和救市

主要是金融股和"中字头"股的合适时机。

（三）超跌低振幅

1. 严重超跌

基本面没问题，股东实力强大。

2. 有中线爆破点

主要是有要约收购历史、有同业竞争承诺、有诸如资产的明确表态。

3. 流通股东最少

流通股东最少，日成交量最稀少。

三、特殊思维的实战应用

做空对冲手段还需要加强。

（一）融券做空

需要进一步熟悉和加强。

（二）期指做空

把短线做空技术应用起来，这样可以降低做多的注意力。

（三）国债 ETF 基金

利用流动性少的特征，低挂投机性成交，套利小差价。

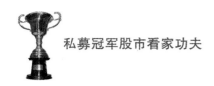
第 20 篇
个股机会的概率和赔率

我们进行选股活动时，必须要有过硬的选股原则和清晰的机会透视标准，不能仅凭个人随机情绪和虚拟感情喜好，过于简单的技术选股或者基本面选股思维也不行，必须要有较高的概率统计数据支持，以及设定自己能接受的赔率。这是一个比较高级的认知，是职业操盘手的内部技术，下面我就对这项技术做综述总结。

一、机会的分类和比较

（一）常见机会的分类

A 股中常见的个股机会表现形式有：股跌超跌、量能活跃、热点题材刺激、机构被套自救、短线爆破点爆破、中线爆破点爆破、低振幅波动、规律性波动、双轨价格、现金选择权、短线固定收益、做空。

投资者的差价收益主要来自这十二种形式，在找到具备这十二种方式的特点个股之后，再根据其选股依据进一步地判断其概率和赔率，并打分比较，然后就可以根据大盘时机（确定仓位）列入实战计划了。

（二）机会的概率

1. 概率的评判标准

评判标准是时间和价格，最极端的形式是时间确定、价格确定，最低要求是成功率不低于"七赢二平一亏"的标准（这是我自己的要求）。

2. 机构重套和机构活力

机构被套的重仓度与可救度是非常重要的，同时被套机构必须是活的，是有后续资金和自救能力的。

3. 题材的有效性和实施可靠性

首先要了解可能实施的题材是否有效和具有刺激性，其次要了解题材被实施的可能性，如果有利好预期，一旦这个利好预期消失就会转成意外利空。

（三）机会的赔率

1. 实时活跃度

在大盘安全的前期下，短线活跃度是非常重要的。机会的可靠性与短线能见效是需要优先考虑的最重要因素。

2. 股价的下限判断

随着股价波动的下限判断非常重要，它是能维持投资者心态稳定的关键因素，也是投资者后续操作的重要信心源。

3. 股价的爆破力度

股价爆破力度是指股价的上涨空间。股价上涨空间（年化收益）÷股价的下跌空间（年化收益）= 机会的赔率。

（四）机会的比较

我们经常会选一批股票，但是确立哪个具有优先性时会迷茫，这时需要比较机会硬度条件，然后得出排名。

1. 比较短线效率和概率可靠性

概率的可靠性优先，短线爆破概率大的机会优先。

2. 比较适合背景度和可操作性

我们的实战原理是先大盘后个股，许多机会只有大盘背景的配合才能产生效果，所以机会的操作必须要考虑大盘因素。大盘在不同背景下，也会有可操作性和灵便性的情况，尽量提高效率，以强胜弱。

3. 比较中线机会爆破度和机会清晰度

中线机会是存在着爆破力度和清晰度的，这点我们也需要考虑和比较。

二、弱势中可考虑的机会

（一）现金选择权

主要包含现金选择权和全额要约收购。主要注意点是方案实施的可靠性和年化收益率。

（二）安全有效率的转债

主要指有下列特征的转债：有年化收益率保证（到期价保护），基本面稳定可靠。

（三）中期低点的双规价格

在大盘中期大跌、重要底部出现的基本面不错的定增和大宗交易。

（四）暴跌尾期的特性超跌品种

1. 抄底顺序

先是大盘指标股，再是绩优蓝筹股（央企优先），右侧信号出现后超跌小市值股。

2. 特性超跌品种

有中线爆破点的低振幅股优先，有中线爆破点的强股东（比如央企）股优先，有短线热点迹象的低价股优先。

三、适合顺势背景的机会

（一）低位短线价涨量增股

行情初期要注意初步领涨股和初步强势股。

（二）价涨量增回调到位股

行情中间要注意量比最低的技术指标状态好的股。

（三）低位短线爆破点股

在大盘安全阶段，有效爆破点的伏击是很重要的。

（四）被套机构重仓初步活跃股

被套机构重仓股只能少量埋伏，在启动的第一时间追击。

（五）下跌趋势中的做空期指和融券做空

在大盘下跌趋势中要克服心理障碍做空弱势指数和融券做空。

持有股票也需要根据技术指标降低仓位。

四、平衡背景可操作的机会

（一）低振幅波动股

1. 强平衡市时优先注意建仓方便股

比如低位滞涨的防守属性股（高速、港口、电力、水务）。

2. 在不太强的平衡市注意低成交量股

股东最少，成交金额最少，有中线爆破点，有强股东背景很重要。

（二）中线爆破点

1. 有低振幅特点

中短线结合滚动操作。

2. 短线活跃股

短线操作。

（三）优势股

1. 短线爆破点有效且明确

主要是信息优势。

2. 活跃大盘指标股

主要是大资金进出方便。

第 21 篇
弱平衡市场实战经验谈

由于市场流通盘子比较大，市场赚钱效应持续数年不太正面，导致沪深股市大盘长时间处于盘整弱平衡状态。对于这种弱平衡市场，我们必须要有严谨的操作原则和足够强的风险防范意识，才可能获得一定的正收益。下面，我总结一下弱平衡市场的操作原则规范和一些经验，要严格遵守，杜绝随意操作，在弱平衡市场中随意操作非常容易出现损失，并可能影响心态，从而带来心理障碍，导致进一步的损失。

一、常见的主要机会

（一）MACD 指标较佳状态

1. MACD 中等良性状态

（1）MACD 绿柱线中等持续缩短状态。选股时可以将单一的超跌低振幅股和有效爆破点股作为伏击目标。

（2）MACD 红柱线中等伸长状态。依然是上述两种选股法，但是持股数量可以略微多几个。

2. 大盘明显的价涨量增

（1）大盘价涨量增伴随着 MACD 指标急速转良。绿柱线快速缩短或者红柱线急速伸长，可以注意超跌机构被套股、中线爆破点股以及点火热点板块股。

（2）如果在大盘明显超弱市中出现价涨量增：要注意空头的反扑，此时应该选择低位强势绩优指数指标股（如金融股、"中字头"股），一旦发现空头跌破中线的凌厉反扑，需要即时降低仓位。

（二）意外大跌后的止跌

在弱势中，弱势时间达到一定的长度，就容易出现意外的大跌。

1. 有实质性消息配合的

如果有实质性消息配合，就需要观察跌势的趋势状态，与历史类似的情况相比，等待低位右侧信号的出现（连续大跌后的第一根放量中大阳线）。

此时可以注意中线爆破点股和股东数量最少的股。

2. 无实质性消息配合的

无实质性消息配合，或者是一次短线性的影响大跌，可以考虑在尾市或者第二天的止跌信号出现后加仓。

此时可以注意短线低位即时强势股、中线爆破点股和股东数量最少的股。

（三）低风险高概率机会

1. 有现金选择权的个股

主要指有现金选择权、全额要约收购价、短线面值对付的债券。

2. 短线爆破点明确的机会

短线爆破点明确且统计有效，根据爆破点决定短线买卖。

二、常见的风险

（一）MACD 指标的卖出信号

MACD 指标给出的一切卖出信号都要有实际的降仓防范风险措施。

（二）重要均线给出的卖出信号

重要均线给出的卖出信号都要有实际的降仓防范风险措施，也需要有减少仓位的行动。

（三）比较强的负连续 K 线信号

比较强的负连续 K 线信号都要有实际的降仓防范风险措施，也需要有减少仓位的行动。

三、弱平衡市场实战经验谈

（一）大盘意外的偏大阳线出现

没有明显的 MACD 指标配合，意外的偏大阳线出现时，应该进行下列操作：

（1）涨幅大的个股减仓。

（2）重仓股逢高减仓。

（3）重仓股低吸高抛。

（4）不能轻易追高。

（5）低振幅战法要选涨幅落后的股。

（二）个股意外的偏大涨幅出现

没有明显的大盘趋势配合，个股意外的偏大阳线出现时，应该进行下列操作：

（1）非实质性利好出现，不能浪费这个利好（卖出）。

（2）意外的涨幅出现，不能浪费这个利好（卖出）。

（三）大盘的趋势变坏

（1）克服一切心理障碍，降低仓位。

（2）尽量地考虑做空手段。

（四）个股趋势变坏

（1）不能轻易加仓，如果中线爆破点没把握，则需要设定止损条件。

（2）如果中线爆破点有把握，也必须等待顺势的机会来临，不能过早地加仓，也不能过早地重仓。

（五）敏感时间能回避的尽量回避

（1）季度底。

（2）1月底、4月底。

（六）非实质性利好高开

（1）有持股可以减仓。

（2）空仓不轻易追高。

（七）众所周知的消息

（1）利好不能当作利好看待，除非大盘和个股均处于双超跌状态。

（2）众所周知的利空，要提前一步风控。

（八）其他参考信息

（1）夜盘 A50 的提示。

（2）实际仓位上的所有操作都要低于心理预期值。

第22篇
炒股能力的综合体现方面

人们综合实力间的较量都是不同人进行整体性的综合实力较量，而不仅仅是某个单项简单的比拼。股市是虚拟经济，其复杂程度和广域多维性更是许多普通领域远远不能比的。要想在股市中成为赢家，在股市中成为强有力的高手，一定要拥有强大的综合实力和整体均衡优势，而不是只掌握某一方面的知识。这一点，绝大多数人可能根本没有意识到，如果连这点都没有意识到，即连努力的方向和提升自己的内容都不知道，怎么可能成长为一个真正的职业高手呢？

下面我就炒股能力的综合体现方面做个论述，希望能给一些志在股市赢钱的门外徘徊者一些帮助，知道自己成长的方向和努力增强的具体方面。

一、基础知识必须会但远远不够

（一）基础知识

（1）炒股初期必须要在学习技能上有所投入，其综合投入不能低于对高考的投入。

（2）证券基础知识、咨询知识从业考试必须通过。

（3）股史必须熟悉（《操盘手1》《操盘手2》《操盘手3》）。

（4）技术分析全面了解（《股票操作学》）。

（5）老股民要摒弃原有的不实用的固化知识，"倒脏水"。

（6）熟悉与融资、再融资有关的定价法规和实施流程。

（7）要形成知行合一的实战流程。

（8）虽然仅仅在这些方面努力还不够，但是多数人在基础知识内容方面仍不及格。

（二）活学活用与统计习惯

（1）常用的技术理论和指标绝大多数是成熟市场发明的，有一定的基准作用（不是定性作用）。

（2）必须把这些技术理论和指标结合 A 股，运通统计手段，找到新的有效规律。

（3）有效规律、有效指标是阶段飘移的，要在熟悉原有理论基础上，不断地发现新的有效规律，比如强势的成交金额标准、个股涨板的续航力、常见热点题材的强度。

（4）要形成股市作息习惯，时刻保持敏感性。

（三）要有足够的阅历和概率常识

（1）股市技术也有一万小时定律，前提是有正确的股市作息，而不是情绪化随机。

（2）股市中的概率很重要，要熟悉并运用提高概率的手段，比如组合性、对手针对引导性。

（3）要了解强主力的阶段习惯和意图。

（4）要了解意外情况的极限和历史处理手段。

（四）要细腻地融合进盈利模式

（1）熟悉股市中的常规盈利模式。

（2）用统计的手段发现阶段有效的盈利模式。

（3）套用有效盈利模式，找到一批自选股并用万能公式发现操作时机。

（4）有效考虑低风险、容易的、短线的利润机会。

二、资金实力与门槛

（一）大小资金的优势比较

（1）小资金的优势是灵活，劣势是被动，无纠错能力。

（2）大资金的劣势是不灵活、操作需要时间，优势是有纠错能力和局部正确性增强能力。

（二）各种门槛优势

（1）足够的资金量，许多交易权限是需要满足足够的资金门槛的，比如巴菲特，他可以无数次摊低补仓和重组以优化公司基本面。

（2）网下打新、定增、大宗交易、部分债券等交易方式和品种是有资金门槛限制的。这些交易方式具有双轨价格和渠道优势。

（三）杠杆的作用

在机会明显的时刻，杠杆的作用非常强大。

（四）机会反馈

机会是具有反馈作用的，越顺的时候机会越赶着上门；你不顺时，喝口水也塞牙。

三、有效信息

（一）正确的方法

（1）要真实地了解市场，不能相信虚拟的道理。主流教科书、主流媒体的多数股市理论、观点对于赢钱没有直接意义，有时甚至会起反作用。

（2）要学习上乘武功，平庸的大众武功并不能赚钱，而且会让你走火入魔成为病人。

（3）大部分自学自悟炒股，永远也出不了师，而且"学费"昂贵。

（4）学习上乘武功并不是要成为高手，而是要成为正常人，正常人在股市中就能赚钱。

（5）在股市中纵横捭阖，冷心为上；不能十年饮冰，难凉热血。

（二）熟悉常规技术信息的统计

（1）大盘阶段波动的区域、极限、变异量化数值以及直接调控标的股。

（2）阶段中规律波动股。

（3）技术特征的后续波动规律形式。

（4）常见的高效经典机会。

（三）重要爆破点信息的跟踪了解

（1）常规的上市公司信息要熟悉，重要信息要记笔记备忘。

（2）证监会网站、交易所网站、药监局网站、控股集团网站是重要的信息源。

（3）要有目的地进行电话沟通。

（4）要有必要的逻辑推理博弈能力。

（四）突发信息的应对

（1）常规流程技能和意外状况的应对技能是两码事儿。你用20%的时间就能应对80%的情况，但是应对剩下的20%意外突发情况，你需要用80%的时间去学习。这就是"经验"的价值。

（2）对于意外情况、黑天鹅，要建立最后行动防线。

四、个性化的优势

（一）沟通

一个人的成功，有15%取决于知识和技能，85%取决于沟通。以往我的财富15%来自能力，85%来自沟通（第一个1000万元的获得，沟通起了关键作用）。

随着股市二级市场的规模扩大和市场的波动幅度变弱，以往常规的技术分析手段、基本面分析手段获胜的难度加大，必须要提高赚定增、大宗交易等优势双轨沟通模式的钱，这更可靠。

（二）个性化优势

你的方法与大家一样，指数又没有明显增长（还有扩容和交易成本拉低胜率），你不是赌博吗？你必须要有合法的优势个性，比如过去牛市我在某大券商账户买的股第二天必大涨，是不是这个券商的大户在跟？当然你的胜率必须是大的，别人才会为你"抬轿"，当傻子一两次可以，谁会长时间重复做傻子？

（三）优势圈子资源

你的业务圈子能够持续为你提供机会，你也需要对这些机会进行反馈。

（四）成为生活中有趣的人

炒股是为了让生活更美好，赚钱是为了做有意义的事情，而不是成为一个无趣的守财奴。

第23篇
年底年初股市实战需要注意什么？

机构投资者是股票市场中的主导力量，机构在市场中规律性的行为会带来规律性波动的机会和风险，而每年的年底年初则是机构规律性行为最多的时间段，如果投资者认识到这点并利用好，将能规避一些明显的风险，并把握住一些相对容易的短线机会。下面我就这方面的数据统计做个经验总结，一起在实战中获得一些博弈性的斩获。

一、年底注意事项

（一）年底机构习惯经验

（1）如果当年年度市场比较差，年底最后一个月，超级大机构容易启动大市值指标重仓股（通常是金融股）拉市值，这样能使当年的投资业绩漂亮一些。

（2）公募基金排名靠前的基金独门重仓股在年末最后几个交易日容易拉市值，以期获得更好的排名。

（3）一些私募基金独门的低位重仓股在年末最后几个交易日容易拉市值，以期获得更好的业绩。

（4）如果当年年度行情比较好，大部分公募基金高位重仓股在12月的短线高点容易出现出货保收益的现象。

（5）在年底最后一个交易日，一些公募重仓股容易股价下跌，为来年创造较好的业绩做一个短线投机行为。

（6）高位的筹码集中股，如果有大量的融资，在年底年初容易被债主逼债从而导致平仓跳水（甚至连续跌停）。

（7）在圣诞节前一个交易日、年度最后一个交易日、年度第一个交易日、春节前最后一个交易日有利好的股，或者 K 线低位温和放量的小盘股容易出现短线大阳线。

（二）年底绩差股保壳措施

在 12 月，一些敏感的绩差股为了保壳，经常会有一些意外的利好。这个投机经验实战难度比较大，不宜猜测和仓位过重。一开始用这个投机方法，要注意股价的高低，并要采取各种手段了解相对可靠的信息。

（三）年底的其他常见现象

（1）年底低位实施定增的中小市值股有的容易在 T 日制造上涨，诱惑大户认购定增股。

（2）年底低位实施转债发行的中小市值股有的容易在 T 日上涨，这是一个规律，并且在强势背景下容易抢权。

（3）年底强机构定增被套股在解禁日，或者前阶段定增接近不久且机构被套的股在最后交易日，容易出现拉市值的情况。

（4）年底一些有上市公司重仓股的超跌股容易在最后一个交易日拉市值，这样可以提升年报业绩。

二、年初注意事项

（一）年初机构的调仓换股

（1）元旦后新年第一个交易日低位涨停股（非利好刺激），要分析其是否为新年度的强势股。

（2）在 1 月至春节前高位强势股再度拉高，不能追，反而要抛，这类股容易成为当年的熊股，如果是板块也要当心，这是机构常见的使坏招数。

（3）在 1 月至春节前低位弱势股再度砸低，如果股价跌透，基本面没有大问题，这类股容易成为当年强势股。如果这类股是已经全流通的次新小市值股，则更容易吸引游资炒作。

（4）在这段时间走强的合乎高送转规定的次新小盘绩优股容易出现高送转现象。

（二）年初的预盈预亏制度

（1）每年1月是扭亏股、大幅预盈股预喜的时间，要把握大盘背景并把握好时机做好短线爆破点。

（2）每年1月是亏损股、大幅预降股报丧的时间，特别是高商誉股容易计提，要注意风险，这种风险甚至会在月底影响大盘出现指数风险。

（3）1月容易公布年报和时间预告表，最先公布业绩的小盘成长股容易吸引游资炒作。

（4）在1月公布低位大数量的大宗交易的低位股，大概率是短线活跃股。

（三）春节前后效应和题材

（1）如果在春节前指数特别差，大盘容易在春节前一两个交易日出现安慰性的大阳线。

（2）在春节前最后一个交易日出利好的股票容易表现得比平常更强势。

（3）机构重仓股容易在春节前最后一个交易日的最后半个小时出现强势。

（4）1月容易发布中央一号文件，一号文件经常是农业方面的，这个时间点农业股在大盘尚可的情况下容易走强。

（5）春节前后大盘背景相对好于其他时间，这个时间如果有明显的较大题材，那么对应的题材龙头股值得注意。

（6）春节后开"两会"，"两会"上的热点事件（容易猜出来）对应的股可以短线题材低吸，一旦消息兑现就能刺激股价的上涨。

第24篇
股市大跌后该怎样有效操作？

股市波动中的指数大跌是常见现象，这个常见现象几乎每年都会遇见。

如何事先躲避大盘大跌,在大盘大跌后如何正确操作,是职业股民必须要学会的实战技术,会不会这项实战技术是评判一个职业股民水平是否合格的最重要标准。

下面我就来总结一下职业者是怎样事先躲避大盘大跌的,以及在股市出现大跌后是怎样正确操作的。

一、如何事先躲避大盘大跌

留有一部分资金预备队,以及足够数量的短线组合、无风险组合是事先应对大盘大跌的最有效手段,也是事后挽救套牢筹码的必要后手条件,同时也是保持良好心态的职业习惯。

(一) 如何避免在强势市场中大盘大跌造成损失?

1. 近几年的强势市场特征

(1) 大盘低位的连续价涨 (这种低位是经历过短线大跌或者长时间无量下跌后的低位盘整)。

(2) 大盘连续大跌后的初步强势放量反击。

(3) 重大消息导致的强势热点板块。

2. 强势市场中的防跌措施

(1) 永远不满仓并留有一定数量的资金预备队,用于万一情况出现时的期指做空对冲操作。

(2) 持仓筹码中要有40%以上的短线筹码。

(3) 在10日均线乖离并PSY指标见顶危险时要进行仓位降低处理,以及把持仓更换成为股价贴近重要均线的品种。

(4) 要注意期指交割日、新加坡50期指交割日的溢价期指回吐投机导致的单日大跌。

(5) 在大盘中级行情或者大行情的危险时间应该分散持股或者持有流通性好的低位筹码,出现下跌征兆时容易逃跑。

(6) 主力仓位应是贴10日均线或者重要均线比较近的强势股,永远不轻易碰远高于MCST线的最后加速股 (负反击后更危险),无论当时的市场情绪如何热。

（二）如何避免在弱势中大盘大跌造成损失？

1. 近几年的弱势市场特征

（1）实质性利空冲击下的市场单边下跌。

（2）市场无量下的阴跌。

2. 弱势市场中的防跌措施

（1）弱势市场中多单空仓，并把期指做空作为主要盈利模式。

（2）持仓操作不过资产20%并单一持股操作，见利不放过。

（3）重点品种是无风险品种和低价小市值低位赌注品种。

（三）如何避免在平衡市场中大盘大跌造成损失？

这是近几年最常见的波动形式。

1. 近几年的平衡市场特征

（1）箱体平衡平准波动。

（2）绩优阶段大箱体，也有阶段小箱体，要统计发现了解熟悉。

2. 平衡市场中的防跌措施

（1）防止指数箱顶附近的过重仓股持股，包括防止量能不够的假突破。

（2）要防止相对弱势和相对高点的月底效应，特别是1月底、3月底、6月底。

（3）持股必须是最低位附近的或者是次低位附近的（用 MCST 判断），包括赌注股。

（4）总仓位不能轻易超过40%，中线仓位不能超过30%，指数下行过程中不能超过10%。

（5）多项做空条件存在时做好期指做空准备。

（四）没把握时应该怎么办？

（1）看不清楚时，按照坏的可能性处理。

（2）高位没把握时，不做不算错。

（3）控制风险的最好手段是仓位小、分散、流通性好。

（4）低位抄底时要对品种有把握并单一，要价位时空组合。

（5）二八现象出现时要即时降低不利品种的仓位。

二、在大盘大跌后如何正确操作

众多庸人一生几千次的战战兢兢努力，都比不上有胆识者一次智勇双全的投机。

（一）强势市场中的大跌抄底

（1）初步强势中级行情中的抄底。价涨量增中的初步中级行情，第一次大跌时，应该注意主流强势热点在 10 日均线附近的短线抄底。

（2）已经形成上升行情惯性和正反馈心理的状态下，指数出现非制式性利空大跌时，可以注意对初步强势股或者有短线爆破点股进行抄底。

（3）技术性选股时，在指数低位时可以注意低位设计之星形态股，在大盘已经有重新上涨征兆时注意反击凌厉形态股。

（4）仓位可以重一点，股票数量可以多一些，也可以集中出击。

（二）弱势市场中的大跌抄底

（1）要有低挂下影线的操作习惯。

（2）要注意题材严格股或者相对无风险股。

（3）适当注意机构弱势逃跑不易的超跌科创板筹码集中潜力股。

（4）一定要控制仓位，股票数量不能多，要有耐心，慢一点没关系。

（三）平衡市场中的大跌抄底

（1）抄底要注意箱体的位置，只能对箱体低位的大跌抄底，箱体高位的大跌不宜抄底。

（2）在有实质性利空时不宜抄底，要等利空消化后再说。

（3）抄底时要注意是超跌股，不能是抗跌股。

（4）抄底时仓位不能逆势过重，持有时间要中短结合，品种要少并选股条件严格。

第 25 篇
股市中强者的先进理念

在股市中，赢家与输家最重要的区别是什么？我们经过统计调查，导致赢与输结果的最重要原因是思维，这点是大多数投资者根本没有意识到的，因为多数投资者在生活工作中根本接触不到赢家思维，更谈不上在实战中的本能性反应了。

那么股市中的强势思维到底有哪些呢？下面我来做个总结，供有缘者了解。

一、市场主导者思维与有备无患思维

（一）有识

要了解阶段市场的关键点，以及大主力是怎样考虑操作这些关键点的。看清楚大主力的利益所在，才能洞悉自己的利益所在。

如果你不知道目前市场的主要矛盾和最重要动因，又要硬操作，这样就容易陷入想赢怕输战战兢兢的赌博心态中，将面临市场的不确定性和自己情绪化慌乱的两面夹击。

（二）有胆

在别人贪婪时恐惧，在别人恐惧时贪婪。但是这种操作要有细节、组合、中庸、应变、对冲的手段，不能盲目与趋势对抗，特别是两个端点的短线震荡幅度是比较剧烈的。

关键时刻要有有效的行动，不能呆若木鸡。

（三）有备

你出错了怎么办？出现意外事件怎么办？市场出错怎么办？

这三个怎么办，你都要有有效的适合自己的应对手段。只有这样，才能在股市中长久生存，让自己立于不败之地，随着时间的推移，你的综合实战能力与拥有的财富、资源也会越来越强大。

二、真实客观统计思维和坐标思维

（一）宏观真实

（1）A股的本质到底是什么？

A股是政策市、融资市、主力市。宏观有效策略的关键是与这三个关键点进行顺应博弈。

（2）常见的 A 股糊涂认知是什么？

只停留在大众常规的知识层面并固化。

（二）阶段特点规律

要统计市场阶段的波动规律和可把握的机会，并建立阶段有效的盈利模式。

（三）阶段坐标指引

你的行为必须要有有效指标来判断时机、高低、仓位以及最后防线。这些坐标主要根据阶段统计出来的爆破点和技术指标指向。具体的行为必须是明确的。

三、立体混合对冲思维

（一）市场的性质组合

A 股市场是周期循环的，是分为阶段周期特征的，最常见的是强势市场、弱势市场、平衡市场，期仓位组合、选股的方法都是不同的，这点是许多输家永远也无法弄明白的，他们认准的永远是不学就会的追涨杀跌。

（二）多空的对冲组合

（1）小资金必须要有把握做空市场机会的能力。

（2）大资金必须在明显高位（做多筹码退出有困难）时，有期指对冲风险的能力。

（三）长短线机会组合

（1）长线机会必须要有大爆破点、低吸高抛探底成本的操作组合。

（2）短线机会必须是有效爆破点。

四、优势概率思维

（一）机会容易度与复利

市场中的强者通常是不断地加强自己的立体综合优势，然后用最强大的能力来实现最容易获得的机会利润，然后持续重复。

比较理想的方式是：持续的小赢，回撤很小，偶尔出现跳跃性大利润。

（二）常见输家思维

综合投入不足，胡思乱想，妄想实现难度极大的奇迹。

（三）优势心理

（1）现在的持仓和操作，有利于未来保持好心态，有成熟的赚钱机会，何必赌博和冒险？

（2）要有最坏结果可接受心态，犹豫不决时，按照明确的可接受结果行动，放弃有可能的小概率不确定性。

五、盲点思维

（一）国企的再融资定价（定增、配股的最低价）

《国有股权管理暂行办法》第十二条的"股票发行溢价倍率（股票发行价格/股票面值）应不低于折股倍数（发行前国有净资产/国有股股本）"即可简化为如上述公式所反映出来的"股票发行价格不得低于每股净资产"。就这样，《国有股权管理暂行办法》非常间接地设定了国有控股企业"股票发行价格不得低于每股净资产"的规则。

在实践中，虽然明确规定"股票发行价不得低于每股净资产"的1994年《国有股权管理暂行办法》已经被废止，虽然后续的国有产权交易的相关规定均未再明确规定国有控股企业必须"股票发行价不得低于每股净资产"。但是，实践中，几乎所有国有控股公司，在决定是否H股IPO或在H股增发股份时，仍然会以股票发行价是否低于每股净资产作为依据。

（二）股价的极端拐点

周期循环，月盈则亏，月亏则圆。

（三）下限原则

由于自己对现状满意，因此选股的第一个要点是选择那些下跌幅度和动力最小的股票，忽视那些相对高位的猜谜语博弈活跃股票。

第 26 篇
大盘个股波动节奏与股民情绪

股市的实战结果，与三个关键因素密切相关：股市波动的规律、股民的情绪、股民的行为。其中，股价的高低与股民的情绪是逆反的，职业里手的操作是能克制情绪，按照股市的周期规律操作的，而大多数股民的行为是跟随自己的情绪的，这正是最常见的又难以克服的输钱模式。

我们必须弄清楚这三个关键因素的内涵，并压制住情绪，按照股市周期规律来进行恰当的实战操作，才能从菜鸟进阶到行家里手。下面我来总结一下这三个因素的要点，希望能点醒一些有缘人。

一、股市波动的规律

股市的主要波动形式有：价值周期波动、供求关系波动、强者做局博弈波动、多因一果的综合随机波动。

（一）价值周期波动

公司的基本面与稳定分红满意度决定股价下限，资金的情绪疯狂度决定股价的上限。

大盘和个股的绝对底部区域是与基本面和分红面的稳定程度相关的，当一个底部来临后，并不一定立刻就会涨，涨不涨由资金面变化后决定（有时还需要消息情绪的刺激），一个底部的来临往往是由于这时的资金面不理想导致的，所以形成底部后的市场波动相对沉闷平缓，但是底部来临前往往会有较大的震荡。

（二）供求关系波动

一切商品的价格是由供求关系决定的，股市中的价格也是这样，股价的涨跌是由短阶段内的资金压力造成的，股价是否能够维持是由后续的资金平衡度决定的。

大盘和个股的绝对高位区域是与基本面和资金的疯狂程度相关的，当一个顶部来临后，并不一定立刻就会跌，跌不跌由资金面变化后决定（有时还需要消息情绪的刺激），一个顶部的来临往往是由于这时的资金面疯狂导致的，所以形成顶部时的市场波动是非常活跃的，越是高位的大跌越容易挣扎反弹，越是底部的下跌反弹越无力，到大底后经常就不反弹了，那时的买卖都非常清淡。

资金供求关系平衡时会形成平缓的横向波动（经常是指数不规则的箱体波动和个股的随机波动，多数股沉闷，少数股活跃）；资金供求失衡时会形成或涨或跌的单边推动走势，并且会形成单边正反馈，一旦正反馈形成会强化原有趋势，一旦单边趋势形成惯力，最先几次的反向波动都是短暂的，并会被快速纠偏，惯力越大，纠偏的次数就越多。

当市场处于基本面和分红面不满意时间时，市场的价格是存在重力的（逐利资金在无法获得利益时就会退出，寻找其他利益），维持市场的平衡就必须同时有一定数量非理性买力资金和机构博弈资金，否则市场的重力就会起作用，导致市场价格下沉或者阴跌。

（三）强者做局博弈波动

资本市场是投机市场，为了更为快速地博弈利润，一定会有大大小小的机构利用资金人为做局，这种做局方式有的是坐庄操纵市场（这是违法的，不理智的），也有许多是为了再融资或者量化等其他原因，阶段性做局造成市场波动。

有些机构有自己的投资套路和规律，这点也会使股价产生波动。其实，只要是大资金的买卖都会使市场或者局部个股出现一定的波动。

做局到底是合法还是违法的，是由证券法决定的，不是由股价涨跌决定的，这点许多不懂法者的理解是有误区的。

（四）多因一果的综合随机波动

上述三条阐述了市场波动的集中波动形式。我们必须了解的是，整个股票市场由众多投资者组成，他们的买卖原因和风格是各异的，是多因一果的，绝大多数时间，绝大多数个股的波动是随机的。

但是，在某个阶段的市场或者某些个股在一个确定的时间内，是存在着共鸣共振消息情绪的，或者重要波动规律（大概率）的，这些相对的确定性和大概率规律，就是我们在股市中赚钱的注意点和技术研究分析点。

二、股民的情绪

股市中最常见的市场情绪有：天生人性情绪、股瘾君子、大户的疯狂和纠偏、理性的行家里手。

（一）天生人性情绪

多巴胺性质的躁动看多，追涨杀跌，赚钱情绪好，亏钱情绪差。这些本能因素是几乎所有人进入股市后就天然自带的，而且会控制不住地形成行为习惯。这种情绪，只有在市场上处于短暂牛市疯狂阶段才可能会有所获益，大多时候其最终结局都只剩下惨痛的教训。

新股民进入股市的第一关，也是非常重要的一关，就是要克服自己的这种输家情绪和本能。不赚钱的老股民同样也是这样，但由于实践养成习惯，可能比新股民克服起来更加有难度。

（二）股瘾君子

股市中存有大量的股瘾君子，他们是输家，屡受打击，但是他们又异常自信，喜欢吹牛，死不悔改，这属于良言难以劝导的。

也有些机构为了自己的利益，对一些理论进行推广宣传，这些推广宣传是有基础素质保障并符合人性弱点的，导致一些在其他领域的聪明者、成功者进入股市后成为糊涂虫。

（三）大户的疯狂和纠偏

一赢两平七亏适用于一切群体，同样适用于机构群体，有些机构一旦情绪失控或者由于某些原因，造就两个极端的操作，这就是大牛股、妖股、严重超跌股出现的原因。许多外行并不理解，机构的盈利与它们的重仓股价格涨跌并不一定是同步的，有的个股曾经是翻过数倍的大牛股，而造就这个大牛股的机构最后亏损90%，甚至血本无归。有的人是败给了市场，有的人是败给了法律。

股市是虚拟经济，是为实体经济服务的，不能喧宾夺主，这点更大的机构是心知肚明的。如果股市赚钱过于容易和暴利，社会上其他行业就会受到破坏；如果股市过于惨烈和长时间低迷，这个行业的生存就会出问题。所以，最大的主力对股市的期望是：稳。最理想的期望是：稳中有涨，涨幅有限。

当市场出现高低位两个极端走势时，最大主力一定出手干预，干预一定会起效果，并可能会矫枉过正。这些就是人们命运发生较大改变的关键时刻，我们千万不能犯错。

（四）理性的行家里手

理性的行家里手，必须对上述现实有清醒的认识，有针对性的理论和行为，并形成习惯本能。先策略后战术，中庸组合，追求 80 分容易度。

三、恰当的操作

恰当的操作行为有：以强胜弱、知己知彼、谋胜先谋败、有自己的优势习惯。

（一）以强胜弱

把自己的综合能力运用到最佳、最强，比如基础素质、专业知识、现实分析、恰当的资金量、优势交易通道等，追求最容易的利润，然后长时间持续复利。

（二）知己知彼

要有优势的信息获取方法，要了解自己的优势劣势，扬长避短，做到有知者无畏。

（三）谋胜先谋败

普通投资者都是只追求上限和奇迹，内行者都是先防下限和容易获得的利润，但是机会来临时，里手也有霹雳手段。

（四）有自己的优势习惯

根据上述三点，必须总结出适应 A 股市场的具体盈利模式，并且勤奋地做功课保持状态，不要被市场情绪所调度，赚取自己应得的利润，能做到这些，也是其他人难以比肩的。

第 27 篇
让你变厉害的股海终极智慧

终极逻辑犹如金字塔的底端，它是建造金字塔的基石。典型的自然世界的终极逻辑是物理规律——"万有引力""相对论""量子力学"，现代物理学已经发展到可以靠几个基本公式和常数推导出一切物理规律的程度。在生物学领域，"进化论"属于基本的终极逻辑；在地理学领域，"大陆漂移"属于基本的终极逻辑；在经济学领域，"供需平衡理论"是基本的终极逻辑。依靠这些逻辑我们能够构建起宏伟的知识大厦，能够联系起很多互不相干的现象，能够建立因果关系，这就是终极逻辑的力量。

在科学世界中，终极逻辑是万物运转的基本法则，在人类社会中，它是关系联结的基本动力。

终极思维在认知中的作用是通过一定的框架结构，帮助我们过滤筛选信息，重新组织和理解信息，并提供进行判断和决策的依据。我们从事某个行业的工作，就必须了解这个行业的终极思维模型，以面对不同的情境，避免情绪和狭隘的固化思维。

股市也有其终极思维，只有终极思维发挥作用时，你才能具备正确的认知，洞悉有效信息，采取适当的行为，获得较为理想的收益。有股海底层思维的人，其综合能力是持续进步的，无股海底层思维的人就陷入了一个死循环，随着时间的推移，陷在赌博的怪圈中进行运气游戏消费，而不自知。股海终极智慧的作用是做有用功合理应对，克服无用功妄想执着。

下面就来谈谈股市中的终极智慧。

一、局

（一）A 股本质
融资市，政策市，主力市。
（1）融资市，融资重于投资，小利益服从大利益。价值、分红可以忽略不计。

（2）政策市，股市是有阶段的政策导向的，融资任务是挤泡沫、维稳、箱体平准。

（3）主力市，A股市存在主力的，既有大主力，也有个股主力，主力的阶段意图需要破解。

（二）核心游戏

要了解年度市场的核心游戏是什么，这个核心游戏的步伐和节奏，要从布局主力的利益角度考虑问题。

（三）个股机会游戏

（1）从制度角度考虑捕捉机会。

（2）从强者的融资和投机利益动机寻找机会。

（3）从永动游戏的成本确立机会。

（四）风险

（1）机会兑现风险。机会丧失就意味着风险。

（2）大主力观念风险。股市机会不能冲击实体经济机会，否则大主力就会进行风险教育，制造负机会。

（3）黑天鹅事件。股市会有定期的黑天鹅事件，黑天鹅事件导致的群体情绪踩踏，阶段时间内是大主力也控制不住的。黑天鹅事件是重要的改命震荡，命怎么改就看你怎么做，以及能否把握持仓的时机了。

二、博弈

股市接近于零和游戏。

（一）优势

你要找到你自己的优势，并且利用好你自己的优势。常见的优势是小资金的灵活，大资金的力量和交易手段，你独特的技术、信息优势，或者你不愚蠢的优势。

（二）成本

金融博弈，成本的优势是非常重要的，要主观选取有成本优势的个股游戏，客观有耐心等待游戏的合理价格。

（三）规律

不看低不低、高不高，最重要的是规律明显和强烈的反馈。

三、参照物

评判事物的长短需要有远近参照点和长短尺度。

（一）价格的高低

常见的是用技术指标来衡量，比如 MACD、KDJ、MCST、PSY、阶段的涨跌幅。

（二）时间爆破点

用统计的方式发现阶段有效的爆破点，并利用之。

（三）势的强弱判断

（1）发现阶段大主力的调控意图。

（2）发现阶段的大众情绪。特别是外在的大消息事件导致的情绪共振。

（3）发现阶段的量能状态。用统计的手段发现中级行情所需要的量能水平。

（四）历史类似事件比较

当一个事物出现时，用历史上的类似事件比较，并综合衡量力度的强弱。

四、周期循环

股市中没有新鲜游戏，都是老游戏重复再玩。

（一）行情强弱的循环

（1）强势市场需熟悉一下 2005~2007 年、2014~2015 年的股市行情。

（2）弱势市场需熟悉一下 2008 年、2018 年的股市行情。

（3）平衡市场需熟悉一下 2020 年、2021 年的股市行情。

（二）品种的强弱

这个年度的强势高位股容易是下一个年度的熊股，这个年度的狗熊股容易是下个年度的大牛股，其他的衍生品种、事件也是这样。

有些板块存在的经济周期性，其业绩周期和周边市场价格强弱周期会传导到 A 股市场。

（三）题材消息的强弱循环

（1）一些题材消息对市场的影响也存在周期传导。

（2）超预期的作用。

（3）题材出尽的作用。

（4）大势对消息的牵扯。要分清楚主趋势和次趋势的作用。

（四）有知者无畏

纵横捭阖，凉心为上。炒股的最差境界是热锅蚂蚁，贪婪和恐惧并存；炒股的最高境界是有知者无畏。

（1）实战技术的先进性。大家常见的基本面分析、技术分析不够，价值投资不行。

（2）以强胜弱。要客观地了解你的强势，要等待你强势的时机，不盲目赌博。

（3）要对短线信息和关键信息了解清楚。

（4）要有足够的力量和后备力量。

第 28 篇
低回撤稳健投资方法集锦

我参加实盘比赛时的净值变化特点是：持续稳定小盈利，回撤很少，间歇向上跳跃。

有人认为只有小资金才能做到这样。其实大资金也行，我的大账户操作，从 2021 年 12 月 10 日高点开始计算（沪市指数阶段最高点 3708 点），这个时间开始大盘指数一路大跌，最低跌到 3356 点（其他指数跌幅更大，比如创业板指数由 3508 点跌到了 2710 点），在这期间，我的账户（规模近 3 亿元）市值基本没有回撤且有盈利（300 多万元），我在晒单群里晒的那个个人账户（5000 多万元）表现也基本是这样。

那么，"持续稳定小盈利，回撤很少，间歇向上跳跃"是怎样实现的呢？下面我就做个总结，希望助手们能学会，学会后帮我管理一些基金账户。

一、箱体振荡平准图形

（一）选股思维

大盘的形象好的大市值指标股，明显是箱体波动形式。

（二）操作策略

（1）根据箱体高抛低吸。

（2）参考的技术指标为 MCST 指标，统计以往的低点低值来决定买点。

（3）三分法买进，第一次在合适买点买进，第二次在第一次买点的下方止跌处（纠错一次，如果没有出错就省略这次），第三次在第一次买点后出现上涨征兆的合适点。

（三）案例

比如招商银行 2021 年 8 月 6 日至 2022 年 2 月 11 日期间的波动图形，在大盘不佳的情况下，依然可以获得较为稳定的规律操作收益。

二、股价创新低的呆滞中大盘绩优图形

（一）选股思维

长线跌幅最大的低价绩优呆滞中大盘股。

（二）操作策略

（1）在股价出现标志性的低点（通常情况行情软件会标注具体价位），在股价不再创新低后并且大盘也在低位时它开始缓慢爬升时买进，并做好一次逢低补仓的准备。

（2）这类股票波动幅度比较小，大盘下跌时比较抗跌，但是涨幅也通常不会太大，在大盘的相对高点就卖出，不能要求太高。

（三）案例

比如外高桥 2021 年 11 月 29 日至 2022 年 2 月 14 日期间的波动图形。股

私募冠军股市看家功夫

价波动比较稳定，股民能保持较好的心态。

三、股价在最低附近的呆滞低振幅小盘图形

（一）选股思维

选择历史低位的低价小市值基本面尚可股（不能有业绩下滑或者计提风险），如果有重组征兆更好。

（二）操作策略

（1）在股价出现标志性的低点（通常情况行情软件会标注具体价位），在股价不再创新低后并且大盘也在低位时它开始缓慢爬升时买进，并做好一次逢低补仓的准备。

（2）这类股票波动幅度比较小，大盘下跌时比较抗跌，但是涨幅也通常不会太大，在大盘的相对高点就卖出，不能要求太高。

（三）案例

比如申科股份的 2021 年 2 月 9 日至 2022 年 2 月 14 日期间的波动图形。股价波动比较稳定，股民能保持较好的心态。

四、股价初步越过 MCST 又回踩的大盘图形

（一）选股思维

低位弱势大盘股第一次以连续小 K 线的形式越过 MCST 线（不能是以大阳线或者涨停的形式越过）的大盘股，如果是指数权重股则更好。

（二）操作策略

每次股价回落 MCST 线时是买点（只能买一次，不能补仓，因为跌破 MCST 线需要止损），当股价到达大盘高点或者股价出现负 K 线逻辑时卖出，等下次机会。

（三）案例

比如南方航空 2021 年 9 月 30 日至 2022 年 2 月 14 日期间的波动图形。需要说明的是，如果这类股经常出现螺旋桨方式的上下影线，也可以适当做 T+0 差价。

五、规律性的上下影线螺旋桨图形

（一）选股思维

注意一些走势规律明显的个股，比如横向箱体或者缓慢上升通道且经常出现上下影线的个股，也有些股波动比较小但是喜欢拉尾盘。

（二）操作策略

在规律性的低点少量买进，做短差。

（三）案例

比如大名城 2021 年 8 月 2 日至 2022 年 2 月 14 日期间的波动图形，经常出现上下影线。

六、低价大托单股价呆滞图形

（一）选股思维

有些低价股上下买卖单都比较大，且比同市值的其他股明显要大，这是一类有机构主持股的特别情形。经常是一些公用事业行业或者高速公路行业等。

（二）操作策略

有些大户喜欢在大盘尚可时，尾市买进几笔，并同时把股价买涨几分钱。这些个股容易在第二天的相对高点依然有大买单挂着，这样可以赚几分钱卖掉。这样操作，要注意当天尾盘大盘是强势，个股的短线技术指标 KDJ 处于强势状态。

（三）案例

比如酒钢宏兴 2021 年 11 月 17 日至 2022 年 2 月 14 日期间的波动图形，上下挂单都是五位数，这种方法适合大户，小资金不适用。并且要观察清楚，不能买那些股价开盘时挂单比较小的品种。

七、有效爆破点事件套利

（一）选股思维

统计阶段有效爆破点，并把爆破点落实。

（二）操作策略

要注意个股符合万能公式，大盘处于安全状态。爆破后赚钱就卖。

八、低位中线爆破点套利

（一）选股思维

有重组等中线爆破点的个股。

（二）操作策略

根据 MACD 指标和大盘箱体高低点，少部分中线持有，大部分低吸高抛。题材爆破后或者股价有较大的涨幅时就卖掉。

九、有保价题材的情况

（一）选股思维

央企中定增价格、配股价格不能低于净资产，如果市价低于净资产，就存在这样的机会。如果再融资方案中写明再融资价格不能低于净资产就更好了。

（二）操作策略

在合适的低点介入，中线持有结合短线低吸高抛。题材爆破后或者股价有较大的涨幅时就卖掉。

十、总体思维

（1）选那些大盘下跌时最为抗跌的股。

（2）选那些股价振幅最小的股。

（3）选那些股价处于历史性低位的股。

（4）选那些股价有明显规律的股。

（5）选那些有制度保价的股。

（6）选那些有有效爆破点的股。

（7）选那些大振幅小、日交易振幅有差价的股。

（8）选那些有面值净值保护的股。

（9）选那些有中线大爆破点的股。

第 29 篇
追求有知者无畏的具体方法

投资技术的组成内容＝六分心态＋三分技术＋一分运气。

心态占了六分，而且是发挥技术和吸引好运气的前提。

投资的最高境界是有知者无畏，投资者的消费境界是热锅蚂蚁式的情绪化赌博。

因此，职业投资者的基本要求是拥有平稳客观的心态，实施有知者无畏的行为，追求相对容易的 80 分结果。

下面，就来谈谈怎样保持良好的心态和做到有知者无畏。

一、确定性和高概率

（一）绝对确定性

（1）时间确定、股价确定是最佳确定性。

（2）时间确定性，价格不确定。要注意大盘背景和个股绝对低位，要统计爆破点是否有效。

（3）价格确定，时间不确定。要注意年化收益率满意度，要注意热点效率。

（4）价格不确定，时间不确定。这就是赌博，比如大家常用的简单粗暴的技术分析和基本面分析。

（二）高概率

有些因素具有确定性线索，但是尚未完全落定，这就需要进一步侦查落实，以及用社会博弈常识和阅历进一步判断，不能因为别人的不诚信而吃亏。

二、客观规律和常识

有些客观规律、常识和潜规则是必须知道和服从的，不能让情绪、幻想冒犯它们，特别是在关键时刻要用它们指导行动。

（一）市场本质

市场本质是融资市、政策市（消息）、主力市，要清楚阶段市场的任务、政策倾向和主力意图。不能用常规的技术分析、基本面分析替代这三个关键点。

（二）题材是第一生产力

对于市场题材要保持敏感，要注意题材的力度和相应时间。题材分为：

（1）立刻响应题材。是否超预期？

（2）阶段持续题材。是否足够有影响力？

（3）后续定时题材。是否能兑现？

（三）股不在好，有庄则灵

要解析、破析庄家的做局故事，就要熟悉主力的活动规律。大主力有大主力的规律，个股主力有个股主力的活动规律。

（四）要熟悉与股价波动相关的交易制度

（1）信息披露制度。

（2）事件审批制度。

（3）再融资定价制度。

（4）具有双轨优势的制度。

三、短线时机

股市总体长线是无法预测的，一定是包含着各种不确定因素，但是某一个品种在短瞬间可能是确定和高概率的。

（1）强势、弱势、平衡势的划分、统计以及有效应对。

（2）常规爆破点的总结、统计、捕捉。

（3）短线规律的发现和利用。

四、底线和力量

一般投资者喜欢高波动性，而职业高手则正好相反。

（1）低波动性。主要是指大盘下跌时个股的自然抗跌性较强，不至于风险太大。

（2）资金力量足够。主要指低市值低位的股，有一定资金量的买盘能够保证不被套牢。

（3）黑天鹅事件。要尽量防止，万一没有防住要第一时间逃跑或者期指对冲。

五、职业技巧

常规的职业技巧有：

（1）组合行为。品种的横向组合和建仓成本的机会次数组合。

（2）有效机会的统计。

（3）有效信息的积累。

（4）大盘、个股、优势的集合出击。

（5）有效参照物的设定。

六、双轨博弈优势

孙子兵法的核心是以强胜弱。

（1）信息渠道优势。有分析、侦查、积累能力。

（2）资金的优势。不能一次性满仓，最好有无限次补仓能力。

（3）成本的优势。能耐心勇敢地把握住低点。

七、中线底牌

市场是有阶段底牌的，看出底牌并压中底牌异常关键。

（一）大主力的阶段底牌

（1）阶段倾向底牌。是挤泡沫、激活市场、箱体平准，要看明白。

（2）两极容忍度。太疯狂会影响实业，太低迷会影响社会稳定、行业生存和融资环境，两极出现时刻能改变命运，一定要应对好。

（二）个股的大底牌

（1）大题材的时间点。

（2）强主力被套的低位价格点。

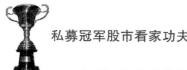
（三）无风险意外机会

需要重仓把握。

第 30 篇
大资金稳健操作模式总结

大资金进入股市，主要目的是发挥自己的优势增值保值，不能像许多小资金那样沦为情绪赌博，也不能像教科书那样进行所谓的价值投资或者技术分析博运气，这两种形式在本质上也是赌博，只不过是被教育过的自认为是正路的赌博，这种赌博其实更可怕。久赌必输，会反向改变命运的。增值保值，不能是一种意愿，必须有切实手段模式保证，即使遇到所谓的暴跌股灾，也不能让你成为沮丧的失败者。

我熟悉的一家私募公司，在熊市 2022 年获得全国私募冠军，在发生股灾的 2023 年和 2024 年初也没有赔钱，并获得了全国亚军。下面我就来总结一下这家私募基金公司管理大资金的模式方法，以作为大资金操盘手和私募基金的内部培训教材。

一、较为稳健的模式

（一）选股思路

选择市场中实际流通市值（可统计每日成交金额排名）最小的股票作为主要投资标的。当然这个投资表标的除了市值属于最小的一类外，还希望是大股东实力强，没有退市可能，基本面处于成长期（或者行业明显稳定），有中线爆破点，有短线爆破点，持仓成本具有优势（如果已经有其他机构较重仓位持有，那么你的成本必须低于它），不能有低成本解禁股，最好不是两融标的和北向标的，尽量价格低。

（二）操作原理

最理想的金融博弈游戏是以强胜弱，碾压博弈对手。比如应该具有下列优势：

1. 资金优势

如果你的资金足够多（或者后续资金无穷多），有无数次加倍补仓的能力，你根本就不可能输，即使出现大跌，在你补仓后，大盘只要上涨跌幅的一部分就能解套甚至获利。况且相对大资金买股时，本身就有止跌助涨的作用。但是注意，这种止跌助涨必须合法自然，不能有证券法禁止的内容（要学法、懂法、守法）。

2. 信息优势

你选的股票最好是非常熟悉的，是经过一段时间跟踪观察过的，你对一些信息有更深层次的了解，比如说你对大股东要了解（是否有注入资产的实力和愿望），对十大股东的二级市场活动风格要洞悉，对隐含盲点的中线爆破点要清楚（要查阅历史信息并和上市公司沟通，比如解决同业竞争的承诺），如果存有有效的爆破点则更好。

3. 价格优势

你的持仓成本必须低于绝大多数人，只有有成本优势才容易保持比较好的心态，不至于遇到无顾忌的集中抛压。

4. 箱体操作

持有一定的仓位后，设定一个止盈位，获利后分批抛出，越涨越抛，如果股价超预期（或者中线爆破点题材发作），卖完后可以重新选股再度重复操作。

如果市场平衡，就可以箱体来回操作（要设定最多持股量，不能举牌，以防后续遇到黑天鹅时补仓资金不够）。

如果市场差，出现筹码被套，要在市场止跌回稳后进行补仓，利用补仓操作使筹码尽快解套并保持一定的流通性（不能仓位太重，否则进出严重不方便）。

（三）注意点

1. 适用背景

这种方法适用于平衡市，最终持仓市值不能轻易超过 40%，可以根据 MACD 的红柱线长度并比较历史情况决定仓位轻重。

2. 组合性

如果一只股票的资金容量不够，可以几只同时操作，这种情况在资金比例大的时候经常出现。

3. 遇到黑天鹅趋势

如果遇到黑天鹅趋势，通常是意外消息导致市场出现趋势性质的下跌，要果断采取止损行动，常见的止损行动有：

（1）股指期货或者融券做空。这样做对冲现货做多持仓，争取顺应空头的趋势利润，消减急于扳本的做多急躁心理。

（2）尽可能第一时间降低仓位。第一时间降低仓位，可能会导致短线心理压力大一些，但是往往事后看是主动的，而且只是暂时撤退，不是最终的失败，在大盘止跌后可以用更低的价位买回来，或者发现更好的筹码。

（3）反弹遇到大盘的 30 日均线压制。这时要进一步降低仓位，做倒 T 也是减损的有效措施。我观察北向资金的操作时发现，只要大盘持续跌，不管持股是否盈亏，都会持续降低仓位。

二、稳健和效率兼顾的模式

（一）选股思路

如果市场处于较强势时，则需要快速建仓，这时因绝对市值小的股建仓比较困难，故可以选取市值大一些的股票。

（二）操作原理

操作原理同第一部分内容，在强平衡势时用低价相对小市值股取代绝对小市值股。

（三）注意点

1. 效率的解决

根据市场的强弱确定选股标的市值大小，市场越弱，选股的市值越小，持股的数量越少，留有后备资金量越大；市场较强，选股的市值可以大一些，持有的数量较多，留有的后备资金量可以少一些（具体多少，做一段时间就会有经验，新手可以保守一些）；如果市场出现高位的超强时间（行情快结束的尾声，要统计历史类似行情的指数高度、时间和管理层态度消息），要注意卖股的效率，也就是说不能出现因为单只个股的数量大而卖不掉的情况，可以持有股票数量多一些，仓位重的应该是大市值股（流动性好）。

2. 该方法的禁止时间

在市场高位，不存在使用第一部分方法的条件。

三、怎样对付意外黑天鹅?

（一）防守反击思维

近几年的 A 股市场供大于求、宏观经济形势也不明朗，因此股市操作要有防守思维，防守反击可能会成为长时间的合理战法。这种战法的核心要素是，要留有大量的后备资金，以等待最佳机会的来临。对此要有清醒的认识和足够的耐心。

（二）最佳机会

最佳机会是对第一部分较为稳健的模式的有力补充，也是保证这个玩法有效性的前提。最佳机会只有两种：一种是股灾财，另一种是现金选择权。

对于股灾财抄底，要有左侧、右侧的概念，左侧投入的资金不能轻易超过45％，右侧的信号是中大阳线的出现，30 日均线的压制是筑底失败的信号。

现金选择权要计算年化收益率。

（三）建仓

小市值股票尽量低挂，抄底时建仓也应该尽量低挂，弱势时建仓尽量选择在尾市。

在大盘明显强势时，建仓可以用大单子买。

第 31 篇
注册制下的最强操作系统

股市大盘指数的波动是有阶段趋势的，根据趋势的不同可以分为强势时间和弱势时间，在强势时间做多操作成功率比较高，在弱势时间做多则容易失误被套（做空成功率较高），那么怎样区分强势时间和弱势时间？在强势时间、准强势时间该怎样具体操作呢？在弱势时间该怎么办？现在我就这几个很重要的股市常见问题做个总结。

一、强势时间和弱势时间的区别

区分大盘强弱势通常是用成交量能来鉴别的，但是近几年的 A 股在绝大多数时间，大盘的成交量是比较均衡的，这样用大盘成交量能来区分大盘的强弱，就没有以往那么明显，经常会遇到模糊情况，为了使我们的强弱区分更加明确，我增加了 MACD 指标来加强对强弱市场的判断。

（一）大盘处于强势期的 MACD 特征

强势期又称为最佳机会期，MACD 表现特征有两种形式：

1. MACD 红柱线伸长且有力度

这是 A 股做多操作最容易获利的时间，是大盘发动行情初步转强的信号，个股容易普涨，并容易产生涨幅较大的群体股票，此时可以全力做多。

MACD 红柱线的强大程度感受可以与历史上的 MACD 情况比较，回顾历史上的 MACD 指标情况，可对强大、中性、弱势有个直观感受。一般情况，MACD 指标柱线长度和根数预示着大盘即时强弱和对后市影响的时间长短。

2. 单波急跌后的 MACD 绿柱线快速缩短

大盘如果出现单波快速急跌，指数跌幅一般要超过 12%，此时如果 MACD 绿柱线快速缩短，则是开始抄底的信号，但抄底要选择已经止跌转红的股票，如果选股不当，依然会遇到余震未息的个股。

（二）大盘处于次强势期的 MACD 特征

次强势期又称为可操作期，MACD 表现特征有两种形式：

1. 强大的 MACD 红柱线缩短时间

当强大的 MACD 红柱线缩短，且指数依然在 10 日均线上方运行时，此时的股市依然属于可操作期。当强大的 MACD 红柱线出现后，一组 MACD 红柱线经常会出现再次甚至三次伸长，当红柱线再次伸长时依然是买点，买点出现时，根据红柱线的再次伸长力度决定买进的仓位力度。

需要注意的是，在 MACD 指标缩短的同时，指数跌破 10 日均线，则是停止做多防止风险的信号。如果指数在 10 日均线附近止跌回升则是一个买进信号，特别是指数在 10 日均线上方出现大阴线（通常是利空、期指交割日导致），指数随后在 10 日均线处止跌回升是个上佳的短线买点。

10 日均线附近的判断是个难点，此时可以用 K 线逻辑判断，K 线逻辑常见的形式是：超越、连续、反击、逆反、规律、过度、混沌（不熟悉者可参阅《万修成魔》）。

2. 大盘箱体振荡时的中等 MACD 红柱线伸长时间

当大盘出现箱体震荡的平衡势时，MACD 绿柱线缩短、红柱线伸长时也是可操作时间，这种时间的容易度要低于前面两种形式，但也是更常出现的情况，操作时仓位不能太大，且应该稳健一些。

（三）大盘处于极弱势期的 MACD 特征

弱势期又称为做多危险期，又称可做空期，其表现形式是：

1. MACD 绿柱线伸长且有力度

这是大盘大跌或者即将连续下跌的信号，做多要十分警惕，可以适当地考虑做空，如果有持股可以考虑尽量降低仓位。

2. 单波急跌后的 MACD 红柱线快速缩短且指数破 10 日均线

这是市场转弱的信号，也是持股降低仓位的信号，有信心的个股也需要设立止损行动点。当一轮中级行情或者更大行情结束时，常会出现这种情况。

（四）大盘处于弱势期的 MACD 特征

弱势期又称为不可操作期，多空难度都比较大，MACD 表现特征有两种形式：

1. 强大的 MACD 绿柱线缩短时间

当强大的 MACD 绿柱线缩短，且指数依然在 10 日均线下方运行时，此时的股市依然属于危险期。当强大的 MACD 绿柱线出现后，一组 MACD 绿柱线经常会出现二次甚至三次伸长，当绿柱线再次伸长时依然是做空点，做空点出现时，根据绿柱线的再次伸长力度决定融券空单的仓位力度。

需要注意的是，在 MACD 指标缩短的同时，若指数涨破 30 日均线，则是停止看空的信号。如果指数在 30 日均线附近止涨回跌则是一个卖空信号，特别是当指数在 30 日均线下方出现连续大阳线（通常是利好、期指交割日导致）时，指数随后在 30 日均线处止涨回跌是个上佳的短线做空点。

重要均线附近的判断是个难点，此时可以用 K 线逻辑判断。

2. 大盘箱体震荡时的中等 MACD 绿柱线伸长时间

当大盘出现箱体震荡的平衡市时，MACD 红柱线缩短、绿柱线伸长时也是危险时间，休息等待至少不能算错。

二、不同时期的个股操作

（一）强势期的具体操作

1. 超跌强势期的操作

（1）超跌的节奏顺序是大盘指标股、二线绩优蓝筹股、超跌股。

（2）大盘止跌后，注意最新止跌会涨的超跌股、转强的机构重套股，中线持股节奏（除非出现超涨乖离）。

2. 中级行情初期的操作

（1）注意点火超越股。

（2）注意量能强势的均线附近股。

（二）次强势期的具体操作

1. 强势 MACD 红柱线缩短时间

（1）选股持股要注意个股的 KDJ 指标和短线爆破点，短线节奏操作。

（2）可以适当结合中线爆破点，短线操作。

（3）遇见短线急跌，可考虑止跌后抄底。

2. 箱体震荡中等红柱线伸长时间

（1）选股持股要注意 MACD、KDJ 指标和短线爆破点，短线节奏操作。

（2）低振幅战法结合中线爆破点。

（3）遇见意外急跌，不能着急抄底，要先观望一下。

（三）极弱势期的具体操作

（1）克服心理障碍降低仓位。

（2）想办法做空。

（四）弱势期的具体操作

休息不做是最稳妥的策略。

三、综合理论总结与补充说明

（一）MACD 指标的力度判断

MACD 指标的柱线长短力度和柱线根数预示着行情的强弱度和对后市的影响时间长短。

（二）MACD 结合均线的判断

当出现有一定力度的行情后，会出现阶段次级行情反波动，支撑位往往是重要均线（10 日、30 日最重要，20 日、60 日、半年线、年线也需要参考）。

（三）均线结合 K 线逻辑的判断

均线处指数走向的判断是难点，可以参考 K 线逻辑的七种判断形式来组合加强判断。

（四）大牛市与大熊市的特征

（1）当 MACD 指标长时间在零轴上方运行时，是大牛市特征。

（2）当 MACD 指标长时间在零轴下方运行时，是大熊市特征。

（五）敏感时间

在季度底、股指期权交割日或者有重大消息出现时，可以参考前一天的夜盘 A50 表现。

这个法则也可以判断个股，但是判断个股必须先判断大盘，熊市中的高位容易暴跌。

四、MACD 线金叉死叉在不同的位置时有什么不同和差异？

MACD 线是最常用的技术指标之一，它的常规用法以及花门独特用法我们都在《青蚨股易》等书中有所论述，MACD 线的用法中，金叉死叉是很重要的内容，有股友很心细，发现金叉死叉发生的位置不同，也会有一些股价表现的差异，现在我们就把这部分内容补充一下：

（一）金叉经验

1. 金叉高位

发生位置在零轴以上，MACD 线高出零轴很多，这时 DIF 线穿过 DEA，高位金叉的出现，代表着价格回调，且回调已经结束，后市短线上涨的概率较高，这个技法比较适合强势和平衡势阶段短线选股使用。

2. 金叉在零轴旁边

如果上涨趋势已经形成，金叉在零轴旁边，则说明股价经过了一波行情整理，股价重新转强，如果再有量比的放大，就代表着股价转强得到成交量的支持，后市上涨概率较大，在大盘安全时，这是一个比较重要的选股思路。

3. 金叉低位

这里的低位是说在零轴以下，远离零轴，这个金叉说明股价在下降的同时，短线需要技术性反弹，这种情况下，上涨概率相对上述两种情况要小，除非大盘严重超跌，不能轻易过分看好，同时要防止二次死叉。

（二）死叉经验

1. 高位死叉

这是在零轴以上，而且远离零轴，高位死叉一般出现在上涨回调以后，持仓者在看到高位死叉的时候，应该保持一定的风控警惕性。

2. 零轴附近死叉

如果股价的下跌趋势已经形成，在零轴线附近出现死叉，表示势态形成，后市看跌，应该高度警惕。

但有一点需要注意，如果是强势股或者筹码集中股抗涨抗跌震荡时在零轴线附近形成死叉，暂时可以观望，如果出现连续两根绿柱线后就要警惕；如果遇到二次金叉，反而是机会的来临。

3. 低位死叉

低位死叉在零轴线以下，远离零轴线，是反弹结束的卖出信号，应该卖出，没有入场的应该保持观望，被套牢者可以先行卖出，等到股价下跌后再买回来，也许能做出一些差价。

第 32 篇
注册制时代的 A 股波动新规律

A 股进入注册制时代，市场波动特点出现了一些明显变化，这些变化与以往人们的习惯性认识有着非常大的不同，甚至是常人无法理解的，我们必须对于这些新变化、市场新规律即时地了解认识，并在实战中采取有针对性的措施。

下面，我就把注册制时代的 A 股波动新规律做个统计总结。

一、需要注意的规律特点

（一）防守反击战术贴合实际

1. 要有耐心等待最佳机会的来临

（1）注册制最初几年，股市供求关系是失衡的，供大于求是常态。

（2）要保存好资金，要有防守反击的思维，赚危机的钱，赚超跌的钱。

（3）危机来了，机会也就来了。机会到来时，不能左倾也不能右倾，要分批建仓。

（4）底部的建仓目标应该是社保绩优重仓被套股（有后续资金，基本面有保障），金融超跌权重股（天兵天将喜欢），QFII 重仓小盘（它们是理智的，不会在底部胡乱杀跌）。

2. 底部时间要控制好震荡

（1）底部来临后，波动也是复杂的，要有分批（并低吸高抛摊低成本）的具体行为，不能考虑得太简单，要对残酷性有充分的认识，有时大主力在你有两口气时还不一定会动作，而当你只剩半口气时天兵天将才会出现。

（2）左侧建仓最后 50%（其中要有一半等待底部的恐慌性大跌出现或者迟一天出击也可以），剩下的 50% 必须要等到底部信号（放量的中大阳线）出现。

（3）左侧建仓股必须是稳健抵抗股，右侧建仓股可以是严重超越股。

（4）反弹的高度要看量能，量能不足时要警惕重要均线的压力，要注意 MACD 指标恶性趋势带来的短线风险。

（二）低位小市值相对安全

1. QFII 的风格转化

大盘扩容，主力缩容，在 2023 年 GFII 重仓的小市值股相对抗跌，箱体规律也相对明显。

2. 小市值散户股

大股东持股比例大的无机构重仓股，特别是股东人数最少的，可以作为大资金的常规波段操作股。

（三）强股东权重有阶段机会

1. 权重调控股的机会

（1）在市场底部时，往往是低位权重金融股先行走强。

（2）先行走强的低位权重金融股可以作为第一批建仓目标，次之是明显绩优股。

2. 要约收购股的持续关注

这个概念是相当长一段时间内可以关注的潜力品种。

（四）分析机构动向是重要功课

1. 北向的持续动作

（1）注意北向资金的持续动作。

（2）注意北向资金重仓股持续动作。

2. 夜盘 A50 的动作

（1）注意夜盘 A50 的趋势信号。

（2）注意夜盘 A50 的消息暗示信号。

（3）注意夜盘 A50 的交割日倾向。

二、需要格外当心的风控因素

（一）公募基金操作具有大波段性

1. 公募重仓股波动性超越大盘

（1）公募基金重仓容易助涨助跌。

（2）在弱势中公募基金重仓股一旦走弱，不能掉以轻心，要及时止损。

（3）在底部时，公募重仓股也存在无理性杀跌的可能（底部建仓时要当心）。

（4）社保重仓股的表现与公募重仓股近似。

2. 弱市中的常见因素

（1）转融通会助跌。

（2）两融标的也会助跌。

（3）解禁助跌（被套的也会杀跌）。

（4）基本面下滑助跌（未达预期的绩优股也会助跌）。

（二）做空意识和手段要加强

1. 加强期指的做空习惯

一定要形成习惯，以量能趋势为主，不能过分相信国内媒体消息（市场规模大了，这个作用就有限了），可以观察北向动向和夜盘 A50。

2. 融券操作注意点

在弱势时间把注意力放在这方面，就会降低做多的错误。

（三）定增、大宗交易也要慎之又慎

1. 定增的注意点

必须贯彻双低原则，定增难以抵抗多数趋势风险。

2. 大宗交易的注意点

条件严格，不能轻易放松条件。

（四）简单明确有助于心态健康

1. 央企小市值股优先考虑

央企小市值股可以作为常规选股的优先考虑。

2. 短线爆破点操作不容易出现大失误

要形成成熟的短线盈利模式：

（1）看准大盘时机。

（2）中线选股短线操作。

（3）尽量低振幅降低成本或者利润落袋。

（4）要统计利用好短线爆破点。

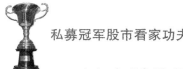
（5）出现失误后要有对冲措施。

第33篇
实战交易原则、技巧和习惯

股市实战是需要一些专业技巧和原则的，这些技巧和原则还必须形成习惯。如果只从一次操作来看，这些操作和技巧并不一定是最优选择，但是从职业人生稍长时间来看，这些原则和技巧是非常必要甚至能决定职业生命长短的。有阅历的职业操盘手都知道，在股市中生存，一两次的最优选择需要尽量争取，持续的不后悔更是整个职业人生都要全力追求的。下面我根据自己的阅历把自己的实战交易原则、技巧和习惯总结一下。

一、重仓的时机

随着股市的规模扩大和经济环境的不明朗，在股市中投资，重仓的时间不能像前些年那么长了，否则就会面临严重打击，选时、等时已经成为 A 股中的第一技术。

（一）技术走势严重超跌时间

（1）CCI 指标低于 200 数值后的 MACD 指标绿柱线开始缩短。

（2）其他时间投机品种不能轻易重仓，并且要有足够的资金等到超跌时刻的来临。

（3）超跌时刻来临时，也要耐心分批选择超跌品种（防止抗跌品种的补跌），左侧仓位不能超过 30%，右侧仓位也不能轻易超过 60%。

（4）组合进攻和重点进攻可以同时考虑。

（二）有现金选择权保护的品种出现

（1）吸收合并所需的现金选择权。

（2）全额要约收购的题材。

（3）有固定面值保护的债券类型品种。

（4）要计算好满意的年化收益率。

二、补仓的时机

个股被套是经常会出现的，补仓既需要考虑效率也需要考虑心理因素，否则会影响最后的结果。

（一）平移仓位

平移仓位是指同时间同资金量换股，发现了恶性因素可实施这种操作。

（1）基本面隐含趋势。

（2）主力面恶化（机构连续减持，如北向不停减持）。

（3）技术面弱于大盘（大盘止跌个股不止跌，相对高位股或者机构重仓股容易出现这种现象）。

（二）坚持补仓

认可原有的持股，继续适当补仓或者转变为进攻性重仓。

（1）个股技术面要超跌（CCI 和 MACD 判断）可以适当补仓。

（2）大盘和个股同时双低超跌可以选择少数品种转变为进攻性重仓。

（3）补仓时要个股有止跌信号（抵抗特征或者强于大盘）出现才行，不能在连续下跌过程中补仓。

三、超短的思维

在大盘未处于超跌但大盘安全时也可以做超短线操作。

（一）超短的模式

（1）低振幅战法。低位的基本面增长周期的小市值股并利用量化、北向规律。

（2）中线爆破点战法（主要是同业竞争和注入资产预期）。长线选股短线操作（最后是活跃规律）。

（3）短线爆破点。需要有效的信息爆破点。

（二）减仓风控的原则

这个原则也适合融券做空。

（1）技术面高位转弱。统计前期的 CCI 和 MACD 高点数值。

（2）均线压制。在弱势中均线压制的效应特别明显，如果与技术指标同时作用，一定要采取行动。

（3）经典利空时间。月底、季度底、坏消息密集公布时。

四、不后悔稳健原则

先追求不后悔不出现大失误，再进一步追求进攻效率。要记住现在的基本面情况。

（一）选股

（1）央企股优先。同时考虑 ETF 基金成分股。

（2）有过要约收购的个股优先。控股股东比例大又增持的。

（3）业绩处于成长周期的优先。当年的季度业绩持续增长。

（4）回避明显弱点。常见的弱点有：业绩下滑、主力减持、有低成本持股（定增、大宗、股权激励、原始股解禁，成分股剔除）、技术图形高位。

（二）操作习惯

（1）尾市习惯。弱势中喜欢尾市跳水。

（2）低挂习惯。抄底时要可以低挂价位。

（3）有涨幅要把握住。个股的涨幅不能要求过高，有利润就是正确，特别是小利好（大盘和个股）导致的利润要把握住。

（4）组合和集中持股。大账户需要组合效率，小账户需要慎重和单一集中持股。

五、容易失误的点

不能因为遵守这个原则而忽视了另一个对应的原则。

（一）补仓速度太快

有时补仓后各家继续跌，要进一步加大耐心，培养慢一拍的新习惯，要养成大盘和个股的双右侧习惯。

（二）关注超跌时忽视了基本面趋势

有时机构重仓股连续超跌时因为有基本面趋势隐患，这方面要慎重和多加考虑。大盘弱势时,机构重仓股跌得更多。

(三) 双低中线爆破点股需耐心

有时持有的双低中线爆破点股有小利润就走了,丧失了大利润,可以采取分批中庸原则。

(四) 下跌初期行动要果断

不能因为仓位轻,下跌时就硬抗,遇见风险时,砍仓应该进一步果断,并且做空也要果断(形成习惯)。

第 34 篇
优秀交易员的必需操作技能

模糊,正是人生困扰之源。而人生也像是一场消除模糊的比赛,谁的模糊越严重,谁就越混沌;谁的模糊越轻微,谁就越清醒。完全的确定性是极少的,想先看到结果再行动的人往往会错失机会。这就是股市的现状。适应这个现状的方法是中庸、组合、耐心、框架、力量和统计,尽量地靠近可接受的结果。

在股市中工作,可以分为两个部分:一是分析,二是操作。小资金重分析,大资金则需分析与操作并重,关于股市分析的总结比较多,而关于股市操作的总结比较少,现在,我们就来做个股市操作方面的总结。

一、操作需观察的背景信息

(一) 总体背景原则

在供求关系没有明显改善之前,总的策略方针是:防守反击,超跌反弹是最重要的盈利模式,不要轻易重仓做中长线。

(二) 两极高低点的判断

1. 短线参考 CCI

注意统计熟悉阶段的 CCI 高低端大概率值。这是超短线的行动信号,在低位时谨慎些不算错,在高位时一定要有降仓位的行动。

2. 波段参考 MACD

注意统计熟悉阶段的 MACD 高低端大概率情况。高低位时都应该有所行动，并且要注意柱线长短和根数所代表的含义，经验是力度越大趋势越强烈。

3. 趋势过程中看北向

一个趋势正在进行过程中，如果北向资金没有掉头，别轻易认为趋势反转，而且北向资金的一日掉头都不一定能说明问题。北向买进大盘不一定上涨，北向卖出大盘下跌的概率比较大，因为供求关系是失衡的。

4. 辅助指标看夜盘 A50

夜盘 A50 有一定的盘前暗示性，特别是市场出消息后，夜盘 A50 的反应相对客观。

二、增强效率和收益率的操作

（一）近几年的逆势强势股

1. 强势指标权重强势股

发现阶段的强势平准股，应用技术指标跟踪短线操作。

2. QFII 重仓的小盘成长股

QFII 重仓的小盘成长股，抗跌性以及反弹性都比较好。

（二）资金预备队

1. 非最佳时机留足预备队资金

（1）在大盘不是最佳时机时，要留足总体预备队资金。

（2）总体预备队资金以安全套利为主。

（3）可以在合适时间适当进行超短线操作，这种操作要结合爆破点、北向资金动态和低振幅特性（特别是下限性）。

2. 持仓也需要留足后续纠错资金

持股股票要计划好持仓与大盘和后续纠错资金的方案，持仓股盈利卖出都是对的，坚决杜绝把利润遗误成为失误，小失误发展成为大失误。

（三）防守性操作选股

1. 基本面处于成长期

这一年的业绩处于成长期，比如一季报、半年报、三季报都处于增长情况。

2. 避免收到解禁股的抛压

主要是原始股、定增股、大宗交易、股权激励的解禁压力。

3. 安全的大股东

央企股优先、大股东增持股优先。

4. 爆破点以小市值股优先

在微盘股中选择合适的低价股，在低价股中选择流通市值小的股；而且要尽量选取中线低位的。

5. 适当考虑热点和资金热度

适当地考虑中线热度、北向流向以及资金驱动力（交易软件动向）。

三、可接受结果的逆人性操作

（一）负趋势中逐渐减仓

在大盘弱势趋势时，敢于倒 T，争取做到弱市中赚股。

（二）强势时敢于集中性强势投入

在大盘强势时，敢于投入资金，只有投入足够的资金，并研究量化资金的买点触发点，才能争取到量化的助力。

（三）低位时中庸性质的建仓

1. 小市值要分批低挂

在到达低位区域后，小市值目标股可以盘中低挂和尾市分批建仓。

2. 大市值个股要等到第一根反击大阳线

大市值个股要等到趋势明朗后才能行动。

3. 在中线低点采取双轨价格模式

特别是合适的定向增发和大宗交易。

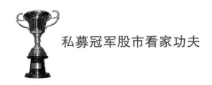
第 35 篇
盈利模式选股操作法综述

与业余投资者的单维股市操作思维不同，职业投资者在股市中是依靠盈利模式赚钱的，这个盈利模式包括与投资目的匹配的选股法和与合理时机相匹配的应变操作，还有就是盈利模式的实时成功率统计，下面我就这个股市中常见的盈利模式做个综述总结。

一、中线持股盈利模式

（一）中线重仓模式

1. 时机条件

必须是在大盘和个股的双低时刻，而且这个双低时刻要是高标准严要求的年度级别的。

2. 选股要求

（1）合适的央企。在这个时间内最有比较优势的央企，比如价格优势、题材优势、主力优势、市值优势、业绩成长质变优势的综合打分比较胜出者。

（2）合适的定增、大宗交易。这时需要契机，在有契机的前提下，争取企业类型优势、价格优势、题材优势、主力优势、市值优势、业绩成长质变优势。

（3）合适的中线爆破点。主要是业绩质变的中线爆破点和主力重套爆破点，要约收购、明确的解决同业竞争概念可以优先考虑。

（4）补充说明。上述选股条件出现叠加的需要优先考虑，数量少于两只，中线重仓持股的仓位不能超过 25%，有条件的通过操作摊低成本，短线爆发后也需要了结和尽量锁定利润。

（二）中线轻仓模式

1. 时机条件

在大盘和个股处于相对平稳时刻。

2. 选股要求

主要是非首选的重点目标中的小市值股、低价股，加上中线重仓模式的仓位后，整个中线仓位不能超过30%。

二、短线持股盈利模式

（一）短线重仓模式

1. 时机条件

短线时机相对安全，并且要考虑好退出的灵便性。

2. 选股分类

常见的中线股有：央企小市值股、中线爆破点股、主力重套股、要约收购股、破产重整股、基本面稳定的低价股。

（二）短线轻仓模式

1. 时机条件

短线时机相对安全。

2. 选股分类

纯技术规律选股、短线爆破点股、北向规律波动股。

三、持股常用操作技巧

（一）中线持股常用操作技巧

（1）中线持股的仓位也要考虑大盘风险，该控制仓位时要控制仓位，该做空对冲风险时要对冲风险。

（2）中线持股可以有短线操作手段（部分仓位低吸高抛），探底成本。

（3）中线持股建仓时最好在低位时用双轨信息手段。

（4）中线持股选股时一定要考虑避免中线基本面风险和大盘黑天鹅风险。

（5）中线持仓一定要留有后备预备队，留有补仓的能力。

（6）中线选股时选平时积累的自选股，不要轻易临时选股，冲动重仓买进。

（7）近几年的整理策略是，防守反击、赚超跌反弹的钱，中线策略不能违反这个前提。

（二）短线持股常用操作技巧

1. 伏击量化基金模式

破解量化基金的买卖触发点，提前一步行动。

2. 伏击北向资金

破解北向资金的行动规律，第一时间短线跟随。

3. 短线爆破点

统计找到合适短线爆破点，短线操作。

4. 超跌抄底模式

机构重仓股超跌后，开始横盘时寻找合适机会。不能轻易指望"V"字形反转，这种行动容易犯错。

5. 配合中线持股的操作

根据大盘情况，对中线股进行短线操作。

6. 小市值赌注股的低振幅战法

低振幅战法是弱平衡市中比较有效的战法手段。

7. 短线操作也需要看好大盘

大盘不好，什么技巧都没用。

第 36 篇
沪深股市新环境的应变思维

世间万物皆变化，唯一不变的就是变化。

沪深股市也是这样，这几年沪深股市出现了一些新变化，比如规模和波动形式、北向资金、量化基金等，对此我们要客观认识了解，要有应对思维，要找到新的合理盈利模式。今天，我们就此做个理论性的归纳总结，这是现时非常重要的事情，事关我们投资活动的输赢，必须认真对待。

一、关于大盘波动形式

（一）大盘的现实

1. 供求关系失衡

新股发行的无节制以及大股东的持续减持，导致了市场供求关系的失衡，在很长一段时间内，市场存在重力，对于趋势的不明朗，要保持格外的清醒和要有高度的事先防范策略措施。

2. 市场中存在着大主力

市场中存在着大主力，他们有一定规模资金陷于市场之中，他们的处境和阶段态度对市场的波动表现会起作用。

3. 股票的新分类

市场中的股票可以分为两种：一种是大股东做空的股票；另一种是大股东做多的股票，选股时要有这个认识。

（二）大盘的判断

1. 技术指标

我喜欢的技术指标是：CCI、MACD、PSY。用它们作为常规的阶段高低点判断。

（1）CCI 的历史比较低点是轻仓超短线的信号，高位应果断，低位应试探。

（2）MACD 的柱线长度的伸长或缩短是相对明确的波段趋势信号。

（3）PSY 作为上述两个技术指标的辅助加强指标。

2. 北向资金

北向具有相对的客观性和心理引导作用，可以作为技术指标的增强判断。

（1）北向进，大盘红，可能安全。

（2）北向出，大盘绿，注意风险。

（3）北向进，大盘绿，注意参考技术指标。

（4）北向出，大盘红，注意参考技术指标。

3. 夜盘 A50

（1）平稳前提下，要注意夜盘 A50 的先导暗示作用。

（2）滞后情况下，要洞悉夜盘 A50 的后续跟随作用。

二、关于量化基金

量化交易就是基金经理把自己的投资策略写成程序，然后让这段程序代替自己去买卖股票。需要注意的是，有的量化基金通过付给券商费用或者高佣金，可以获得一些特殊交易手段。量化基金的常见操作手段如下：

（一）ETF 指数操作

1. 操作模式

当 ETF 指数低位时，买进低位的 ETF 权重股，拉升指数并带动其他股票上涨，然后用买进的 ETF 权重股换成 ETF 基金，再赎回该基金换成该 ETF "一揽子"股票当天卖出。

2. 常见市场现象

（1）指数上午冲一下，然后全天单边回落。

（2）指数中午收盘前或者下午开盘时冲一下，然后剩余时间回落。

（二）高频 T+0 操作

1. 抢先交易

当程序发现某股有大买单时，程序同时抢进后马上高挂几分钱卖出，用 T+0 方式赚小短差。发现某股有大卖单时，也会进行类似操作。

普通股民不能这样做，量化机构由于付给了券商费用，故拥有这种特权。

2. 高频挂单

大资金操作小盘股的优势工具，为此许多 QFII 资金喜欢小市值股。

（三）指数区域操作

1. 根据经典技术指标操作

多只股票同时下单买进或者卖出。

2. 根据指数位箱体操作

多只股票同时下单买进或者卖出。

三、关于北向资金

（一）判断大盘

根据北向动态与大盘的涨跌逻辑判断大盘的趋势可能性。

（二）判断个股

根据北向动态与个股的涨跌逻辑判断个股的趋势可能性。

四、关于短线选股

该功能主要根据交易软件现有功能进行总结，既可盘中选股，也可盘后选股。

资金驱动力选股法：

（一）主力买入

以下午 2：30 至 3：00 这段时间的交易为主要候选目标。

（二）加速拉升

以下午 2：30 至 3：00 这段时间的交易为主要候选目标。

（三）主力占比

比较好的盘中选股法。

（四）委比

主要发现异动股。

（五）注意点

以上方法均要符合万能公式测试标准，不能单独使用。

五、关于自己

根据股市新环境情况，我为自己确立了下列操作原则。

（一）实战总则

（1）以防守反击为主，赚超跌反弹的钱。

（2）以短线波段为主，赚低振幅的钱。

（3）以低位的小市值、低价股、央企股为主，适当地考虑爆破点题材。

（4）需要借量化机构、北向资金的力量，与它们进行博弈。

（5）选股需要审核股吧中的个股大事备忘录，需要防止明显的大股东做空股。

（二）博弈战术

（1）尾盘博弈，买股尽量选择在下午 2：30 以后。

（2）卖股时与高频交易博弈，尽量不要大单卖出，防止高频资金做空。

（3）大盘日线出现快涨缓跌现象时，持股中有一定涨幅的个股需要减仓处理。

（4）对于小市值 OFII 重仓股，在低位时多加注意，机器操盘往往比较活跃。

（5）采用低振幅战法时尽量不选两融标的，防止量化资金融券做空。

第 37 篇
注册制时代机构猎庄术

注册制实施后，股票的数量更加众多，多数股票在多数时间内都缺乏足够的购买力，进而活跃度不足，这使波段做价差的难度比以往更大，在这种情况下，分析机构资金进出的重要性更加凸显，猎庄术是股市中非常重要的实战技能，我们必须重视、学会，并熟练应用，现在我就把注册制时代的猎庄技术做个总结。

一、北向资金的分析

（一）北向资金的信息源

（1）东方财富网首页的上面有一个栏目"数据中心"。

（2）点击"数据中心"后会出现新页面，新页面左边有一个栏目"沪深港通"。

（3）点击"沪深港通"后就会出现各项可供分析参考的数据。

（4）其中最重要的数据有：北向资金、北向资金的历史走势、个股排行（资金流入）、板块排行（资金流入）、历史数据等。

（二）数据的常规分析思维

1. 北向资金

看北向资金当日是流进还是流出。一般情况，北向资金的流向对投资者的买卖心理有引导作用，并可以在盘中即时发现分析。

2. 北向资金的历史走势

熟悉北向资金的历史，能够得到一个阶段的连续面貌，观察时间长了，结合大盘的涨跌，能获得一些自然感觉，以及阶段性的北向资金态度。

3. 个股排行（资金流入）

可以查询到北向资金在买哪些个股，北向资金在卖哪些个股，数据中有排行，并可以在盘中即时发现分析。

4. 板块排行（资金流入）

可以查询到北向资金在买哪些板块，北向资金在卖哪些板块，数据中有排行。要进一步探明北向资金的买卖力度。

5. 历史数据

研究北向资金的持仓量以及持仓变化与阶段大盘涨跌的关系规律。

6. 盘中应用

可以在盘中发现分析北向资金的动向，以决定当天尾市的操作策略。

可以发现盘中哪些股处于低位且北向资金开始第一天买进，可以在"个股排行"一栏中，敲个股的代码然后分析北向资金的买卖规律。

（三）常规应用方法

1. 加强常规分析

可以在北向资金初步买卖动向中，结合常规技术指标选股法来增强准确率。

2. 了解个股的低吸高抛规律

了解一些个股的北向资金低吸高抛规律，并进行短线套利伏击。

3. 了解大盘的低吸高抛规律

统计分析北向资金对大盘阶段高低点的看法。

4. 了解持续卖导致单边下跌情况

可以根据情况适当做空融券，以了解阶段底部在哪里。

5. 了解持续买导致单边上涨情况

可以根据情况适当跟庄，以了解阶段头部在哪里。

二、其他机构资金的分析

（一）信息源

1. 东方财富网首页的上面有一个栏目"主力"

可以了解主力机构综合信息情况，以及别人总结加工的信息，作为在行情无聊时的有用消遣。

2. 交易软件的板块分类

需要了解的有：股东增持、拟增持、拟回购、基金独门、保险新进、券商重仓、社保新进、基金增仓、破增发价、陆股通增等栏目，并用正常指标选股法选股。

（二）资金驱动力

1. 量涨速

主要是发现尾市异动的，在大盘波段下跌后发现低位有哪些股票有大户被套并出现反抗动作。

2. 净卖率

主要发现有哪些个股有主力资金且买入量比较大，适合强势时选股参考。

3. 委比

主要发现哪些个股有大挂卖或者大挂买，以进一步分析其潜力。

（三）增强分析方法

1. 选股复核

选好个股后，东方财富网中的相关股吧中有"大事提醒"一栏，要注意回避一些与利空相关的事项。比如：

（1）原始股东解禁与减持进程。

（2）低成本的定增解禁。

（3）低成本的大宗交易解禁。

（4）不利的诉讼。

2. 抄底法则

当大盘跌到阶段低位时，拟增持与拟回购的事项容易展开，关注那些拟增持与拟回购余额较大的超跌股。

3. 重点跟踪

如果发现有强势机构被定增、大宗交易重仓被套住，可以跟踪，这类股在大盘转强时有可能出现强力自救。

4. 短线投机

北向资金是永动机中的战斗机，在平衡势市场可以在陆股通中选取符合万能公式的个股来短线投机。

第 38 篇
小资金与大资金的区别和各自优势

小资金与大资金在股市中的操作方法是不同的，两者各有优势和劣势，在实战中应该取长补短。由于社会上倡导的投资方法普遍是片面的和没有针对性的，导致许多小资金执着于大资金的投资方法，或者大资金采取的是小资金的投资方法，甚至自己放弃优势执迷劣势，这当然无法获得正常的投资收益。由于上面所说的情况非常普遍，社会上知道这种情况的人也很多，故写作以下内容，作为内部培训纠偏使用。

一、论小资金的操作方法

（一）小资金的优势

1. 操作灵活，进出速度快

资金小，一分钟内就可以完成买卖全过程，基本上是不需要足够的对手盘的。

2. 无时间成本、无公开比较压力

小资金基本是自己的钱，不用考虑时间成本，也没有理财客户的比较心理压力。

3. 有效爆破点把握好了收益率高

因为心中有数可以重仓操作，所以短线有效爆破点把握好了，收益率叠加会很高，但是绝对收益肯定有限。

（二）小资金的劣势

1. 成本、机会组合力较差

资金小，补仓的次数会少，所买的组合品种很对冲，品种也会相对较少。

2. 完全被动跟随思维

小资金的买卖基本上对股价没有影响，所以分析能力要求较强，操作能力要求比大资金要弱一些。因此，有些大资金的思维，小资金是难以体会和理解的。

3. 交易权限少于大资金

许多交易权限是有资金门坎的，这对于小资金是个限制，但是如果能想办法多开通一些交易权限还是应该尽量开通，有备无患。

（三）适合小资金的操作思维

1. 机会点、风险点尽量精确一点

由于操盘灵便，可以看准了才进，看不准就不动，迷茫时就空仓避险。可以考虑大部分资金只做强势。

2. 小资金尽量把握短线机会

要熟练掌握的短线爆破点套路多，要勤快，多统计，多发现机会，但是要有系统做空意识的前提。

3. 如果时间不充裕也可考虑中线爆破点

如果不存在资金心理压力，发现可靠的中线爆破点时，也可以分批组合建仓次数，持有后死等，一旦抓住中线黑马，收益也很可观。这种操作要有足够的耐心和强大的中线分析能力。

4. 在大盘强势时考虑技术性强势

在大盘强势时，考虑价量关系的启动点，可能效率更高。

二、论大资金的操作方法

（一）大资金的优势

1. 成本、机会组合能力较强

可以设计操作计划位多次补仓，也可以买数量较多的股票，还可以配合对冲手段。

2. 资金大，有力量

资金量大的话，在相对的合适价位，你的买点有可能就是低点；在大盘强势时，你用大单买，容易引发量化资金的跟随买盘。

3. 交易权限多

有些交易权限是需要大资金门槛的，这些交易权限同时伴随着价格成本优势。

（二）大资金的劣势

1. 操作不灵活，进出速度较慢

最合适的价位，有可能对手盘不够，无法按照想法实施。

2. 在弱势中出货难度大

大资金最大的难度是弱势中出货容易引起股价短线幅度太大，并引发跟风卖盘。

3. 有些交易有制度制约

比如说举牌制度，短线交易限制制度，定增、大宗锁仓时间制度等。

（三）适合大资金的操作思维

1. 机会、风险要有区域化思维

把握机会、控制风险都要有区域化思维，有时要提前一步，完全看清楚后有时会来不及，同时要有对冲思维，在无法单边现货操作时，要用衍生品种对冲。

2. 尽量开通大资金交易权限

使用大资金交易权限时，要扬长避短，要有中线思维。

3. 要有对冲和做空意识

大资金操作不灵便，为了化解这种不灵便，尽量养成对冲和做空的习惯。

4. 选股要稳健

选股要有中线防守思维，即使短线操作，也要有中线防守思维。中线防守思维主要是指不能发生意外，如基本面方面的黑天鹅事件。稳健性要强于传奇性。

5. 要有操作技术

这是大资金与小资金的重要区别，大资金交易员要有极强的盘面操作技术和心理分析技术，要对小波动有一定的敏感度，并要洞悉自己的操作会引发什么样的后续跟风动作。

第39篇
常见盘面征兆与股价波动规律

股票的短线波动形式无非是涨、跌、横这三种，如果我们短线判断对了方向，就能赚钱，完全百分之百地做对是不可能的，只要能实现做10次对7次平2次亏1次，无疑就是高手了。人们常见的判断股票好坏的方法都是用常规的技术分析、基本面分析，这些常规分析判断方法的准确率是比较有限的，难以达到要求。那么有没有一些更准确、获胜概率更高的分析判断方法呢？有的，近几年，我一直致力于研究常见盘面征兆与股价波动规律的关系，取得了一些经过实战检验的高概率结果，现在总结备忘。

一、什么样的股票容易涨?

（一）大盘上涨趋势时什么股容易涨?
在大盘处于上涨趋势时，下列类型的股票可以作为选股组合：
（1）有明显的中线概念题材的品种。
（2）有短线爆破点的品种。

（3）首次进入板块排行榜第一名的强势品种。

（4）低位首次量比排行榜位居前列且 MACD 良性的品种。

（5）股价走上升通道，股价贴近 10 日均线的品种。

（6）首次阶段堆量上涨，股价回落到 BOLL 中轨的品种。

（7）宝塔线三平底翻红且均线支撑股价的品种。

（8）大 K 线正反击组合的品种。

（9）大盘超跌后的单日强调整中尾市射击线品种。

（二）大盘横盘时什么股容易涨？

（1）有短线爆破点的品种。

（2）有中线爆破点的品种。

（3）低位成交量稀少的中低价近期弱势小市值股。

（4）大市值首次越过 MCST 线且股价回落到 MCST 线受到支撑的品种。

（5）走势规律明显的机构重仓股（最好是指数指标股）。

（6）MSCT 线下较远股价表现特别强势或者强势组合的品种（大盘启动初期也可考虑）。

（7）有面值、净值、现金选择权保护的品种。

（三）大盘超跌后什么股容易涨？

（1）有中线爆破点的品种。

（2）中线和短线均超跌的短线爆破点品种。

（3）中线和短线均超跌的活跃机构重仓品种。

（4）中线和短线均超跌的回头波接近零的品种（最后一天大阴线）。

（5）有面值、净值、现金选择权保护的品种。

二、什么样的股票抗跌？

（一）大盘大跌时什么股抗跌？

（1）低位大市值绩优滞涨品种。

（2）中线与短线都超跌的冷门品种。

（3）超级冷门长线低位低价基本面转好的周期品种。

（二）大盘小跌时什么股抗跌？

（1）螺旋桨 K 线组合品种（也适合少量大盘箱顶位置和强势市场大盘超买阶段）。

（2）机构重仓筹码集中滞涨品种（也适合强势市场大盘超买阶段）。

（3）箱体规律强势技术低点品种。

（4）低位小市值成交稀少的品种。

（5）低位滞涨的冷门中小市值品种。

（三）大盘横盘时什么股抗跌？

（1）MACD 指标处于绿柱线缩短的低位品种。

（2）股价受到非实质性利空打击的超跌止跌品种。

（3）股价低于净资产的滞涨绩优（买卖盘挂单明显较大）品种。

三、实战中应该怎么均衡？

（1）总结这个规律的目的是，清楚在大盘不同阶段要有不同的选股策略。

（2）对于大盘犹豫时，怎样均衡进攻与防守两者的关系。

（3）要根据资金目的和主动被动性进行组合均衡。

（4）原则上，大盘较强持有的股票数量可以更多，这样有利于抓住黑马来整体超越大盘涨幅；大盘较差需要持股数量较少，以摆脱大盘的主趋势，但是不能因此影响流动性。

（5）除了要熟练掌握静态选股方法，也需要掌握动态选股方法，最常见的动态选股方法是"涨速异动法"和"窗口良性异动法"。

第40篇
规范熟练的基本功创造可观财富

人生在关键时刻，在需要行为快速反应可变环境的时刻，决定命运的永远都是基本功。让我们攀上高峰的不是灵机一动的随机奇招，而是熟能生巧的基本功的正常发挥。股市相对实业来说有杠杆，投资行为带有随时变化的多维博弈性质，快速本能反应的基本功尤其重要，规范熟练的基本功可创造可观财富。

下面一些条款是职业操盘手必须熟练掌握的基本功，但是一般人别说熟练掌握了，可能听说都没有听说过，我们就来学习一下吧。

一、要清楚阶段趋势形式和动力点

（一）阶段趋势形式

要对每个阶段的大盘波动趋势判断清楚，判断的因素主要有均线趋势、成交量能、重大消息和大众情绪反馈。

常见的趋势形式有：

（1）中级行情，市场量能和趋势持续强势，通常有重要领涨板块和利好消息面刺激，牛市也是由中级行情和情绪正反馈组合而来的。

（2）连续跌势，趋势持续跌势，通常有重要领跌板块和利空消息面刺激，熊市也是由连续跌势行情和情绪负反馈组合而来的。

（3）平衡市，指的是普通平衡市，也即没有大主力主导的平衡市，阶段平衡市过后会是前一阶段趋势的延续，大底部平衡市要注意大主力护盘的底线区域在哪儿。

（4）形体平准平衡市，指的是有大主力主导的平衡市，有箱体高低位以及平准板块个股。

（二）趋势动力

每一个趋势的形成，必定有一个重大导因动力存在，一定要清楚这个重大导因，这个重大导因不消除，旧趋势很难变化；即使这个导因去除了，可能会出现短时间阶段的反抽行情，但是情绪反馈效应依然会起作用。

一个新趋势的出现，需要新的趋势动力出现。

二、要清楚阶段的主要机会

每个阶段要清楚这个阶段中最重要的中线机会是什么。

分析这个重要中线机会，主要从重大社会新闻消息以及行业基本面、题材面消息入手。

三、要清楚阶段的主要风险

每个阶段要清楚这个阶段中最重要的中线风险是什么。

分析这个重要中线风险，主要从重大社会新闻消息以及行业基本面、题材面消息入手。

四、多个品种、多次机会的意义

（一）强势市场给自己多个品种

强势市场要追初步的强势机会，组合中要有多个品种，每个品种给两次机会就可以了，多个品种可以大概率地抓住主流机会，也附带有复利机会。

（二）弱势市场给自己多次机会

弱势市场中机会少，机会周期长，因此持有的品种数量少，尽量给自己多次的补仓机会，次数越多越好。

五、看不清楚时，按照坏的可能性处理

股市投资就是在整体无序混沌之中抓住阶段的特定确定性机会。

有时，我们会出现看不清楚的时刻，或者犹豫时刻，我们要按照坏的可能性处理。赚钱是一个长线游戏，既然我们对自己的股技自信，股市又不会关门，没必要对这一刻的不确定进行赌博，等待也是一门技术，接受当前可接受的结果，场外观望也是一种主动措施。

六、信息一定要硬、要清晰

我们在选股选时机时，信息一定要硬、要清晰，不能是模糊的，在证券市场中模糊信息给人的打击不仅是眼前损失，也容易动摇我们正确的盈利模式。再小的事情也要认真做好，在炒股操作中，不存在小事。

七、股价下限可控，反击可控

如果你想把股市投资作为一项事业，就必须掌握大资金的运作思维。

股价下限思维主要存在于：

（一）成本趋势下限

A 股中存在着跌幅最大且接近极限的股，可从阶段跌幅排名中发现，也可从强主力的成本情况中发现。

（二）基本面下限

主要存在着规则牵引，以及再融资利益牵引、分红牵引。

（三）资金实力下限

如果你的资金实力够大，对于超跌股来说，在大盘的相对低位，你的买点很容易是最低点附近，且容易买涨股价。结合多次机会原理，胜算较大。

八、要经常统计扫描各种爆破点

我的实战书籍中已经把 A 股中的常见爆破点总结出来了，通过总结阶段涨幅较大股的上涨动因，可以发现阶段有效的爆破点。

也可以直接观察近阶段出现频率较高的爆破点形式，探查它们的股价波动情况是否存在规律和操作机会。

九、明显个股大机会要盯死并抓住

获得成功的人，肯定在人生某个阶段做出了一个重大决断并因此获得了胜利。

我们在股市中发财必须依靠黑马股，一只黑马股树立自信，两只黑马股实现小康，三只黑马股改变命运，发现一批并中线结合短线操作好几只人生赌注股是我们股市中最重要的工作之一。

第 41 篇
业余高手怎样突破能力瓶颈？

兴趣爱好导致在经过了一段时间提高后能力会出现水平瓶颈，如果能够突破瓶颈，业余高手的兴趣就能够变为职业高手的特长。许多自学炒股技能的股友，即使有一定天赋，在非常努力的情况下，其炒股综合能力也都会进入一个瓶颈期，甚至是天花板期，这个时候基本知识他们好像全部知道，也有一定的选股攻击力，但是阶段相对收益率和操作准确稳定率总还差那么一点，这种情况的年度收益率基本上脱离不了靠天吃饭，距离收益稳定并时有暴利的职业操盘手尚有一定的距离，即使后面再怎么努力，这个状况也很难改变。这是许多人都会遇到的一个需要克服的阶段，如果不尽快突破这个瓶颈，一些不够职业的操作方法被习惯固化了，那么一辈子都很难成为收益稳定的职业炒手。

下面是一些比较有效的突破业余高手炒股能力瓶颈的独门方法，供有缘者了解练习，希望能早日进阶到职业炒手的队伍中来。

一、历史阅历积累

市场没有新鲜事，都是把过去的玩意形式很类似地再玩一遍，股市周期循环，与朝代周期循环的游戏（历史）差不多。

下面的一些股市经典波动的背景、因果、结局一定要熟悉：

（1）较大的下跌。

（2）较大的上涨。

（3）经典的头部转折。

（4）经典的低位转折。

（5）大主力的活动规律。

（6）重大事件出现时的情况。

（7）极端波动情况。没事儿的时候，要多看看大盘的 K 线，要像对交通地图、军事地图一样熟悉，当市场出现类似情况时，马上能回忆比较，做到心中有数。如果是亲历的重要时刻，要记录笔记和心路历程，这点绝对比业内从业资格知识考试重要一万倍。

在遇到重要波动时，要把当前的情况和原因与以往的类似情况对比，留出提前（滞后）量的应对操作。这种阅历整体框架思维是非常重要的，是冲破碎片情绪瓶颈的关键。

二、阶段规律和机会统计

在每个进行时阶段，要不断重复地统计下面要素，以找到有效盈利模式，指导自己的操作。

（一）常规技术指标的指导值

比如 MCAD、KDJ、CCI、MCST、BOLL、PSY、重要均线等，它们对股价转折的预示值是多少？

（二）最近的有效爆破点是什么？

首先要熟悉《千炼成妖》《霹雳狐狸》列举的爆破点，然后发现哪个爆破点有效，以及股价波动与爆破点的关系。

（三）常见消息的力度

观察常见利好利空的力度，第一个涨停板、量比榜、总金额榜等的持续度，看看它们是否有股价波动规律，这个规律是否能够利用。

（四）要熟悉主力的活动规律

研究阶段活跃股票和十大股东的关系，以及一些股票 K 线的波动规律，然后利用股性和规律进行套利操作。

三、选股时注意股价的短线下限

业余股友选股时，老是注意这只股票是否会有较大的涨幅，而忽视股票的短线下跌空间，这样一旦失误就难以保持良好心态，导致失误率较高。而职业高手选股在考虑进攻性的同时，也要考虑股价的短线抗跌性以及因大盘意外的短线下跌，这样可以保持较好心态，并能有效地挽救意外和挽救小失误。

四、优势的交易门槛和信息渠道

孙子兵法的核心思想是以弱胜强。你必须要有明显强于多数人的优势，最常见并有效的优势是：

（一）交易门槛优势

如双轨价格优势、交易制度熟悉优势、大资金门槛优势、盲点优势。

（二）信息优势

要学会查阅行政审批信息优势，以及历史重要信息的记忆利用优势。

（三）资金力量优势

在绝对的实力面前，所有的技巧与运气都不堪一击。

要熟悉证券法，既把优势适当地发挥出来，又合法合规。

五、整体绝对优势

（一）知己知彼

对市场本质熟悉，对阶段大盘背景熟悉，清楚自己的优势和目的，对大多数人的交易心理洞悉和了解。

（二）整体绝对优势

在进行一个盈利模式和一个具体中线项目时，要把各种优势全部集中使用，确保成功。

（三）余量

在操作上追求 80 分，留有余地，特别是要考虑了结项目的余量（不能是理论化的和理想化的），不后悔就是成功。

第 42 篇
实战评判参考点与执行力

任何一次机遇的到来，都必将经历四个阶段："看不见""看不起""看不懂""来不及"。任何一次财富的缔造必将经历一个过程："先知先觉经营者；后知后觉跟随者；不知不觉消费者！"

在股市实战中，除了认知问题，还有心理因素，恐惧与贪婪时刻不可避免地伴随着我们；除了正确与否，还有心态与细节执行的矛盾。这些都是业余爱好者迈向职业高手时要过的重要门槛，我们需要通过原则、统计和适度行为，来实现跃迁。

下面，我就来总结一下，在股市中有了一定的阅历和认知后，怎样具体化地知行合一。

一、中庸适度和结果

（一）系统框架边界思维

1. 极端机会度

A 股的上涨是有顶的，如果只涨不跌，或者上涨时间太长，股市会摧毁其他行业，导致其他行业没人干。

A 股的下跌是有底的，如果只跌不涨，或者下跌时间太长，证券行业自身也会被摧毁，并传导到实业。

一般情况下，资金面决定股价的上限，基本面决定股价的下限，在极端行情出现时，大主力会反向操作，这种操作是综合性的、渐进的，直至生效。

2. 平准机会度

由于 A 股存在着大主力，每个阶段（如年度），大主力都有自己的高抛低吸策略，这种策略决定了大盘指数形成阶段性箱体震荡，由于一些小主力的合理和其他因素的原因，在大箱体内也可能会形成阶段性的箱体波动。

3. 意外机会度

在大盘进行箱体平准波动时，由于一些意外的大事件，导致时常出现阶段性的情绪共振，市场可能会出现突破大箱体的走势，在该大事件缓和或者消除之后，大主力会努力让大盘回归到原来的瓶装箱体走势特征。

4. 共振机会与个性机会

大部分个股的走势跟随大盘，这些个股的操作要顺应大盘的阶段趋势。

少数股票的走势可能是独立的，操作独立个股也不能逆大盘空间过大、仓位过重，因为多数独立走势的股票，也不可能过于牵强地逆势。

（二）个性周期活跃思维

1. 结构性活跃

由于股票数量越来越大，而活跃资金是有限的，在每个时间阶段，只有部分股票具有较大的活跃度，大部分股票处于低活跃度或者间歇活跃状况，还有部分股票是处于独立个性重心回落波动的。

2. 周期循环活跃

一般情况下，股票的活跃度是周期循环的，前一个阶段（年度）的牛股容易成为下一个阶段的熊股，前一个阶段跌透的熊股，容易成为下一个阶段的牛股。当前，这有一个前提，即基本面不能让机构投资者太害怕。

（三）容易度思维

落实到具体的个股机会操作，股市也存在着跳水运动的技术难度系数的问题，难度大的技术容易失败，但是一旦成功则打分会比较高，若不成功则获得的分数不如低难度系数技术。

但是，跳水运动是争夺世界冠军的，而在股市只要成为几千万股民中的1/10就可以了，所以我们的追求主要是成功，在此基础上尽量获得更高一些的收益，因此我根据自己的股市技能水平，要求自己追求实现80分的能力。

在股市中，容易机会的特征有：

（1）确定性。

（2）双轨价格。

（3）双轨信息（短线爆破点与中线爆破点）。

（4）大盘个股高概率双击。

（5）股价下跌幅度有限。

（6）组合性增大概率。

（7）短线。

（8）整体优势。

（9）股性规律熟悉度。

二、评判参考点和执行力

（一）评判参考点

1. 成本高低参考点

（1）明确的固定成本。

（2）经过统计证明了的技术指标。

2. 股价强弱参考点

（1）量能大小意味着振幅大小，结合高低位和大盘决定仓位。

（2）要熟悉主力规律。

3. 题材硬度参考点

（1）要统计爆破点的有效性。

（2）要注意阶段题材持续时间。

4. 比较出客观

在实战中，高低强弱是有心理障碍矛盾的，我们需要设立一个可接受的参考点，与之比较高低优势，与主力比较成本，与可接受年度收益率比较收益率，这样我们的操作才不至于过于苛刻或者轻率。

（二）执行力

1. 整体性操作

操作是整体的，要形成习惯。整体性操作的主要内容：

（1）有效盈利模式配合多只熟悉后选股。

（2）初步开仓是建立参考点。

（3）后续买点是补仓和加仓。

（4）局部低吸高抛摊低成本。

（5）卖出了结项目。

（6）控制风险的操作。

2. 对冲性操作

常见的对冲手段有：

（1）期指与现货的对冲。

（2）大盘与逆势股的对冲，要防止反对冲（如单一或者压价滞涨股）。

（3）稳利与黑马的对冲。

（4）机会和仓位的对冲，不追求绝对正确，有时少部分仓位是较好的后续操作参考点。

3. 观望等待也是技术

在市场有明显破绽的时间，或者是缺乏有把握机会的时间，或者是看不清楚的时间，观望等待也是一项高级技术，即使出现了判断错误，也是一种必要的保险成本。

对于职业投资者来说，不存在踏空这个概念，因为踏空大盘的指数空间，可以通过个股补涨追回来。但是一旦出现失误被套，则是实际的损失和浪费赚钱的指数空间。

4. 不后悔就是正确

股市实战是一种概率技能，是一种杠杆技能，如果你自信有赚钱手段能力，就没有必要赌博，所谓的"正确"就是不后悔，而不是创造传奇。股海良将无奇功，更不能拼运气。

第43篇
股市实战的有效基本功定式

让我们攀上高峰的不是奇招，而是熟能生巧的基本功。能成为顶尖高手并没有什么秘诀，而是对基本技能有更深的理解。职业手艺都要学得更深一点、更熟练一点，因为学得更深、更熟练可以让我们把游戏中那些非熟练者看不到、感受不到但又比较稳健的利润牢牢地把握住。股市实战的难处其实就两点：一是你掌握的技术是否在这个阶段是有效的；二是处理好想赢怕输的犹豫心态，解决了这两个问题，就能让你步入职业高手的队列。这也需要你有成熟的有效盈利模式和熟练地掌握基本功定式。下面我就总结一下，我常用的盈利模式选股方式和实战中快速响应的基本功定式。

一、中线爆破点股

（一）盈利模式

选择有中线较大爆破点的低位股，这个较大爆破点主要指的是：

（1）有高概率满意年化收益率利润题材的股票。

（2）有较大上涨冲击力的资产重组题材股。

（二）基本功定式

1. 选股办法

主要利用历史资讯（F10资料或者股吧历史公告、董秘问答）找寻发现。

2. 操作思维

（1）在大盘相对低位（同时个股相对低位）建立第一批仓位，以此为参考点越跌仓位越重，做好中线持有的思想准备。

（2）在大盘大箱体低位（同时个股相对低位）建立较重的仓位。

（3）中线持有结合短线低吸高抛，努力降低持股成本。

（4）在大盘大箱顶附近需要保持轻仓，要回避箱顶风险。

（5）如果遇到黑天鹅大盘大利空时，也需要保持较低仓位，个股机会是扛不住大盘系统风险的。

（6）不能硬追高，要比较不同自选股的技术高低位，时间近优先，低位优先。

二、中小市值低位股

（一）盈利模式

选择相对低位的基本面尚可的中低价小市值股（有其他题材更好）。

（二）基本功定式

1. 选股办法

（1）主要在"银河海王星"软件中的风格板块"近期弱势"中找。

（2）也可以在"微盘股"中的 5～12 中找。

2. 操作思维

（1）在大盘大箱顶位置不能使用。

（2）在大盘小箱底或者平稳期（同时个股相对低位）可以进行少量单一品种短线操作。

（3）在大盘大箱底低位（同时个股相对低位）可以重仓数个品种同时买进，中短线结合操作，见较大涨幅后出局。

（4）如果遇到黑天鹅大盘大利空时，也需要保持较低仓位，个股机会是扛不住大盘系统风险的。

（5）可储备一些熟悉股，也可以临时选股。

三、短线爆破点

（一）盈利模式

统计阶段盈利模式的有效性，然后应用这些盈利模式，在大盘环境较强时宽松一些（作为组合），在大盘较弱时要严格，不能轻易猜测性地投入。

（二）基本功定式

（1）要经常统计盈利模式。

（2）在大盘强势时短线操作低位个股（高位个股不可以）。

（3）要防止爆破点出现时的散户出货共振。

四、大盘指标规律股

（一）盈利模式

要找出阶段波动规律明显的大盘指标股，在大盘中低位时进行操作。

（二）基本功定式

1. 选股办法

选择阶段活跃的股价有波动规律的大盘指标强势股。

2. 操作思维

（1）在大盘大箱体中高位置不能使用。

（2）在大盘大箱体中低位置少量操作。

（3）在大盘波段抄底低位时作为第一批抄底的品种（可以分为两批投入）。

（4）短线操作，获得小利润即可。

五、定增股

（一）盈利模式

注意观察跟踪准备定增的股，遇到合适品种合适时机可以参与。

（二）基本功定式

（1）必须是大盘和个股双低时才参与。

（2）参与报价时价格必须低于12%。

（3）国企股优先。

（4）大股东参与者优先。

（5）中低价中小市值基本面尚可股优先。

第44篇
怎样培养自己的股市竞争优势？

股谚说：一赢，两平，七亏。

在股海游戏中，要想成功，就要想办法建立起自己的优势，一个别人仅靠天赋无法比拟的优势，一个你通过长期努力可以达到的优势，使自己成为那个"一"。

生活的真正悲剧并不在于我们没有优势，而在于我们每个人都没有足够的优势，或者未能发挥我们自己的全部优势。

那么，怎样增强我们的能力和优势，才能够使自己更快地进入"一赢"的队列中呢？这正是我们这篇文章所需要研究和讨论的。

在股市中要想赚钱，必须先增强能力和优势，然后愉快和成功地做出一个个操作项目，你的能力才算是可转化为金钱的优势。

一、基础素质优势

（一）辨别是非的能力

1. 智慧是什么？

世界上最宝贵的是智慧之光，不但能照明人的内心，更可辨别是非。要看清世界，须拭去眼前的浮尘；欲辨别是非，须放下心中的偏执和固化。

智慧的核心要素：历史、统计、硬依据、逻辑、见多识广、比较、自我角度；愚昧的核心要素：情绪、感觉、固化、习惯、井底之蛙、他人灌输、虚拟体。人生的兵法就是把不可能变成可能，把可能变成现实，把现实变得更好。这只是理论，你需要的是把理论贯彻到行为上，并形成一个个良好的技能和习惯。

2. 怎样提高智慧？

上述这段话是很短的，几秒钟就读完了，这一点都不重要，最重要的是要根据这段话通过一段时间的努力增强自己的基础素质。

比如熟悉历史是必须的，如中国历史、世界历史、股史（《操盘手》系列），也可以下载有声读物听，同时要熟悉《商君书》《孙子兵法》。

（二）博弈能力

1. 冷静是最大的优势

坚决反对"十年饮冰，难凉热血"，要做到"纵横捭阖，冷心为上"。

做不到怎么办？一定要做到，要真正地不惜一切代价做到。做不到就要赔钱。

2. 博弈常识

最起码要学会下象棋、拱猪扑克，懂博弈的基本常识。不仅是会，还必须要有一定的水平，要有自己的理论总结。许多道理通过股市直接教，好像许多人永远学不会，可以先从这些简单博弈游戏学起，然后再在股市多维博弈中突破。

（三）学习能力

唯一能持久的竞争优势是胜过竞争对手的学习能力。学习能力和自我纠错能力决定了你的潜能。

股市技能学习，不是读书和知道，而是熟练地应用并为此提前准备资料（指的是统计盈利模式和战法，以及收集对应的个股资料，要达到有知者无畏的地步）。

二、股市专业技术优势

（一）大众技术不可以

通常的大众技术，比如基本面分析、技术分析是必须掌握的，但是距离进入"一"的行列远远不够，无数人的实战也证明了这点，需要再学习更先进有效的实战理论。

（二）必须学习上乘技术

做一个异端是有回报的，不仅是在科学领域，还是在任何有竞争的地方，包括股市，只要你能看到别人看不到或不敢看的东西，你就有很大的优势。

在 A 股中最为有效的技术范畴有：

1. 确定性技术

（1）最佳确定性：时间确定，价格确定。

（2）可利用确定性：时间不确定，价格确定；或者时间确定，价格不确定。

（3）混沌性：时间不确定，价格不确定，纯实用技术分析或者纯基本面分析。

2. 大概率技术

（1）大盘强势背景：长多短空，经过统计证明的强势初步趋势，个股同步。趋势大于优势。

（2）大盘平衡背景：在有效指数指标指引下的活跃个股短线低吸高抛。

（3）大盘弱势背景：短多长空，极端超跌情况下的超跌反弹或者有面值保护的品种。

3. 爆破点技术

（1）短线有效爆破点：要经过统计数据证明。

（2）中线爆破点：题材明确并足够大，还需要有合适的价格时机。

4. 资源技术

有框架思维下的下限可控的交易品种，大股东的实力要强，比如有央企背景的品种，大股东的资源很重要。

资金量大的缺点是调头难度大，优势是自己能多次补仓。

三、交易通道优势

要有优势的交易通道，实现优势的双规价格。

四、信息优势

（1）通过行政网站提前了解行政审批信息。

（2）重要的历史信息后期应用。历史不只是记忆之间的竞争，还是遗忘之间的竞争。

（3）对于交易规则，再融资定价制度要熟悉，并有效利用。

五、独门盈利模式优势

（一）MCST 战法的应用

1. MCST 线上强势股的实战

根据 CCI 进行低吸高抛操作。

2. MCST 线上弱势股的转强实战

根据量价关系强弱进行短线操作。

3. 超跌做反弹的判断

主要看指数与 MCST 的距离，在 MCST 线下出现急跌，量缩后是短线超跌；在 MCST 线下较远处出现严重缩量，叫作短线超跌；在 MCST 线下较远处出现急跌，然后缩量止跌，叫作中线短线都超跌。

（二）低振幅低回撤战法

1. 大挂单低振幅股

在大盘强势背景下，选择低价低市盈率基本面稳定破净资产大挂单的个股操作，容易具有效率性。

2. 低价小市值中短线超跌股

在大盘强势背景下，选择基本面尚可的低价小市值中短线超跌股操作，具有一定的心理优势和稳健性。

第 45 篇
怎样发现题材热点和预判题材？

A 股市场持续大扩容，股票的数量已经接近 5000 只，而活跃资金则是有限的，这就造成了市场机会是结构化的，一个阶段只有部分股票是处于上涨活跃状态的，这样发现市场的题材概念热点以及预判题材热点概念是最重要的短线投机手段，市场波动平稳性在大主力的平准作用下使这种玩法更具实用性。

下面我就来总结一下 A 股市场中比较有效的题材概念热点玩法技巧。

一、热点概念

（一）中线大题材股

如果社会上出现了一个比较大的题材，这个题材持续发酵，在这个题材没有兑现之前，可以持续关注这个题材，在其处于阶段的低点时可以关注，一旦有消息刺激，相关个股就会爆发，选择的股票要注意是前期的最活跃股。

（二）中线共识概念股

在某个阶段，市场机构存在着几个具有共识的活跃板块，这些板块会成为有持股下限的常规机构抱团取暖目标，一旦这个板块出现波段低点的时刻，可以适当地采用短线进行伏击。注意，这个类型的板块经常是有一定资金容量的。

（三）盘中板块热点

市场上的资金大量地流入某一板块，成交量持续增加，则说明该板块在市场上受到较多投资者关注，交易比较活跃，有可能是近期的热点板块，在短期内可以重点关注。

可以注意券商行情软件中的"板块指数"，如果经常上榜，遇到股价不高的时候，或者大盘指数的低点，可以在选股时对这个板块进行加分。

（四）超跌护盘概念

由于市场具有箱体平衡平准的特征，当大盘回落到大箱体下沿位置的时刻，要注意处于低位的金融板块，看看它们是否会启动护盘拉指数，一旦出现这个征兆，要快速地发现谁是领头的，可以少量短线追击那个最强的个股。

（五）短线新闻刺激

很多的热点和题材都是和当前的财经新闻或上市公司的公告有关系的。平时在开盘前或盘中要密切关注国际国内的重大财经新闻，才可能在第一时间判断出热点。

出现这种情况后，要在开盘时注意谁更猛一些，在有实战经验的情况下，可以考虑做一下超短线。没有实战经验，可以模拟几次。

（六）平常选股时加强题材概念思维

在平常实战选股时，要注意下列几个重要方面：

（1）你的操作目的是什么？你的选股思维要符合目的原则。

（2）你的优势是什么？你的选股思维要发挥出你的优势。

（3）最近的有效盈利模式是什么？要统计数据发现这个模式是什么。

（4）要符合万能公式，特别是要封闭失误的股价下跌下限。

（5）要找出近期潜在的相对强的题材和概念，作为加分项。

二、潜在爆破点

（一）传统的年报习惯

年报、半年报是最常见的事件。

最先公布者（有些上市公司经常赶在第一批），有些上市公司习惯于大比例分现金，有些上市公司习惯于这个时间段活跃，要发现潜在的规律。

（二）有效常规爆破点

对于经常出现的爆破点要持续地加以统计，发现谁是有效的。然后短线伏击有效的短线爆破点。

（三）中线定时爆破点

有些大事件一定会在不远的将来爆发，可以预估时间，在合适的低点埋伏，一旦押中，会比其他股票多10%以上的爆破收益。

（四）统计阶段的游资选股特点

游资炒作是市场中最常见的短线暴涨股和妖股的原因。要统计阶段游资大涨幅股的选股特点、涨幅前兆，在选股时有意识地去捕捉这类低位股。

（五）低位量比持续放大的股

有一些长线低位冷门股在低位持续量能放大，一旦遇见大盘下跌股价被带下来，在大盘止跌后立即出现反击上涨时，在其反击的第一时间介入，短线机会往往会比较好。

（六）周边市场的连带品种

有时周边市场，比如期货市场，其他有影响力市场（汇率等）的热点品种会传导到股票市场上来，这也是一个重要的捕捉热点的手段。

第 46 篇
犹豫时刻的中庸梯次策略

人们进入股市，贪婪和恐惧时刻伴随，即使是职业高手，也会常常面临这两个恶魔情绪的考验。犹豫不决是我们的常见心态，但是股市价格又是时刻变化的，机会风险也是转瞬即逝和不断转化的，又需要我们快速地采取行动。人们的情绪必定是慢市场一步的，如果行为跟着情绪走，或追求完美极端则容易因为能力难度导致惨败或者让煮熟的鸭子飞了。

为了克服恐惧与贪婪的情绪，为了杜绝追求完美极端而导致惨败，我们必须研究出一套适合 A 股行为的有效中庸梯次策略。

一、中级行情末端的犹豫

（一）弱市中级行情的特点

（1）弱市中级行情产生在极弱情绪中或者敏感时间前后。

（2）由单一板块超强势点火并持续行情始终。

（3）一旦见顶，所有股票均有一定的杀伤力。

（二）弱市中级行情见顶的特点

（1）弱市中级行情的持续时间在一个月左右，一个月前后是敏感时间点。

（2）弱市中级行情中（如一个星期）指数和主流股票 10 均线乖离后会出现单日大跌，第一次大跌可以在 10 日均线（大盘和个股）左右，对强势股把握机会。

（3）在中级行情有见顶征兆时可以先做预防，即使是大牛市也会有横盘阶段震荡。

（三）弱势中级行情转为牛市的特点

（1）这个中级行情见顶后会有效跌破 30 日均线。

（2）在 30 日均线或者 60 日均线得到有效支撑，成交量能保持强势，则很有希望转为牛市。

（3）在大盘有转为牛市的迹象出现后，局部高位横盘的个股、一些低位新出现的强势股（特别是机构重仓被套股）容易出现超强势走势。

二、大行情后暴跌低点的犹豫

（一）大行情后初次暴跌的特点

（1）大行情的高点风险是一定要防的，也要注意大行情的高点区域个股短线最为活跃（机会也难得），既要处理好机会和风险的关系，也要处理好一旦风险来临时的出货流动性问题。

（2）大行情后高点初次暴跌（不是中途跌，已经中途跌了几次，并且有官媒警告）容易跌停，逃跑时要果断。

（3）大行情后指数有效跌破 30 日均线通常意味着确立跌势成立。此后的下跌时间可能会很长，最少半年以上，并且可能出现数次大跌。

（二）下跌趋势中的反弹

熊市开始后于下跌过程中会出现反弹，反弹的方式会像乒乓球落地的效应一样，初次反弹的力度较强，逐次越来越弱。做反弹时要控制仓位，抓住严重超跌的时机，不做反弹不算错，做了要见利就跑，不能因为反弹而赔钱甚至被夹子夹住。

（三）底部不反弹

当市场越接近大底时，成交量会越来越低，此时大盘容易阴跌，长时间多数股票不反弹。此时会出现年化收益率满意的低位转债，对于这类有基本面支持、有面值保护的品种要珍惜。

三、高位暴跌后的反弹引发的犹豫

（一）最危险时刻存有机会

在下跌时，抓左侧机会一定要耐心等到空仓者害怕、持仓者出现大恐慌的时刻，此时一旦出现止跌征兆可以分批介入，并且要选择中短线均严重超跌的流通性好的品种，切忌过早满仓，一旦出现意外容易情绪崩溃。

（二）反弹明确后容易套人

在大盘下跌趋势中做反弹是有一定难度的，最恐怖的时间往往在低挂的买点，在反弹情况已经明朗时，继续反弹的空间就不大了。有许多股民经常有这样的情况出现：不反弹不会套，一反弹抱有希望买股就会导致赔钱，或者是最低点附近只买了很少一点，等到反弹明确后再上大仓位，结果赚小钱赔大钱。

（三）要防止再次崩溃

在下跌趋势中，反弹后还会大跌，所以做反弹必须见利就出，不宜久战，不做反弹也不能算错，一定要避免"新手套山顶，老手套反弹"的情况出现。

四、低位急涨后横盘的犹豫

（一）要防止一日游

在市场弱势时要防止超跌后的一日游反弹行情，如果没有明显较大利好程度消息的刺激，只是市场技术性反弹，对于单日大涨要警惕，不能盲目追高，一般的平庸股票反而是减仓的机会。

（二）主流股票的连续强势值得注意

在牛市行情出现大概率征兆后，第一波的主流股票的连续强势很可能有较大的后劲，可以适当地注意。

（三）横盘确立后可以组合做多

在量能再次放大时，或者重要均线即将跟上时，可以适当地加大仓位，并注意在大盘起势时再度加仓。

五、高位急跌后横盘时的犹豫

（一）途中第一次急跌可做热门股反弹

第一次急跌往往反弹比较有力，甚至有时会形成双头的架势，这时适合做热门股，但是要注意出现被反杀的情况。

（二）连续急跌要防范风险

大盘在高位出现中大阴线的负连续时要特别警惕，在跌破重要均线时必须采取防范风险的行动，不能像傻瓜那样看着账户赔钱而无动于衷，也不要有等反弹出局的想法，事实证明这种想法容易误大事。

（三）弱势横盘不要参与

在大盘下跌趋势途中，遇到大盘或者个股出现弱势横盘情况，不能轻易参与。当重要均线压下来时，容易出现再次大跌。

六、低位横盘后大跌的犹豫

（一）底部横盘的特征

底部横盘的特征是成交稀少，涨跌两难。

（二）底部横盘可以控制仓位

大盘底部横盘时，可以注意有股价波动规律的指标股短线操作，也可以适当注意低价小市值基本面尚可股箱体低吸高抛。

（三）低位横盘大跌可以分批吸纳

在大盘底部横盘再次出现大跌时，可以逢低吸纳。这种情况容易引发新行情，也容易出现短期内恢复指数的情况。

七、个股与大盘矛盾时的犹豫

（一）二八现象

当遇到二八现象时，应该克服心理障碍，进行换股。越犹豫吃的亏越多。

（二）大盘不放心但个股有潜力

可以少量象征性地参与，然后设计进程时间或者价格参照行动计划。

（三）大盘涨个股不涨

大盘涨个股重仓持有的股不涨，可以每次半仓的形式换股，如果换对了就继续半仓换。

八、箱体中的操作犹豫

（一）箱底轻仓时抄底不犹豫

如果大盘到达箱体下沿，这次没有外在大消息刺激，应该上的仓位大一些。这时，容易出现恐惧心理，但是这个时刻往往是最佳机会时间点。

（二）初步反弹要留有中线仓位

大盘在箱体下沿反弹时，不要急于见小利就卖出过多，但是可以用反弹力度大的股逢高换成低位的股。

（三）高位冲顶股不能碰

在大盘箱顶时，会有一些公认的明星股加速冲顶，舆论造势很有诱惑力，这时不能上当，这类股最容易赔大钱。

九、看不清楚时的犹豫

（一）看不清楚时按照坏的可能做

不吃亏就是占便宜，接受可以接受的结果，股市又不会关闭，以后机会多的是，股市中没有精彩绝伦，不后悔就是理想的结果。

（二）遇到好机会恐惧时分批操作对冲品种

遇到恐怖性大跌时，可以从小仓位建仓开始，越跌越买，事实证明这是最好的方法。比一次性重仓和看清楚后建仓这两种方式都要好。

（三）局部仓位遇见明显风险也需要减仓处理

即使仓位不重，在大盘出现经典技术跌势局面时，比如说箱顶、中大阴线负连续、重要均线破位、大利空刺激等这些因素时，也要减仓，至少减仓一半，不要怕放飞了好股票，如果大盘跌下来了，能替代的好股票多的是。

第 47 篇
常见盘面信息征兆经验谈

什么是盘口信息？就是所有投资者在进行买卖股票时留下的电子信息记

录，这其中机构大户由于信息、资金、技术能力等综合因素更有优势，因此它们留下的交易信息更为重要、更值得进一步分析。分析盘面的第一手信息，进而分析发现大盘和个股的未来趋势和现实的一些隐含信息，对于职业投资者来说，是重要功课也是重要能力体现。

今天我就来总结一下这个社会上比较少见的技巧。

一、买卖挂单现象经验

（一）买卖单均明显大于同等流通市值股

这种现象说明这只股目前有主力主持，是正在活跃的庄股，特别是以往买卖挂单比较小，突然都明显放大了，说明这只股的活跃性将增强。

（二）买卖单均明显小于同等流通市值股

这种现象说明这只股目前筹码已经比较集中，有机构已经持有较多的筹码，特别是如果有买卖单相差价位比较大或者买卖单有断档现象，更能印证这点，这种股票在平衡势的技术低点容易做出差价。

（三）卖单明显比较大但股价不跌

这是一种强市中的现象，一旦大卖单被吃掉，股价容易快速往上拉一个台阶。需要注意的是，如果弱市中，大卖单被吃掉，股价没有往上拉，反而是又有大卖单挂出，则是机构在腾资金，短线可能不会很快涨。

（四）买挂单随股价上移

一只股的股价表现强于大盘，如果卖单被吃掉导致股价上涨，马上就有新的较大单子挂出来护盘，这说明主力希望股价上涨，有人买这只股，股价就容易上涨。

（五）大盘跌时的连续大挂买单

在大盘强势调整时，股价有大挂买单承接，买单被砸后立刻又挂出，连续这样，这说明这只股有机构大户在建仓。在大盘出现较大跌势，在跌势的末期，一些超跌的个股出现这样连续接盘的迹象，也是机构大户建仓迹象，短线潜力较大。

（六）出现大挂买或者大挂卖立刻成交

如果一只股的大卖单一出现，就立刻被吃掉，有时甚至是吃掉高挂的好几个档位，说明这只股是短线极好股，机构大户吃货非常积极。反之亦然，有大户着急出货。

二、分时线走势经验谈

（一）个股出现大成交单立刻反击

如果一只股出现了较大的卖单，然后立刻反击，这是个好现象，说明盘中有主力主持，短线股价会比较强；反之，一只个股如果出现大买成交后，马上有大卖单挂出，甚至几个大卖单挂出，这不是好现象。

（二）波浪上攻或者波浪下跌

股价呈现一浪高于一浪地上涨，或者一个台阶一个台阶地上涨，这是一种非常好的现象，说明股价上攻愿望强烈；反之，则是非常弱势股的征兆。

（三）股价与当天均价关系

股价如果高于当天均价，证明这只股是短线强势股，在大盘分时调整时均价有支撑，更说明这只股短线有潜力；股价如果低于当天均价，证明这只股是短线弱势股，在大盘分时拉升时均价有压力，更说明这只股短线比较差。

（四）缺口快速回补

如果股价开盘时出现明显高开缺口，快速回补则不是好迹象。如果横盘是强势股迹象，那么上攻并扩大阳线是短线好股票。如果股价开盘时出现明显低开缺口，则可以反方向理解。

（五）回头波

如果大盘走势偏弱和比较弱势，这个时间涨幅不大，比如平盘或者略涨1~2个点的股，同时回头波参数为零或者很小的股，在大盘止跌后可能会有潜力。

在大盘上涨时，攻击波为零的股是短线不好股。

（六）外盘和内盘

外盘是主动性买入盘，内盘是主动性卖出盘。一般而言，外盘大于内盘是比较好的，表示今天买盘比卖盘要强劲一些。

外盘明显大，股价又涨是好现象；买盘明显大，但股价不涨，则是坏现象；反过来也可以同样理解。

三、K线等其他盘面信息

（一）研究历史K线很重要

如果要操作一只股，一定要研究这只股的历史K线，特别是有机构重仓的股更需要这样做。因为机构操盘是有习惯和风格的，这只股过去的涨跌风格特征通常会有延续性，让历史告诉未来，发现这只股的涨、跌、修整、支撑压力的K线组合。

（二）MCST一定要注意

用这个指标可以发现这只股的总持仓成本和主力持仓成本，已确立股价的高低和活跃度，高于成本线的股市活跃股，操作点是找到它的低点；低于成本线的股市冷门呆滞股，一定要捕捉它的变强点。

（三）股性

有的股是顺势的活跃股、落后股，有的股是逆势的活跃股、呆滞股，有的股是独立行情股，有的股是大K线股、小K线股，要对这些股性熟悉，并利用伏击，且要把股性和十大股东的重要股东结合起来。

（四）热门概念板块龙头

一个阶段会有活跃热门股，要注意谁是领头活跃的，谁是呆滞的，谁是庄股，这也是很重要的经验。

（五）公募新建仓股

公募新建仓股的经典走势是，连续的小阳，然后一个大阳；公募先出货股的经典走势是，连续的中小阴，然后一个大阴。

（六）量比和换手率

量比反映出主力行为，量比的数值越大，表明该股当日流入的资金越多，市场活跃度越高；反之，量比值越小，说明资金的流入越少，市场活跃度越低。

一般来说，量比在0.8~1.5之间是比较正常的，0.8以下为缩量，1.5~2.5表示温和放量，2.5~5表示明显放量，5~10表示剧烈放量。低位放量值得乐观，高位放量需要小心。

换手率是指今天的交易量与流通股之间的比率，换手率越大，表示成交量也就越大。和量比意义相似，低位放量比较乐观，高位放量需要小心。

对于阶段的量比排名、换手排名、初板股、常见信息爆破点要持续统计 T 日、T−1 日、T+1 日的波动规律，然后利用这个规律进行操作。

第 48 篇
可转债实战关键注意点

随着市场大扩容和经济环境的变化，股市多数时间的走势处于平衡状态和弱势波动的情况，在这样的背景下，防守反击做超跌反弹是重要的盈利模式。由于可转债同时具有股票和债券的属性，具有合适价格的可转债进可攻、退可守，是非常重要的投资品种，值得我们花费更多的精力研究分析。下面我就可转债的实战注意点做个总结，供同事们选择合适标的时参考借鉴。

一、可转债的防守性

（一）主要风控点

1. 对应个股不能有退市风险

这包括财务退市风险、造假退市风险、低于面值退市风险。因此对于发行公司的基本面分析至关重要，要尽量选择那些基本面简单明朗、控股股东实力强的公司所发行的转债。

2. 债券的兑付风险

可转债的股市实战操作前提是，债券到期后需要有兑付能力，因此存有兑付疑虑的可转债不要买。有对付风险的公司经常是那些开始亏损的公司、账上现金不多的公司，对于有这些财务特征的公司所发行的债券不要轻易买。

3. 债券的评级

如果重仓做中线应该选择 AA 级别的债券，A 级债券只适合少量做短线。

许多债券的流动性没有股票好，一旦出现黑天鹅，进出便不是那么方便，这点也要事先注意。

（二）年化收益率

1. 半年内到期债券

一般情况下，即将到期的债券，其价格都会在到期赎回价下方一点的价格波动，需要注意的是，个人持有到期时需要支付最后一年的债券利息的红利税（多数情况下的最后一年利息是 2 元×20％＝0.4 元），所以个人投资者计算年化收益率时是需要扣除利息税的，不考虑利息税是许多菜鸟投资者的常见错误。

而机构投资者（法人账户）是不用缴纳红利税的，所以可以用到期价格直接减去市价，然后除以年限就可以得到年化收益率，如果你对该债到期的年化收益率满意，就可以购买持有到期对付，理性的操作是这笔钱这段时间不需要用而且年化收益率要高于银行利息或者逆回购收益。

2. 三年内到期债券

（1）债券价格高于到期价格的可转债不具备防守性，这类转债只有股性，如果债券是折价的，可以买债转股，也许能以较低的成本卖股投机，需要注意的是，如果这个情况太为明显，很容易造成股价短线下跌弥合这个利润缝隙。

（2）只有债券价格低于到期价格的可转债才具有防守性，计算债券到期的年化收益率，如果你满意就可以操作，这样可以忽略一些债券的进攻性，即债券是大幅溢价的也能接受。

如果债券折价不多，又看好对应股票的上涨潜力，能够保证债券不赔钱，有的人也会考虑持有的，因为债券比股票更具防守性。

3. 长线债

如果是长线债，新债的持续期往往是六年。

（1）最好是低于面值，年化收益率要有吸引力，如果债券股性强可以放宽一些年化收益率。

（2）最好是溢价不多的。溢价太多，又下修转股价的可能性低，则必须年化收益率要有足够的吸引力。

（3）下修转股价能加强债券的股性，需要对债券下修转股价的条款研究清楚。

大型国企、央企的转股价不能低于净资产。如果股价低于净资产，则下修转股价的可能性很低。

二、可转债的进攻性和投机性

（一）看好个股而买转债

看好某只股票，如果这只股票有对应的转债，此转债又具有防守性，则买转债是更聪明的行为。这种情况常常发生在大盘急跌时抄底使用，这是一个非常重要的战法。

（二）股票涨停继续看好

如果一只股票出台重大利好而涨停，涨停封单较大会导致你无法买进，而你又看好这只股可能会继续大涨，可以买进没有涨停的相应转债。

（三）原始转债有利可图

大部分新发行的原始转债在上市时都会大幅高开，这是有利可图的，其中小盘转债高开程度更高，因此股票在公告转债发行具体日期时（财经网站可以查询到），股价会因抢权而上涨，需要注意的是，除权日（常常也是转债发行日）股价会出现一定程度的下跌。

（四）提前赎回条款

对于转债的存续，相关上市公司是需要支付利息的，而且还存有还本付息的可能性，因此在大盘环境比较好的时候，上市公司是希望股价上涨到转股价上方的一定天数（研究清楚强制赎回条款），来达到提前强制转股的目的。

这种情况，在债券临近到期的时间（一年内）阶段，更容易发生。

（五）下调转股价

下调转股价，对于转债是利好，容易导致转债短线上涨。下调转股价前会发出前提性公告，需要研究清楚相关条款，也可以观察转债的异动情况。

下调转股价，需要经股东大会2/3投票人同意（转债持有人股东不能投票），如果大股东也持有转债不能投票，有时股东大会日股价会强势表现一

私募冠军股市看家功夫

下（大盘需要安全环境）；也可以通过股东大会投票，来查阅赞成票的数量（有可能是主力资金）。

（六）提前赎回条款

1. 约定提前赎回

转股期内，当下述两种情形任意一种出现时，公司有权决定按照债券面值加当期应计利息的价格赎回全部或部分未转股的可转换公司债券：

（1）在转股期内，如果公司股票在任何连续 30 个交易日中至少 15 个交易日的收盘价格不低于当期转股价格的 130%（含 130%）。

（2）当本次发行的可转换公司债券未转股余额不足 3000 万元时。

可以根据该条款和债券价格、股票价格，计算是否存在套利机会。

2. 减资债券赎回

近两年出现了许多这样的情况，因为上市公司回购减资而发布债权人可以提前要求还债的公告，通常是面值加上当年的利息，如果转债价格合适（存有满意的年化收益率）可以逃离投机操作，具体操作方法请参考当时的公司公告。

（七）小盘转债

在弱平衡市，基本面尚可的小盘流通转债，有时会受到游资炒作，短线表现会比较疯狂。有的转债，在面临到期时，由于正股出现利好，转债也可能会出现意外大涨（超过到期价）。

（八）不合逻辑转股

一般情况下，转债持有人都是在有利可图（至少不吃亏）的情况下才会转股，如果转债到期，股价明显低于转股价，这时出现了大量转股的事实，这只股票容易转变成套牢庄股，这样的上市公司有时可能会有潜在的利好后续配合。

（九）待上市公司发行的转债

如果一个待上市公司发行了转债，在这个转债到达合理价格（如面值）时，可以评估这个公司的上市进程和上市价格，依此来分析转债在公司上市时的投机价值。

第49篇
我的炒股方法精缩综述

炒股技术是一项综合整体技能的结合体，既有原则框架，又有常见规律性的技能统计归纳总结，还有自我优势的充分发挥，更有心理状态运气的博弈和控制。下面，我就自己的炒股技术做个整体性的浓缩总结，一方面加固自己的熟练度，另一方面在此基础上进行修正改进，以期更完善，同时也可以作为同事了解我的风格之用（这样可以帮我分担一些经常需要的劳务工作）。

一、硬框架

这部分的主要内容是硬性策略，需要严格遵照执行，目的是控制风险和把握常见的机会，让投资行为变成一项可控的理财活动，摆脱赌博倾向。

（一）仓位控制

1. MACD 操作系统

（1）根据 MACD 的强度可以把大盘分为强势市场、平衡市场、弱势市场并辅以增减仓趋势倾向。

（2）根据 MACD 的线上线下可以把大盘分为强势区、平衡区和弱势区。

（3）先大盘后个股，在大盘定性后，可以用 MACD 原则判断个股与大盘的节奏周期步调。

2. 均线趋势的应对

（1）用 MACD 指标定性大盘后，可以用重要均线进一步细化趋势的波动节奏和转折点。

（2）在均线下降趋势中，均线是压力位；在均线上升过程中，均线是支撑位；指数有效跌破均线是原趋势的转折信号。

（3）在趋势进程中，应该服从趋势增减仓位。最重要的均线是 10 日、20 日、30 日、60 日均线。

（4）个股的技术趋势主要根据均线情况做周期低位股，也就是即时超跌或者需要即时补涨的个股。

（二）黑天鹅

控制风险不仅是控制可见风险，也需要控制意外风险。

1. 仓位控制

（1）强势区仓位为50%~80%，20%的预备队（意外大跌补仓或者把握意外新机会），操作上中短线结合。

（2）平衡区仓位20%~50%。平衡市中经常出现意外大跌。操作上以短线为主，适当地中线操作，要注意流动性。

（3）弱势区仓位严格低于20%，操作上只短线做超跌反弹，高度注意流动性。

2. 选股品种控制

（1）央企股、强大股东股、基本面稳健股优先考虑。

（2）注意当年的基本面趋势。

（3）对于可能退市股要严格控制。

（4）进出流动性的控制。

（5）低成本的解禁股要警惕。

3. 敏感时间控制

（1）大盘的敏感时间主要是趋势技术转折点，大趋势转折点注意要提前防范。

（2）1月底、4月底是常见的个股黑天鹅期。

（3）6月底、12月底的弱势周期也常见意外大跌。

（4）大消息出台，市场给予配合，需要即时仓位反应，不能有侥幸心理。

（5）低位大跌抄底时，要注意指标股、绩优股、超跌股的先后节奏，不能提前一步重仓。

二、常见盈利模式

主要总结赚钱方法。

（一）常见盈利模式

1. 中线爆破点

（1）同业竞争的承诺解决。

（2）大股东的超额增持或者要约收购。

（3）注入资产的明确表态。

2. 短线爆破点

（1）常见爆破点的熟悉。

（2）有效爆破点的统计。

（3）有效爆破点短线操作。

3. 低振幅战法

（1）小盘央企股。

（2）基本面趋势向好股。

（3）股东数量最低股。

（4）有中线爆破点股。

4. 熟悉的有规律的活跃股

（1）机构被套股。

（2）明显活跃股。

（3）低位螺旋桨王股。

（二）小绝招集锦

1. 转债方面

（1）含权抢权效应。

（2）降低转股价股东大会前后的规律。

（3）转债到期前的满意年化收益率。

（4）提前强制转股的努力。

（5）存续期的提前赎回。

2. 定增方面

（1）低于定增预期价格（国企要求不能低于净资产）。

（2）定增报价日前的努力诱惑。

（3）被套定增的解禁（不能有金通、诺德，最好有大机构集中持股）。

（4）被套定增的预报分配预期（不能想当然，需要有依据和侦查）。

3. 增持回购

（1）增持时间快到期，还有大量回购额度。

（2）增持时间快到期，还有大量增持额度。

（3）在阶段低点（或者大跌后止稳），容易增持。

（4）董监高管增持的要格外注意，要加分。

4. 其他即时规律的总结

要有依据地发现其他机会和小技巧，比如股权转让、股权拍卖等。

三、阅历与其他辅助技术

遇到难点决断时，要服从事后不后悔的可接受结果，尽量不留意外风险。

（1）留有余力，保持优雅。

（2）七种逻辑判断原则。

（3）北向的趋势，北向个股的趋势。

（4）夜盘 A50 的暗示。

第 50 篇
四维度实战体系说明书

股价波动是多因一果，常见因有四维，所以职业操盘手必须具备网状思维，一根筋是难以适应风云变幻的市场的。虽然是多因一果，但是在某个阶段中，可能会存在着一个关键因，又称主因，它对市场的波动起着最重要的作用。股市多数时间是混沌的，股市分析的目的就是在总体的混沌不确定性中，寻找发现阶段的确定性，寻找特定个性化的确定性。

下面我再来总结一下股市多因一果的分析方法。

一、特性机会资源个股定性

个股特定机会的分析考虑因素主要有下面四点：

（一）制度

主要是指常见股市制度对市场的影响，如公告制度、预告制度、锁定解禁制度、门槛制度、行权制度、融资制度、定价制度、杠杆制度、做空制度等。

注意点：需要统计阶段制度消息对股价影响的规律和历史习惯性规律。

（二）机构

机构动向对股价的影响最为直接：机构进出、机构操作习惯、机构成本、机构倾向、机构自救、北向数据、夜盘50等。

注意点：需要注意机构的活动规律、市价与主力成本的关系、机构阶段的能力和倾向。

（三）题材

题材是聚集资金的重要因素：意外消息、制度性消息、后置性消息、机构信息等。

注意点：需要注意消息对情绪的刺激度、阶段消息的有效性和大盘对消息的影响度。

（四）优势

在股市中必须以强胜弱，常见优势有：成本优势、信息优势、资金优势、心理优势。

注意点：需要注意分析你是否有优势，你的优势能否转化成为胜势。

二、大盘系统体系波动趋势

大盘的波动形式主要有以下几种。

（一）情绪负反馈

1. 市场是否处于情绪负反馈中

如果是不确定，就需要考虑止损或者做空，重要均线下沉指向、MACD指标恶性、大盘量能低迷、利空大消息（见效的）配合逻辑判断是重要参考。

2. 情绪负反馈的宣泄程度

宣泄程度的判断依据是，历史类似情况（技术指标、消息情绪背景）、加速后反向、次级波动的精确管理、管理层有力度的消息倾向。

（二）情绪正反馈

1. 市场是否处于情绪正反馈中

重要均线的上升指向、MACD 指标良性、大盘量能活跃且保持、利好大消息（见效的）配合逻辑判断是重要参考。

2. 情绪正反馈的宣泄程度

宣泄程度的判断依据是，历史类似情况（技术指标、消息情绪背景）、加速后反向、次级波动的精确管理、管理层有力度的消息倾向。

（三）阶段性转折点

1. 次级趋势的转折

（1）下降趋势要注意 10 日均线下方的严重乖离转强和重要均线的压制。

（2）上升趋势要注意 10 日均线上方的严重乖离转弱和重要均线的支撑。

2. 中级行情的转折

大概是一个月的时间，注意历史类似情况和 10 日均线的得失，启动日和结束日都是有一定表象力度的。

3. 大行情的转折

注意管理层的威胁警告和连续转折逻辑的生成。

（四）无方向时间

1. 不操作不算错

耐心观望等待也是一项重要的理财技术。

2. 只能控制性操作

娱乐性低振幅小玩要有节制，较好的个股机会也需要留有充裕的补仓自救预备资金。

三、大主力的倾向和行动

每个阶段大主力是有倾向的。

（一）做多倾向

1. 急切做多倾向

实质性消息，时常会有直接整体反映。但要防止双低的形成。

2. 安慰性做多倾向

非实质性表面利好消息，有指标股的轻微扛指数倾向，趋势基本不改变。

（二）做空倾向

1. 急切做空倾向

实质性消息，要谨慎，提前考虑。

2. 安慰性做空倾向

非实质性表面利好消息，小阴线最多三根，大阴线最多 1 天半。

（三）直接下场

有指标股的强烈涨跌倾向，绩优股是第二梯队，小盘股会有余震。

四、自我计划和资源时机应用

（一）要顺应市场趋势

1. 严格按照技术指标操作

事实证明，这样做不会犯错，慢一节拍是有经验验证的。

2. 严格控制认为倾向

淹死的都是会水的，说的就是这种情况。

（二）个股稳妥性原则

1. 基本面稳定

央企、稳定行业、强股东优先考虑。

2. 短线优先

短线容易具有高概率，也不容易失控。接受可接受的结果，接受不后悔的结果。

（三）高概率优先

1. 依据需要明确

要比较依据，依据需要是清晰的。

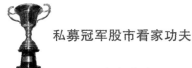

2. 成本优先

要比较成本，防守反击策略是长时间需要遵守的策略。

【花言巧语加油站】

（1）你要的不是崭新的开始，你要的是行动，从而转向一个崭新的结局。

（2）路的尽头，仍然有路，只要你愿意走；有时，看似没路，其实是你该拐弯了！

（3）许多人40岁时死于那颗在20岁那年被愚昧教育射进他自己心里的子弹。

（4）人之所以可爱，是因为他是一座桥梁而非目的；人的可爱之处在于，他是一个过渡，也是一个沉沦。

（5）我们看星星，看到的不是星星，是自己视力的极限。

（6）排除不可能的因素，剩下的无论多么令人难以置信，但那就是真相。

（7）语言是一把刀，如果用法不当，就会变成十恶不赦的凶器，说话尽量要利人利己。

（8）有些人一生没有辉煌，并不是因为他们不能辉煌，主要是他们没有接触过辉煌过的人。

（9）一个一流的人与一个一般的人在一般问题上的表现可能一样，但是在一流问题上的表现则会有天壤之别。

（10）既然上了股市的贼船，就做专业的海盗，做个灵活就业的精英。

（11）记忆如果不整理，它的沉睡速度往往快得惊人，文字总结是技能提高的最重要手段。

第二部分

破茧成蝶，静等花开

命运有一半在你手里，另一半在上帝的手里。你的努力越超常，你手里掌握的那一半就越庞大，你获得的就越丰硕。在你彻底绝望的时候，别忘了自己拥有一半的命运；在你得意忘形的时候，别忘了上帝手里还有一半的命运。你一生的努力就是：用你自己的一半去获取上帝手中的一半。这就是人一生的命运。

第1篇
有兴趣做个超短线的高手吗？

一般来讲，越是短期的目标，越容易清晰；越是清晰的目标，越容易实现。

短线实战更讲究技术、经验、天赋和实力。

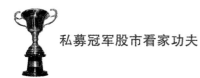

一、根据盘面热点做短线

（一）板块力度要大

当一个新的热点板块出现时，在平衡市背景下板块炒作的力度要足够大才可，比如说全板块启动，有多只冲涨停的股，板块指数涨幅要超过4%。要防止弱市热点的一天行情。

（二）大盘强势时要操作强势热点超越股

在大盘大涨幅时，低位点火时，极度超跌反弹时，对于强势热点超越股可以多加注意，把其放进组合是合适的。

（三）强消息热点

有些强消息出现后，第一天买进的难度大，如果第二天连续强势有机会，还可以操作，抢热点板块出现的第一次大跌，在其短线止跌时可以少量吸纳。

（四）最强的龙头最安全可靠

在热门板块中挑选个股时一定要参与走势最强的龙头股，而不要出于资金安全的考虑去参与补涨或跟风相对弱势的个股。

二、根据盘面异动做短线

（一）大盘要偏强势

这个方法在大盘偏强势时才可以做，大盘追涨的热度不够或者股民情绪热度不够的时间是不能用的。

（二）选股的方法

主要根据盘面涨速异动、窗口成交异动现象结合万能公式进行选股。

（三）自选股异动

自选股如果是一波一波地冲击向上也可以少量注意的，不能因为短线有点高而漏过。

（四）注意点

这种方法适合多品种少量操作，并要做好补仓的准备。

三、根据有效爆破点做短线

（1）熟悉各种常规爆破点。

（2）统计出哪种爆破点当前有效。

（3）根据股价波动规律操作。

（4）要防止题材兑现爆破后的出货共振。

四、根据 K 线规律做短线

（1）要注意个股的历史 K 线规律，即什么时候涨，涨时规律是怎样的。

（2）注意超跌个股的反击力度。

（3）注意中长线超跌冷门股的超跌活跃复活时间。

（4）注意上升波段个股的回档支撑位置。

五、根据强支撑做短线

（一）根据大盘箱体操作

有些大盘股是与大盘的箱体同步的，这时的箱体分析和 CCI 分析是比较重要的。

（二）根据 MCST 线操作

线上股的支撑位用 CCI 结合重要均线判断，线下股用价量关系强度来判断起涨点。

（三）低位螺旋桨股的下影线

在大盘安全时，低位螺旋桨的下影线存在少量低吸机会。

（四）大盘低位时的活跃筹码集中股

在大盘短线超跌后，一些小市值的筹码集中股机构大户很难出逃，低挂一定价位的买盘容易短线获利。

六、中线爆破点短线操作

（一）重点爆破点股

爆破点要可靠，最好是对时间点有个预估，第一次买点需要数量少和大概准确。

（二）根据大盘箱体位置运作

箱顶减仓，箱底建仓。

（三）根据个股的技术指标操作

比如说 MACD 指标结合个股的 K 线逻辑，也要适当地考虑阶段冷热度。

（四）中线股不能因为小利估计而导致彻底丢失

如果是重要中线股，不能因为小利就完全空仓放弃。如果是有多只备选股，可以来回优选反复操作。

七、做短线的经验教训总结

（1）心中不必有绩优股与绩差股之分，只有强势股和弱势股之分。

（2）做短线也要看大盘是否安全，只能在大盘安全时顺势操作，逆势操作永远不可以。

（3）大盘强势时做超越的股，大盘平衡势是做低位股，大盘极弱势时做超跌股，不能永远都操作超越股，这是许多短线爱好者的通病。

（4）操作短线的交易时间是，强势大盘阶段是开盘时，弱势大盘阶段是收盘时。

（5）短线操作不能情绪化随机操作，要有成熟的并熟能生巧的套路。

（6）要熟悉阶段市场的股性，对特性个股阶段的涨幅、跌幅、惯性要有统计数据。

（7）纯超短线操作要设定止损点，要牢记短线就是投机，投机一旦失败就要有勇气止损出局，这是铁的纪律。但是一旦失误过高就要总结修正，不能不信邪硬玩。

（8）做超级短线关键是盈利，获利就要根据股价短线硬度减仓，越涨越卖，不能舍不得卖，让煮熟的鸭子飞掉。

（9）短线操作也是需要时机组合的，也不宜重仓一次性孤注一掷。

第 2 篇
如何于盘中选出即将启动的短线股？

短线投机者都希望自己能完成这样的操作，买入一只股后很快就能赚钱，这不就是相当于在印钱吗？

事实上，在大盘的强度达到一定程度时，对于一些长时间热衷并有针对性研究的老股民，在盘中找寻发现某些股票大概率要异动上涨，并不是完全不可能做到的事情。下面是我在这方面的一些研究探索，希望起到抛砖引玉的作用，也希望一些股友在这方面的研究能够更细致、更有效率一些。

一、盘中选股做短线不能忽视大盘的作用

（一）大盘强度与高成交量的持续有关

判断大盘的时候，要注意阶段市场的强弱是与阶段的大盘成交量能有关的，具体成交量能的数值需要我们根据前段时间的大盘表现与量能的关系统计而定。一般情况下，量能决定股价涨跌的力量和速度，均线趋势决定股价涨跌的方向，同时要防止单日量能突变的偶然性。

（二）大盘强度与情绪反馈情况有关

人们的情绪是后知后觉和易被传染的，当市场持续强一段时间后，人们的情绪会出现反馈效应，为此，场内资金的稳定性、杠杆性、攻击性及场外资金的援助都会起到作用，对于阶段的供求关系会有一定的影响，从而出现单方向趋势的强化作用。一般情况下，在大主力没有明显加力的情况下，股价越高情绪越强，股价越低情绪越差。

（三）大盘强度与主力资金的操作方向有关

A 股中存在着大机构，大主力对于市场有着双重责任，既要自己盈利又要稳定市场。所以，市场在没有出现情绪化效应的正常情况下，大机构的调控意图很重要，常见的调控方式是大箱体波动（中间也可能出现阶段的小箱体），这样我们可以根据大盘指数在箱体的位置以及短线趋势（包括量能比

较）来确定当时大盘的可操作性。

影响市场的因素很多，通常情况下，大机构的操作意图是主要矛盾，但是在特定时间，会出现重大消息影响市场情绪，此时这个重大消息会暂时成为主要矛盾，使市场阶段性地冲破箱体。在这个消息情绪减缓或消息失效后，大机构会实施反击操作，大盘可能会重新回归到箱体平准波动状态。

（四）对大盘的强度判断要有自己有效的系统方法

作为实战个体，我们要运用统计手段，统计大盘量能与强弱的关系、指数波动区间、重要大消息进程、重要权重股的波动规律等，再适度考虑自己的能力和投资目的，来确定即时的大盘是否安全或者是否具有各程度仓位的可操作性。这就是我们的最新实战操作系统。

二、常见盘中选股的经验谈

（一）涨速选股法

1. 初步选股的手段

对即时全市场涨速排名靠前者进行观察，有精力的话，这样的观察可以每天不同时间多次操作，或者在准备买股时进行操作。

2. 次级复核手段

用万能公式进行复核。

3. 实战操作

适合强势市场，少量多品种组合车轮战操作。

（二）异动窗口选股法

1. 初步选股的手段

在上午 9：30～10：00，11：00～11：30，下午 2：30～3：00，观察行情软件中的异动窗口。

2. 次级复核手段

用万能公式进行复核。

3. 实战操作

适合强势市场，少量多品种组合车轮战操作。

（三）量比、换手率选股法

1. 初步选股的手段

用量比、换手率排行榜初选。

2. 次级复核手段

用 MCST 复核，线上需要在 MCST 线附近，线下需要在 MCST 线较远处（但价量关系要足够强，要么冲板，要么堆量）。

3. 实战操作

适合平衡市，局部仓位单一品种梯次操作。

（四）攻击波、回头波选股法

1. 初步选股的手段

用攻击波、回头波排行榜初选。

2. 次级复核手段

用初步多头的万能公式复核攻击波，用超跌状态的万能公式复核回头波。

3. 实战操作

大盘初期行情适合于查看涨幅超越大盘的攻击波排名。

大盘严重超跌的末期适合于查看相对抗跌的回头波排名。

三、补充加强观察手段

（一）盘后选股思维

1. 爆破点选股法

熟悉常见爆破点，统计常见爆破点的有效性。没事情时多翻找中线爆破点。

2. K 线规律选股法

要多熟悉中线上涨股的 K 线组合。

3. 主力规律选股法

对一些活跃主力的操盘风格要熟悉，适当进行波段跟随。

（二）如何判断主力即将飙升个股

1. 股价强于同时的大盘

如果股价在形态上处于中低位，短线技术指标也处于中低位，同时股价离开阻力位较远，此时股价表现明显强于大盘（又不是已经拉升），则近期即将上涨的可能性大。

如果该股不管大盘当天的盘中涨跌，都在该股股价的小幅波动中横盘，在强势市场中一旦出现大单拉起的瞬间，注意果断少量介入。

如果大盘急跌而该股横盘不动，买盘护盘明显，则一旦大盘企稳，拉升的可能性较大。

2. 看盘中有无连续大买单

如果个股盘中出现连续大买单，卖单相对较小，而且买单往往是以高于卖一价成交，拉升的时机也就到了。而且，买单委托价离卖一价越高，一般而言，即将拉升的机会越大。

值得注意的是，如果成交量明显放大，股价反而走低，则要高度警惕是不是机构大笔出货。这可以结合盘中有无大卖单研判。另外，高位放出大单，即使要急拉也是余波。

3. 盘中出现非市场性大单

如果出现明显异动，必须马上要强势，这时是好现象。如果出现明显异动，股价没有强势，则短线需要当心。

4. 大盘稳而个股先压后拉

当大盘走势稳定而个股盘中常出现较大的卖压，导致股价步步下滑，但尾市却又回升时，投资者一定要注意主力的意图。因为若无主力故意压盘，这种脱离大盘的走势在成交清淡的行情中很难出现，起码尾市股价很难回升。

首先，这种走势肯定会让短线投机者割肉清仓，而盘中出现的一些较大卖单，不排除是主力的对倒盘。

其次，该割肉的散户都走了，主力又把相对高位买进的筹码倒给了市场，压低了持仓成本后，往往稍做缩量盘整后，将可能拉升股价。

第 3 篇
主力进出指标和主力买卖指标

今天我们来学习两个选股相对准的新技术指标，以及它们的应用法则。

一、主力进出指标

（一）什么是主力进出指标？

这个技术指标是从能量潮指标变化而来的，在个股 K 线图中敲 "ZLJC" 字母，这个指标就会出现。指标是由三条线组成的，这三条线分别是短期（JCS，白色）、中期（JCM，黄色）、长期（JCL，紫色），主要是反映短期的、中期的、长期的资金驻扎变化。

这个指标的核心作用是反映大额资金的驻扎变化，也就是说市场上的大额资金量增减变化对股价涨跌是起决定性作用的。

（二）使用技巧

（1）其指标有三条线，短线主要是代表主力机构的短期行为，而中线主要是代表其中期行为，长线代表其长期行为。

（2）当这个短线和中线、长线相近，并且是平行向下的时候就表示市场上的主力机构还没有进行入场，也就是说市场上的主力在进行出货时不跟进是大概率正确的选择（除非有题材吸引了新资金短线进入）。

（3）这条是第二点的相反趋势描述，相反情况也就是短线、中线、长线相近平行向上时，形成了多头排列主力机构在吸货，是可以短线跟进的，在大盘安全时大概率上涨。如果这种情况持续时间较长，这只股有可能进货较多，容易出现较大的涨幅。

（4）当中线与长线由上行趋势转向下行趋势，而短线陡峭向下行，形成一个断层向下的形态时，可认为主力机构出货坚决，此股可能会沉寂一段时间。

（5）主力进出指标的白线陡峭向上突破黄线、紫线且三线向上发散，表示主力有效控盘，可逢底介入，或者持股待涨。

（6）主力进出指标的白线上涨过，快远离黄线、紫线，出现较大乖离，表示短线获利筹码较多，宜注意控制风险，可适当卖出。

（7）当白线回落至黄线、紫线处受支撑时，而黄紫线发散向上，表示上升趋势未改，前期股价回落仅是途中的回调，在大盘安全时，可适量低吸。

（8）主力进出是一种趋势指标，但趋势改变信号有时会出现滞后现象，此时就要用主力买卖指标加以配合使用。

二、主力买卖指标

（一）什么是主力买卖指标？

主力买卖（ZLMM）指标：一只个股如果上涨超越大盘和其他股，大概率有主力资金在运作。所以 ZLMM 指标就是针对于分析主力机构运作的一个指标。它在软件中所呈现的是三条线，首先说明的一点是，根据背景颜色设置的不同，ZLMM 指标的三条颜色也是不一样的。在我的海王星软件中，这三条线就是 MMS、MMM、MML，所对应的颜色分别是白色、黄色和紫色。这三条线分别对应的是短期趋势线、中期趋势线和长期趋势线。

（二）使用技巧

（1）当底部构成发出信号，且主力进出线向上时判断买点，准确率较高，是做短线的好工具、好帮手。

（2）当短线上穿中线及长线时，形成最佳短线买点交叉形态，如底部构成已发出信号或主力进出线也向上且短线乖离率不大时，或者在大盘处于阶段低位时。

（3）当短线、中线均上穿长线，形成中线最佳买点形态，如底部构成已发出信号或主力进出线也向上且三线均向上时，此时往往大盘已经形成左侧底部。

（4）当短线下穿中线，且短线与长线正乖离率太大时，形成短线最佳卖点交叉形态。

（5）当短线、中线下穿长线，且是主力进出已走平或下降时，形成中线最佳卖点交叉形态。

（6）在上升途中，短线、中线回落受长线支撑再度上行之时，为较佳的买入时机，特别是一些刚脱离底部的堆量股更为准确。

（7）指标在 50 以上表明个股处于强势，指标跌穿 50 表明该股步入弱势。

（8）主力买卖与主力进出配合使用时准确率相对更高一些。

第 4 篇
股票调整接近尾声的特征

我们买卖股票，都非常希望买在一个阶段的最低点，或者是最低点附近，这样买进后的筹码就处于浮盈状态，有利于保持一个良好的心态。这是一个必须掌握的常用基本技术，无论是我们手头已经有了中线自选股，或者是新选短线股票，都要使用这个技术来找到合适的买点。那么，该怎样使用低位转折点技术呢？下面我就把自己的实战经验总结一下，一方面可以系统地加深一下印象，另一方面备忘并供有缘人参考。

个股的低点把握要注意以下几个方面：

一、成交量

股价调整结束的首要因素是成交量的调整到位，特别是卖压的衰竭。

不过，成交量的调整到位并非仅仅指成交量创地量，常见的"地量见地价"的说法并不完全准确。地量只是成交量调整到位前所必须经历的一个过程，而成交量即使到了见地量，股价也未必能调整到位。此时，如果股价继续下跌，而成交量在创出地量后，股价远远低于 MCST 线，并开始构筑小平台，小盘股买卖单有价差间隔，大盘出现 1% 以内的小涨跌对股价的波动影响不大。

这时，只能说明股票的价格调整已经接近尾声，处于超卖状态，股价波动依然会跟随大盘，呈现抗跌小跟随涨的特征，这时的个股振幅较小。

如果这只个股需要出现较大的上涨，必须要有题材刺激，或者再度放量走强（原先有或机构被套，一旦大盘刺激就可能会有机构自救补仓）。

二、价格趋势

股价调整结束的次要因素是价格本身的调整到位，主要是获利盘的清洗。

（一）强势股价调整

在前一段波段行情结束后，股价在重要成本区出现抵抗，比如在 MCST 线、重要均线（10 日、30 日、60 日、半年线、年线）出现护盘甚至反击行为。

（二）弱势调整

远低于重要成本线（MCST 线），股价走平，重要技术指标（MACD、CCI）处于低位。或者是在前期的重要低点（数次的）附近明显受到支撑。

（三）极弱势调整

股价创出新低后，股价明显跌透（60%以上），股价横盘，重要均线（至少是 10 日、20 日、30 日、60 日）也横盘。

三、时间

充分地调整时间是股价调整结束的最终因素，有许多股票即使价格和成交量均已调整到位，但仍迟迟不能上涨。产生这种现象的主要原因有：

（1）市场整体趋势仍运行于调整时间周期内。

（2）市场中的主流热点暂时没有波及该板块。

对于这类"万事俱备，只欠时间"的弱势个股，投资者也不能轻易买进，必须要找那些有中线爆破点、短线爆破点、机构被重套、风口题材可能来临的个股操作。

四、正常的震荡

即使是有主力主持或者股性活跃的个股，股价也不是一直涨的，也是随着大盘波动节奏和获利盘的涌出而上下震荡的。

这种震荡方式有四种：

（1）爆破点刺激的急涨急跌震荡方式。以 10 日均线为依托的急涨急跌。

（2）独立上升通道方式。要注意 K 线规律和重要均线支撑。

（3）同步于大盘的大波浪活跃方式。要参考重要的技术指标，比如 MACD、KDJ、ZLJC 等。

（4）个股的个性规律。有些板块和个股是有个性规律的，我们需要熟悉、记录并利用。

五、大盘因素

大部分个股是完全同步于大盘的，绝大多数也是服从大盘大趋势的，上述思维也可以用作判断大盘。

大盘最常见的波动方式是强、弱、平衡，有时平衡是以箱体形式存在的。

六、试盘

如果你认定一只股又想买它，可以采取分批试盘的手段测试一下：

（一）开盘、尾盘试盘法

容易小单子轻易开盘高开、尾盘拉高并有效地处于低位，反则不是。

小单子压不下价位的是低位（特别是产生买卖盘价差），反则不是。

（二）盘中买卖容易度

低挂买进困难、高挂卖出容易的是低位，低挂买进容易的不是低位（低位的股高挂通常卖出也困难，如果高挂卖出会引出卖单那么也不好）。

七、施展手段应用

在平衡市中选择低振幅的低位股，我喜欢用海王星软件中的"近期弱势"股再结合万能公式来选潜力股。

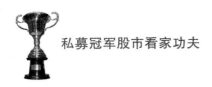
第5篇
什么样的股容易短线急涨？

许多喜欢超短线的股民可能都会有这样的梦想：一只股买进后不久就会上涨，并且大涨。为此，我专门研究了大量近年来出现连续急涨的股票，研究这些股票上涨的原因，试图找出规律性的可复制的因素，并总结成阶段有效的短线技术。下面是我的相关总结，希望对于短线实战能有所帮助。

一、政策消息刺激

出现政策消息刺激的股票，短线容易成为热点急涨股。实战需要注意的点是：

（一）要注意消息刺激的力度

首次刺激力度比较大，还要看对情绪的影响情况，以及此时市场是否缺乏炒作题材。

（二）严重超跌股容易产生效果

严重超跌股本身就有股价上涨修复需要，遇到消息题材刺激，就像干柴遇到烈火。

（三）同时有两个题材叠加

同时有两个题材叠加的股容易成为黑马。

（四）需要加大敏感度

在大盘平衡市的背景下，会长时间是局部结构行情，要有意识地加大收缩题材、利用题材的意识并养成习惯。

二、存量机构习惯

在阶段市场中，存有资金规模强大的机构群体，这些机构群体有最低持仓限制，也有低吸高抛的习惯，它们阶段的偏好股，短线容易出现大涨幅。

这些机构，惯常的操作习惯有：

（一）大盘处于箱底时的护盘行为

每当大盘处于箱底位置时，大主力常常会发动一些权重品种甚至板块来拉升指数活跃市场，以期保证市场的阶段稳定，这时要找到那个权重板块处于中短线的超跌状态，并进一步找到那个阶段的强势庄股。

（二）阶段的活跃大板块

每年或者每个阶段，机构们都会有一个阶段共识板块，这个板块的资金容量比较大，会成为这个阶段中很长一段时间的活跃板块，只要大盘上涨，它们就会出现较大的涨幅。

（三）阶段的权重绩优庄股

在一个阶段中，会有几只市场形象好的大市值绩优股，它们的走势呈现波段强势的特征，尽管大盘调整时股价也会跟随调整，但是一旦大盘走强，它们的涨幅就不会差。

（四）大市值股走上上升通道

一旦大市值股走上上升通道，成为庄股，会持续很长一段时间，这类股可以用技术分析长时间反复操作。

三、机构重仓股发力

平衡市指数背景，机构很容易被套，一旦一些职业庄家机构被重套，会发动行情，造就大黑马。常见的方式有：

（一）职业重组机构

一些职业机构获得壳资源股后，注入资产提高市值。这是它们的盈利模式，要对这些机构熟悉。

（二）中短线超跌的低价股

一些中短线超跌的低价股，一旦股价被激活，走出空心上涨连续阳线，容易出现阶段较大的涨幅。

（三）次新股打开涨停后依然强势

次新股打开涨停后依然强势，这类股是新庄股，资金雄厚且成本明确，阶段性活跃，单日一旦强势，涨幅往往比较大。

（四）中线爆破点爆发

一只个股如果具有中线爆破点，在弱势市场中机构一旦入驻，获利幅度有限，一旦中线爆破点爆发，容易出现较大的波段涨幅。

四、常规的技术手段总结

具有下列技术特征的股一旦启动，容易产生较大涨幅。

（一）低位连续堆大量的股

一只个股一旦出现低位连续堆量（量比特别大），且持续地价涨量增，容易成为波段急涨的个股。

（二）螺旋桨个股启动

具有螺旋桨K线组合的个股，一旦走上上升通道，容易成为长牛股。

（三）独立小箱体平台起飞

一只个股一旦出现阶段的小箱体平台，上涨有量，下跌无量，走势是独立于大盘的，一旦股价启动，往往涨幅较大。那个小箱体平台，往往是机构吸货的行为。

（四）筹码特别集中激活

有些筹码特别集中的品种，比如说总人数最少的一类，或者是人均持股明显较大的中小市值品种，一旦在低位启动，往往动作比较大。

第6篇
短线操作的一些经典套路

近几年，在多数时间大盘都运行在平衡状态中，这样绝大多数个股的波动都是短期的，难以出现稍长时间的单边大涨幅，一只股出现了一定涨幅，如果不卖就很容易又跌回来。在这种情况下，要想获得一定的利润收益，就必须采用短线的实战操作，为此我把一些经典的短线实战套路总结如下。

套路一：预期中的强势板块。

有时预期一个可能会出现走强的机会，但是这个板块中个股数量比较多，经常会出现这样的情况：把板块看对了，时机也看对了，但是选的个股表现比较平庸，没有抓住相对的强势股。遇到这种情况该怎样选股呢？

根据统计数据证明，这时具有下列特征的个股涨幅容易相对大一些。

（1）板块中相对超跌的中小市值低价股。

（2）板块中走势相对较强，有初步庄股走势的个股，比如短线连续价涨量增后进行横盘时，这类股票容易领涨。

套路二：近期的活跃板块强势股调整到位。

每个阶段都有活跃的板块，只要这些板块涨幅不是很大，在大盘平衡背景下，很难断线迅速出局，在其股价出现正常的技术调整时，特别是遇到大盘意外大跌导致股价被带下时，该板块中较活跃的个股股价在重要均线明显受到支撑后，大概率有短线机会。

套路三：大盘严重超跌后的超跌反弹。

大盘处于平衡市走势时，特别是有消息利空压制下的弱平衡市情况下，指望大盘连续走强明显是不现实的，这时要耐心地等待大盘出现较大的跌幅，捕捉这个大跌幅后的超跌反弹。注意这个较大跌幅不能是高位的初步大利空杀跌，而是没有消息刺激的技术性大跌，或者是低位的老调重弹的消息利空进一步刺激导致的大跌。

这时的选股原则是：

（1）金融指标股中的相对超跌的那个板块。

（2）在超跌股中选有题材或者机构异动的个股。

套路四：连续小 K 线上涨的初步强势股。

有些小市值的个股，或者筹码集中股，在大盘见底后，或者大盘安全时，个股连续出现小 K 线强势上涨，在技术指标处于良性趋势时，可以谨慎地小量短线投机，操作这类股需要见好即收，不能指望活力太大。在大盘低位安全时，一些强于大盘的超跌中小市值如果出现一段时间的横盘状态，也可以用类似操作。

套路五：阶段的有效爆破点。

只要你想操作，就必须做功课。最重要的功课就是统计阶段出现较高频率的爆破点，看看其中一些战法是否有股价波动规律，发现其中的有效规律，短线伏击。

套路六：严重超跌股出现反转。

如果一只股没有基本面问题，又出现了较大的中长线跌幅，再次受到大盘的较大打击后，如果股价出现低位的连续阳K线走势，可以加大注意，这类个股出现初步涨幅后，强势横盘（即使遇到大盘较大下跌，或者连续下跌，股价也比较抗跌），这类股做短线甚至较长一些的短线，成功概率较大。

套路七：股价下跌立刻反击的股。

有一些股由于里面有一些活跃机构存在，一旦股价出现单日下跌，在第二日股价就立刻出现反击走势，把前一天的失地收复。在平衡市选股时，要注意有这样K线特征的横盘股或者小箱体股，在其出现低位时可以适量进行逢低吸纳性质的短线操作。

第7篇
怎样加强自己的盘面敏锐感觉？

盘感，字面解释，就是你一眼看上去，对盘面现有走势后续的一种直觉。

无论是大盘还是个股，即将产生一些趋势变化时，会有一些不同寻常的先期征兆，如果你能够即时发现这些先期征兆，就说明你的盘感是敏锐的。盘感完全是交易者自身在交易中的亲身体验积累，无法从别人那里学来。盘感是交易经验和交易理念的糅合产物，我把自己积累和保持盘感的经验总结如下：

一、大盘涨跌的盘感经验

（一）大盘的成交量能很重要

（1）大盘的持续量能越大，说明大盘此时的涨跌力量越强。

（2）可以把大盘分成三种状态：强势市场、平衡市场、弱势市场，并统计出不同状态时的量能区间。

（3）要特别注意趋势开始阶段的突变量能是强大的变盘信号。

（二）大盘的均线指向很重要

（1）重要均线的指向，就是大盘此刻的运行趋势，一个趋势长时间出现后，会有反馈效应，不太容易出现快速性扭转。

（2）重要均线是重要的支撑压力支撑线，也即重要的变盘点时刻，需要提前准备。

（3）指数与均线产生较大的乖离后，会有短时间的回荡，强势回荡可以通过仓位和滞后筹码集中股来对冲；弱势回荡可以放弃，或者行小仓位超短线。

（4）空头单边趋势要注意用股指期货来投机或者对冲。

（三）大主力的调控目标

（1）每个阶段，大主力都有自己的调控目标，主要目标有箱体平准波动、压抑投机、稳定市场。

（2）箱体平准波动是大主力希望的，在市场情绪平稳时，这种情况是多数时间存在的，需要统计出箱体的上下沿规律。

（3）市场出现过热投机时，由于大主力手中持有的筹码非常强大，市场筹码供大于求，投资价值没有体现在分红满意度上，因此控制过热投资的效果是比较有效的，发现这方面的信息时要高度注意并顺应指导。

（4）市场出现单边恐慌下跌时，大主力不一定能马上控制住市场，这时一定要区分出三种情形：给台阶迟缓下跌速度、阶段性有效措施、坚决有力地立刻激活市场。

（5）该涨不涨，理应看跌；该跌不跌，理应看涨。

二、常见的分时逻辑经验

这是一个盘面经验总结，股价在盘中走势，无论是探底拉升、窄幅震荡、冲高回落或者单边无抵抗都会体现出优势资金于当时的操作意图。

盘中运行状态一般有以下几种常见情况：

（一）盘面强弱的经典经验

（1）大盘的白线、黄线均在红色区域，并且黄线在上，说明大盘中的个

私募冠军股市看家功夫

股获利较为容易。

（2）大盘的黄线在绿色区域，白线也在绿色区域或者在微红区域，说明大盘中的个股获利难度大。

（3）大盘的黄线在绿色区域，白线在强红区域说明是二八现象，机会在于大盘股，并要注意小盘股的资金被虹吸风险。

（二）开盘时的低高开经验

1. 低开

无论是大盘还是个股，出现较大的低开，指数或者股价快速回补缺口（30分钟内），说明此时大盘或者个股强。反之，则说明市场弱，如果持续整天弱，要防止尾市跳水。

2. 高开

无论是大盘还是个股，出现较大的高开指数迅速（30分钟内），说明此时大盘或者个股弱。反之，则说明市场强，如果持续上午强，要防止强势背景下的下午继续强（但是平衡市和弱市中不能追高）。

3. 平开

大市处于上升途中，个股若平开高走后回调不破开盘，股价重新向上，表示主力做多坚决，待第二波高点突破第一波高点时，投资者应加仓买进。

大市处于下跌途中，个股若平开低走后回抽不破开盘，股价重新向下，表示市场做空坚决，待第二波低点突破第一波低点时，投资者应降低仓位。

（三）盘中加量分析

（1）真突破盘口：持续地推动力量，突破瞬间幅度大。

（2）假突破盘口：缺少持续力量推动，突破失败后价格回落迅速。

（3）假突破后价格不出现迅速回落，在突破边界反复震荡企稳后突破为真突破。

（4）持续性行情中，盘口挂单不能空，买单或卖单会不停涌现。

（5）趋势行情中，回调幅度通常在1/3以内，回调超过1/2则需警惕。

三、保持盘感状态

就算是一个职业高手，依然需要每天复盘保持状态，这点与运动员每天都需要运动有相似之处。

每天坚持复盘，做交易笔记：

（1）统计涨跌停的持续力度。

（2）统计市场对利好利空的反映情况，这点是判断市场强弱的最有效信号。

（3）统计常规爆破点的有效情况。

（4）统计对初期大涨股的次日情况。

（5）统计市场对大单的反响情况。

（6）统计历史类似大盘情况的后续演变。

没有一种成功来得容易，勤奋与上等武功同样重要，坚持做功课，保持敏锐的盘感。

第8篇
最新猎庄实战技巧精粹

随着股票数量的急剧增多，大盘的年震荡幅度有明显趋弱的特征，要想获得较好的年收益率，就必须采取相对高效率的有效波段玩法，这就要求我们要非常地注意对活跃板块的研究、活跃个股的研究，以及个股的活跃周期研究，甚至作为选股的最重要前提条件。下面我就实战猎庄技术总结一下心得。

一、主力庄家的常见实战手段

每个阶段主力庄家都有其实战目的，如果我们能够分析清楚，就能对我们选择操作时机有极大的帮助。

（一）机构实战的最重要要素

1. 机构的成本

主要通过 MCST 线、定增价格、转让价格、龙虎榜、大宗交易、K 线结合进场时间来发现。

2. 机构的持股数量

主要通过十大流通股东、K线控盘迹象、是否独立走势、抗跌性来分析。

3. 股性

如机构的历史风格习惯、近期的走势特点、是否具有炒作理由、资金是否充裕。

4. 猎庄情报备忘

对于重要的股票，我们需要长时间观察，并且对其重要爆破点信息、重要常见信息以及盘面异动信息及时记录备忘（这点很重要，没有文字记录容易让人动摇怀疑）。

（二）常见的机构分类

1. 公募基金

独立重仓股往往具有长线庄股风格，在大盘和个股的同时低点是较好买点。

抱团取暖股具有跟随大盘的助涨助跌作用。

2. 游资机构

跟着热点消息转，急涨急跌。

3. 融资机构

配合融资事件，进行个股的炒作。

4. 重组机构

重仓某股后进行资产重组，这是一些机构的常规盈利模式。

5. 超大主力

根据大盘箱体波段操作。

（三）老重仓机构的博弈

1. 有浮盈的股

这类股往往持股数量较大，买盘多就出货下跌，买盘稀少就活跃吸引跟风。

一些喜欢选择高位股的投资者经常有这样的疑惑：没买的就涨，买的就跌。

2. 被套的股

被套的股，在大盘好的时候，机构容易采取急涨的自救操作。

如果被套庄股不动甚至表现弱于大盘，说明机构没钱了或者在等待合理时机。

3. 成本线上股

成本线上股，活跃时是好股。

弱于大盘的是坏股，防止机构因资金状况不佳而出货。

（四）新机构的盘面迹像

（1）连续的独立强于大盘的小 K 线。

（2）低位的连续堆量。

（3）间歇的价涨量增迹象。

二、热点板块的启动与衰落信号

任何事物的运行都遵循一定的内在规律，股价的活跃期也是这样的。

（一）板块启动的信号

1. 指数涨幅榜

某板块指数第一次涨幅较大，且强势大涨幅较多，就说明该板块已经启动。

某板块指数连续数天位于涨幅前列，虽然涨幅不大，但是一段时期都出现这样的情况，说明有大机构吸货，要选取其中的龙头潜力品种。

2. 量比

在量比排名第一版中，某一板块的股票个数占据比较多，且股价上涨，并且连续一段时间都出现这样的情况，说明该板块有主力资金在活动，某天较大集中爆发的可能性比较大。

3. 走势图

主要活跃个股股价在 10 日均线之上，且乖离度不大的，继续上涨可能性大。

4. 龙头股

板块的龙头股没有衰竭现象，还有上升动力和空间。

（二）板块衰落的信号

1. 跌幅榜

连续跌幅较大，说明衰竭。初次的跌幅较大，往往还有机会。

2. 量比

在量比排名第一版中，某一板块的股票个数占据比较多，且股价下跌，并且连续一段时间都出现这样的情况，说明该板块有主力资金在出货。

3. 看大盘

热点板块股在大盘好时必须要领涨大盘，否则有机构出货嫌疑。

在大盘连续较大下跌过程中，要防止强势板块股的补跌行为，这种补跌往往杀伤力较大。

4. 走势图

主要活跃个股股价有效跌破 10 日均线，风险较大，跌破 20 日均线后要防止大跌幅。

5. 龙头股

板块的龙头股已经上涨无力，或者率先出现调整，说明该板块炒作快要结束。

第 9 篇
黑马股产生的原因和前期征兆

股票市场是一个神奇的地方，很多人都想在这个地方实现自己一夜暴富的梦想，在众多的选股技术中，能抓住阶段暴涨的黑马股选股技术毫无疑问是最引人瞩目的，尽管这种技术在实战中学习使用难度大，成功概率不高，甚至会出现失误，但是人们依然乐此不疲。今天，我们运用统计数据来总结一下黑马股产生的原因和前期征兆，供黑马股爱好者参考，以增大实战成功概率。

一、黑马股产生的常见原因

（一）有重大个股想象力题材

这个题材针对少数个股独有，是能够提升上市公司基本面业绩的。

（二）热点板块的龙头股

市场因为消息题材刺激，出现了强热点板块，这只热点板块龙头股容易成为超级黑马。

（三）重大资产重组

有一些基本面比较差的壳股，出现重大资产重组，特别是出现借壳上市事件的个股容易连续大涨。

（四）机构重套股

持股机构风格强悍，因为大盘原因，持股机构被重套，在大盘止稳后，被套机构会采取疯狂的报复行为，导致股价连续暴涨。

（五）中长线超跌小市值低价股

中长线超跌小市值低价股在大盘出现一轮调整止跌后，其基本面有所改善，会引起游资机构的炒作，往往涨幅较大。

（六）中级行情的领涨板块龙头

在市场上长期低迷或者一轮大跌止跌后，主力可能会发动一轮中期复苏行情，发动行情的点火主流板块会出现几只涨幅特别大的股票。

（七）弹性大股和中小市值低价庄股

有些企业本身就有自营二级股票业务，在大盘低迷时下跌幅度大，在大盘连续上涨后，也容易出现连续的超越上涨。一些在大盘弱市底部进庄的中小市值股一旦机构进庄，在弱市中难以脱身，优势是容易出现大涨幅。

二、黑马个股启动前的一些征兆

（一）大盘时机征兆

（1）中级行情启动初期点火超越股。

（2）牛市第二波起涨后一段时间的机构重仓股。

（3）牛市中后期的中小市值热门股和有自营盘的个股。

（4）大盘大跌后的机构重仓被套股的复苏。

（5）大盘充分调整后的游资热门股龙头品种。

（6）大盘相对低位的重大资产重组股。

（7）大盘相对低位的螺旋桨股复活。

（8）重大题材出现的非公募基金重仓股。

（二）初期型态征兆

（1）中短线均严重超跌的中小市值股。

（2）初期缓慢上涨有吸货痕迹的独立强势股。

（3）相对低位股价贴近 MCST 补跌的强势横盘股。

（4）低位价涨量增的空心连续涨停股。

（5）在大盘背景尚可时沿着 10 日均线顽强单边上涨股。

（6）强热门题材股中率先冲击涨停股。

（7）强热门题材率先封死涨停板，两三个涨停后开板再度涨停的股。

三、该技术使用的特殊说明

（一）适合小资金但准确率不高

喜欢这种技术的人很多，但事实证明高手很少，完全依靠这项技术在股市获得成功的人更少，但是娱乐性很强，类似于赌博。

（二）抓住黑马的人多是凭借运气

许多抓住黑马的人，大多不是刻意抓住的，只要有足够数量的人长线"炖股"，就会有一定概率的幸运者。

（三）一旦失误短线损失大

由于这类股票振幅大，一旦失误短线比较大，特别是弱势股。强势股一旦补跌，常常是连续跌停的。

（四）有更稳定的确定新技术

在市场上有准确率更高的低位爆破点技术，但是由于振幅小，一些已经有黑马瘾的股友对于正确的技术难以接受，很难改变已经形成的追高抓黑马技术。

（五）这种技术的优点

在大盘强势时可以作为持仓组合品种之一。

在大盘强势时，有些高位的股票有更高的短线效率，可以用30%以下的资金量建立短线组合，但前提是有当时的统计数据支持。

第 10 篇
每个阶段的主要目的计划

凡事预则立，不预则废。

股市投资，首先要知己知彼，其次根据客观实际情况确立目标任务，最后根据目标任务进行实现目标任务的行为规划，根据目标任务实施相匹配的手段。这个目的和手段的事先规划是非常重要的，但是绝大多数投资者，甚至许多投资机构忽视了这个必要过程，甚至很多人根本就没有意识到这个过程。

现在，我们就阶段目的和相应的手段来做些总结。

一、投资目的和手段要客观

（一）平均股价涨跌

（1）投资收益率不能自己臆想，要根据大盘时机客观情况制定。

（2）大盘再差，年收益率不能低于−5%，尽量做到不亏损。

（3）大盘尚可的情况下，不输给平均股价收益率。

（二）个人能力问题

（1）要量力而行，有自己独特的盈利模式。

（2）稳健可靠收益重于未知有风险所谓高收益。

（3）服从统计规律，追求统计规律的 80 分原则。

（三）我的追求

（1）大盘差时低回撤，大盘强势阶段跳跃，偶尔跳高性跳跃。

（2）主要盈利模式为中线爆破点、短线爆破点、有股价下限的中小市值集中持股。

（3）有期指对冲手段。

二、风控程度与投资手段

（一）风控与收益率

（1）时刻留有二次机会、补仓机会、反攻机会，不孤注一掷。

（2）看不清楚的时候，按照坏的可能性场外观望。

（3）市场差时要用期指对冲（与持仓盈亏做仓位计算）或者实现做空收益。

（二）风控与交易品种

（1）追求有现金选择权、兑现面值、硬净值的交易品种。

（2）选股时考虑选股下限重于考虑个股的振幅。

（3）中线赌注股要考虑股东背景、中线爆破点和自己的独特优势（如定增、大宗交易）。

（三）风控与盈利模式

（1）有效考虑短线盈利模式。

（2）优先考虑有股价下限的盈利模式。

（3）优先考虑有明显优势的盈利模式。

三、稳健的投资目的

（一）绝对的稳健

追求低回撤，尽量不回撤，第一步要保证10%的收益率，在此基础上进一步提高收益率。

（二）阶段累积

收益率主要依靠阶段累积获得。

（三）有效盈利模式

用盈利模式赚钱，用盈利模式选股，不用赌个股的方式赚钱。

四、弱市等待机会和超稳健手段

（一）大盘绝对低点机会

主力仓位必须在大箱体下沿以上级别的机会才会考虑。

（二）保证进出灵便性的机会

避免在下降趋势中出现因为个股仓位重无法出货的情况，万一出现这种情况，一定要采取期指对冲措施。

（三）绝对机会才重仓

（1）有绝对价格保护的机会。

（2）有绝对成本优势的机会。

（3）有明显量能保证的机会。

（4）有足够的补仓降低成本的中线爆破点机会。

五、怎样解围

如果被套，该用怎样的手段解套？

（1）解围品种一定要有基本面、主力面的保证。

（2）出现不利局面时一定要事先留有足够的增援补救资金。

（3）解围以平本和低损失为主，不能因为要求过高导致出现更大的困境。

六、怎样追击

资金量比较大，意外出现行情踏空时该怎么办？

（一）板块性地分散投资

进行板块性的分散投资。

（二）集中性的攻击性投资

不怕成本高地重点追击中小市值低位个股。

（三）同时考虑期指

进行期指组合持仓。

七、最后的说明

要学习并掌握大资金（如做基金经理），就必须学会这篇文章总结的技术，并根据自己的情况和阶段大盘情况，把每一项细化。

第 11 篇
经典简单的短线技术

对技术的敬畏是认同技术的价值，也认清技术的局限。

私募冠军股市看家功夫

有些技术的简洁应用是需要通过工具实现的。

在股市中，技术的应用也是需要选时的，工具的适用是需要适应的场合的。

在一些股票行情软件中，提供了一些技术工具，这些技术工具之所以被嵌入行情软件中，一定是有它的作用的，但是许多股民不了解这些工具的存在，不会应用这些工具，或者错误地使用这些工具，这都会影响自己的短线投资收益率。下面我就以银河证券的行情软件"海王星"（免费下载的）为例，来说明一下怎样使用一些常见的技术工具，其他证券公司的行情软件也都差不多。

一、关于技术性选股通则

（一）市场是涨跌两面的

1. 市场是存在着涨跌的

持股是进场的门票，进门后有可能输也有可能赢。股谚说，股市投机的结果是七亏二平一赢。

2. A 股的现实

2006 年 2 月沪市就到达过 3000 点，2024 年 7 月依然跌破 3000 点。这期间还大规模地上市了几千家公司。

3. A 股的大众主流理论

大众理论是鼓励长线持股不动的，巴菲特长线持股理论是经典理论。

4. 我的结论

A 股实战是需要选时的，选时技术是 A 股投机的最重要技术。

（二）技术性选股通则

1. A 股的强弱分类

A 股市场是周期运行的，根据市场价格波动的活跃性，可以分为强势市场阶段、弱势市场阶段、平衡市场阶段，每个阶段有其阶段量能特征，我们需要进行技术性统计来得出阶段性的结论。根据统计概率结果，三个阶段的选股思维是不一样的，而不会炒股的人认为是一样的，他们不学自会的选股思维是情绪化的追涨杀跌。

2. 强势市场选股思维

强势市场的选股思维是初步的量价关系强势个股以及消息面的锦上添花。

3. 弱势市场选股思维

弱势市场的选股思维是极端的超跌反弹和错杀的有制度保护价格的品种。

4. 平衡市场选股思维

平衡市场的选股思维是抓住阶段活跃的技术性短线低点和爆破点。

5. 多因一果的概念

（1）重要因素排序是：制度面、题材面、主力面、基本面、资金面、技术面，其中技术面是最常见最容易把握的因素，也是必须考虑的因素。

（2）基本面决定股价的下限，资金面决定股价的上限。

（3）内幕消息、操纵市场是最有效的获利手段，但是是违法的。

（4）因为多因一果，所以股市中的选股技术都是一种概率，不存在100%的胜率，只是概率的大小。

（5）选股技术必须和加大正确率的操作技术结合起来使用，尽一切可能地加大正确率，一定要实现七赢二平一小亏的要求。

（6）必须要有避险、对冲和做空的思维。

二、今日指标提示

（一）阶段缩量

1. 定义

这个指标提示的是前期放量强势波动的个股近期出现了缩量，前期持续放量说明有大资金活跃。

2. 应用解释

（1）适合于强势市场中技术调整到位后的应用。

（2）适合于大盘大跌止跌后，做超跌反弹使用。

（二）阶段放量

1. 定义

这个指标提示的是近期成交量连续放大，有大资金在活跃。

2. 应用解释

如果股价处于低位，后市中线趋势看好，适合应用。

（三）温和放量上攻

1. 定义

这项与第二项比起来，价格上涨和量能放大都要温和一些。

2. 应用解释

适合大盘的技术低位应用。

（四）放量上攻

1. 定义

主要是指当天放量大涨。

2. 应用解释

（1）适于大盘强势时采用。

（2）适于线下超跌股持续强势的少量追涨。

（五）底部反转

1. 定义

大跌后走出小圆底。

2. 应用解释

适合平衡市中操作，不适合弱势。

（六）平台整理

1. 定义

股价筑小平台。

2. 应用解释

（1）长时间平台适合强势中少量组合。

（2）短时间超跌后的平台适合于大盘大跌止跌后操作。

（七）均线黏合

1. 定义

多条均线联合在一起。

2. 应用解释

适用于强势组合操作。

（八）多头排列

1. 定义

股价和均线处于多头排列中。

2. 应用解释

（1）低位的股适合强市和偏强的平衡市应用。

（2）不适合弱市，在弱市中选这类股容易获得炒股比赛的倒数第一名。

（九）KDJ金叉

1. 定义

就是通常情况的定义。

2. 应用解释

可以作为强势股的超短线使用。

第12篇
大盘低位盘整时的有效招数

近几年的A股市场相比2019年前的市场，大盘指数的强势时间明显变短。在这种相对弱势的指数震荡的态势下，等待和抓住市场定期出现的大震荡后的低位机会是至关重要的，也是A股中一种最重要的盈利模式。

虽然，这种大盘震荡后的低位给出的反弹机会，是相对容易捕捉的，但是真到了那个时间，大盘在表征上是弱平衡的战战兢兢的走势情况，如果事先没有心理准备的话，是容易产生心理障碍的，实战操作并不像事后看到的结果那么简单。

为此，今天专门写作该篇总结，以备相应背景下的实战理论指导参考。

一、要做好心理准备

（一）要克服恐惧心理，坚定弱势平准心理

1. 指数是有底的

（1）A股中存在国家队，国家对股市是有调控的，指数是有阶段底的。

（2）指数是否到达底部，能从官媒的态度上（记忆和对比历史 K 线和消息硬度），以及从指数面临不利时刻的反应判断（该跌不跌，就应该看好）。

2. 低位的情绪是低落的

（1）高位时情绪昂奋、个股活跃，低位时情绪低落、个股低迷；这是规律。

（2）低位时，即使空仓者看到机会，也会受到低迷市场情绪的影响，此时要克服人性的弱点，主动、有序地抓住机会。

（二）要有极端反转思维、分批投入的思维

1. 指数的分批投入

（1）判断跌幅是否差不多了，要用历史 K 线、历史消息恐惧度对比判断。

（2）要对短线利空时刻的逆反做好准备，判断以及快速响应。

（3）必须要有第一批仓位投入，如果这批仓位的投入和后续对比，就难有开始，会一直处于犹豫状态。

2. 个股的分散投入

（1）个股方面，注意超跌优质股是最稳妥的，要防止抗跌股、逆势上涨股的补跌。

（2）对于跌得够狠（甚至有利空）的股也可以适当注意，只要不退市（要防止退市），一旦反弹，力度也会够强。

（3）刚开始，可以分散组合投入，看准后可以有一次重仓集中投入。

（三）好机会，要敢于重手投入

大盘处于低位时，好机会主要指的是：

（1）有中线爆破点的个股机会。

（2）有现金选择权保护的机会。

（3）前期活跃股的最后一波打击机会。

二、要注意重要技术指标节奏

在大盘低位低迷时，有技术指标指引做得仔细很重要。

（一）30 日均线的重要性

（1）在大盘下降途中，30 日均线是重要压力位，对于这个位置要适当防范，防止判断错误。

（2）远离 10 日均线的乖离止跌是最好的短线机会。

（3）大盘指数从 10 日均线走向 30 日均线的过程中，做个股是需要短线能力的。

（4）收复 30 日均线后，注意新的箱体波动范围。

（二）KDJ 指标值对于个股的短线指引

对于个股的选择以及短线低吸高抛，可以适当关注 KDJ、MACD 指标的提示。

（三）MCST 指标与量能

较好的短线机会是：

（1）远低于 MCST 线的价涨量增强势出现。

（2）高位连续强势被最后一波下跌打击后的 MCST 线下缩量止跌。

三、最有效的选股组合思维

这个时间段的最佳机会有四类：

（一）中线爆破点机会股

（1）中线爆破点的依据要硬。

（2）跌幅要足够。

（3）最好用万能公式测试有优势。

（4）重仓操作，中短线结合。

（二）有现金选择权的机会股

（1）只有这个时间段才可能存在无风险套利机会。

（2）消息要明确，不能出现误判。

（3）重仓投入，局部低吸高抛，利润尽量吃满。

（三）前期活跃股的最后一波打击机会

1. 前期活跃重套股

要选一批进行分散组合。

2. 使用 App 工具"形态选股"

（1）找到一只刚刚爆发过的股，找寻启动前类似的图形（要规避题材刺激）。

（2）对于你的选股技术，用这个工具符合未来可能走势。

（3）低位类似的股，有明确机构被套或者短线题材的优先考虑。

（四）小市值优质股

只有这个时间，小市值优质股才会出现低位，是大资金难得的中线低吸机会。

可以箱体局部低吸高抛，遇到满意价格再清仓。

第 13 篇
怎样做一个股民特工？

有一个扑克牌游戏"拱猪"，与炒股游戏特别相似，都有正负分，得负分容易得正分难，极端情况下负分拿满会反转成为正分，但是"拱猪"的输赢原则是相对比较容易理解和快速检验的，而炒股的输赢原则则比较暗且是有着不同的大众解读的。"拱猪"的关键输赢原则是，少犯错误，坚决不能犯大错误，不能为了得正分而导致得负分，非要得负分的情况下要懂得主动地少得负分而避免被动地得更多的负分。

炒股要想赢，除了要主动进攻得分之外，更重要的是懂得少犯错误，一定要避免犯大错误，并且要在这方面做足均衡功课，做足先备措施，现在我们就来谈谈在股市中怎样尽量少犯甚至不犯错误。

一、低水平投资者常犯的低级错误

股市是多因一果的游戏，不犯错误是不可能的，但要尽量少犯错误，大错误不能犯，犯了错误要尽快纠正。

（一）缺乏基本的博弈技能素养

在股市中要想持续赢、最终赢，就必须像参加高考、学校运动会那样有一定的付出、准备和努力，其过程不能省却且需要持续不断。要像孙悟空一样，苦练七十二变，笑对八十一难。

1. 基础素质要保证

（1）基础素质的简单要求是明辨是非。这条要求看似简单，实际很难。包括许多人认可的一些名家高手，甚至阶段赢家也不一定具备。

（2）提高基础素质的方法。学习中国历史和世界历史，不是简单地读课本。要清楚宣传与客观的差距。

要了解股史和 K 线史，同时要了解当时的情绪事件和当时主要参与方、重要群体股票的状态。

（3）需要阅历。股市博弈技能需要足够的实战阅历，不是仅凭单相传授就能大部分理解的，有些东西不亲身经历是无法理解的。

2. 要实事求是

（1）课本和多数书籍不完全客观。社会面上的多数课本和书籍不完全客观，这些都是成熟股市的经典原理，与 A 股的距离还比较远。

（2）防止选择性告知。股市是逐利场所，是存在利益角度的，存在着很强大的选择性告知现象，许多选择性告知符合强者利益和社会利益，但不一定适合单个股民的利益。

（3）到底什么是真实的客观？你的输赢、股市波动的数据、经典股谚（一赢二平七亏），这就是真实的数据。

指数的历史、基金净值的变化、局部的媒体故事，都不一定是真实的客观。如果你的基础素质够，可能能弄清楚；如果基础素质不够，很难分清楚，甚至颠倒是非也不奇怪。

3. 要有逻辑地了解里手和赢家

（1）经典赢家是否能够复制。社会上确实存在着一些经典赢家，比如巴菲特，但是他拥有的资金优势和社会资源，你是否能够复制？

（2）运气和半截英雄不能学。有的赢家是运气，或者是半截英雄，这种结局更痛苦，还不如一般老百姓，不学也罢。

（3）要会学习、总结和互助结盟。股市中的学习进步是需要持续不断的，需要与时俱进的，同时需要掌握即时信息和足够的经历相配合。需要合作伙伴分工协作，一个人的经历终究是有限的。

（二）正在使用的方法是错误的

战术的勤奋抵不过战略的正确。

1. 大众方法不足以成为赢家

比如大家可能会的和正在用的"基本分析""技术分析"都是小学算术，必须会，但对付不了高考。

2. 长线持股避免不了黑天鹅

重仓长线持股，必然避免不了黑天鹅和股灾，心灵考验甚至遭受人生最重大的失败不可避免。

3. A股的正确思维

在多数情况下混沌中追求局部阶段的确定性。盈利模式为王，波段为王，优势为王。

（三）有正确方法也需要勤奋配合

（1）有正确的方法也需要统计数据印证改进。

（2）需要勤奋地掌握即时重要信息和市场感觉。

（3）需要与强者互助结盟，增强效率。

二、专业人士常犯的细节错误

股市是多因一果的游戏，有时候有专业知识、顾虑过多，不中庸，过度追求某一因或者缺乏系统原则也会出现一些错误。

（一）需要解决犹豫不决的问题

1. 犹豫不决时，一定要避免不可接受的结局出现

股市里所谓的"正确"，不是精彩绝伦，只是不后悔。保留后续机会是职业生命必需的要求。

2. 市场中不存在完美机会

市场是不能完美的，总是存在众多因素，高位情绪昂奋、低位情绪恐惧是正常人难以改变的人性。

抓主要矛盾是操作的主趋势。

3. 分批折中行动是好习惯

顺应主趋势、主要矛盾、主要趋势的分批折中行动，一定要养成习惯。

（二）需要均衡灵便性和效率的问题

1. 灵便性是一把"双刃剑"

大资金的重仓，一定要事先考虑好出局情况。在跌势已经成定局时，大资金是无法出局的，所以一定要考虑好出局的足够时间和对冲手段。

2. 要有阶段恰当组合

（1）大小流通市值的事先备选组合，应付不同情况的出现。

（2）递进仓位和低吸高抛的组合，增强成本优势和成功率。

（3）对于确定性机会，要给予足够的时间和仓位以及注意力，并不受其他因素影响。

（三）需要解决万一失误的问题

（1）要留有足够的预备金，不轻易孤注一掷。

（2）要事先准备对冲手段，防止出现无法解决的困难。

（3）对于下限的考虑重于上限的考虑，事先的盈利模式和选股就不能出现万一。

第 14 篇
我的主要炒股工具使用说明

短线炒股的关键无外乎要解决两个问题：第一个是选择时机，解决这个问题需要设计一个适合于自己的选时和仓位控制系统，这个系统是硬性原则化的，必须要设计好并知行合一；第二个是选股需要选得准，选股选得准就必须要求我们勤快多选，但是目前市场已经有近 5000 只股，如果每天全部翻一遍，这个工作量是巨大的且耗费精力的，这就要求我们利用好选股工具来提高效率，好在现在许多软件和 App 已经设计了不少此类的选股工具，下面我就把我比较常用的选股工具罗列如下，并给出使用说明，希望能培训出几个股友，大家可以分工互助。

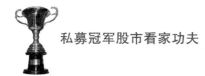

一、自选股工具

自选股工具我目前用的是"东方财富"App。

其主要应用功能有：

（1）每天查看自选股即时资讯。

（2）查看自选股的综合资料，特别是"大事提醒"。

（3）"全球期指"栏目可以在开盘前、收盘前查看美股期指和 A50 期指的情况。

二、形态选测

该工具我目前用的是"新浪财经"App、"同花顺"App、"通联萝卜投研"App。

其主要应用功能有：

（1）只能批量找寻你需要的 K 线形态品种。

（2）找寻短线牛股爆发前的 K 线形态品种。

（3）测试一个品种的当前形态的后续可能性。

三、中线爆破点

中线爆破点的查询，我主要是通过"东方财富电脑版"。

查找方式是：

（1）查看"资讯"历史。

（2）查看"公告"历史。

（3）查看"董秘问答"。

四、概念和风格

查看概念和风格我主要通过"银河海王星"查询。

"银河海王星"其他的常用工具还有：

（1）弹窗"即时异动"，可以作为强市中的选股用。

（2）"今日指标提示"，可以作为盘后选股用。

（3）用"资金驱动力"排名来评判自选股的短线潜力。

（4）用 MCST 指标查看个股的成本线以及活跃度。

五、其他工具备忘录

（1）查看炒作事件的工具我目前用的是"短线王"App。

（2）查询现金选择权、要约收购题材信息可参考"集思录"网站中"套利股"信息。

（3）查询个性题材进程可以参考沪深交易所网站行政审批栏目。

（4）查询重组上市停牌信息的可以参考中国证监会行政审批栏目。

（5）综合信息浏览可以用"财联社"App。

（6）股东追踪可用"开盘啦"App。

（7）快速特点选股可用"点掌财经"App。

六、最后说明

我用的都是这些 App 的免费功能，它们的收费栏目与我无关，我也不用。

第 15 篇
有限振幅时代的稳健炒股术

近几年的 A 股具有以下特征：

（1）市场规模持续扩大，大多数个股在多数时间振幅小，指数的振幅也是有限的。

（2）市场出现极端走势时，会有大机构的反向操作。

（3）个股的活跃与新闻消息、机构波段情绪联系很紧密。

（4）不选择时机的盲目重仓很容易陷入被动状态。

针对此环境，追求稳健低风险的大资金在操作上需要一些修正，我研究了这个系统化的立体炒股技术，下述内容仅供参考，并在工作上有所配合。

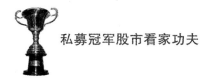

一、基本炒股概念

这套体系的选股思维与社会上的大众（包括资管业内人士）有着明显的不同，是有自己的独门考量的。

（一）股价的下跌下限幅度

1. 多数人的本能错误思维

根据分析交易数据，多数人不学自会的天性技术是追涨杀跌，即使是有一些刻意的思维调整，也是在追涨杀跌这个情绪盲动体系下的小调整。事实证明，这种情绪化的赌徒操作，偶尔也会获得一些大振幅的随机收益，但是概率极低，持续操作，最终结果是输钱，而且往往输得还比较多。

股市入门的最基本要求就是，去除多巴胺、去除情绪化，特别要克制极端行情的羊群效应情绪（大振幅的极端效应对情绪的乐观或者压抑引导），如果不解决这个问题，那么其他的技术问题则无从谈起，必然是久赌必输、久赌大输。

2. 独特的股价下限思维

我的选股思维第一条要求是股价波动的下限必须低，这个"低"必须是硬性的、有比较优势的、有制度化保证的、有后续组合资金改善的，在此基础上，再进一步研究题材、热度、活跃性、进攻性。

保证个股股价下限的主要手段有：

（1）进仓时点的大盘必须是安全的，处于规律性低位的。

（2）个股的基本面是低位的，技术面具有绝对和相对比较低位。

（3）防守时要求低市值化，进攻时要求流通性没有问题。

（4）盈利模式熟练化，投资品种的熟悉化，阶段市场波动规律的统计化。

（5）下限结果的组合中庸手段的硬逻辑化、组合化、预备化和反击手段。

（二）爆破点

1. 短线爆破点

（1）要对常规爆破点熟练化掌握。

（2）要对常规爆破点的有效性进行阶段统计。

（3）组合化的综合实战应用要形成习惯。

2. 中线爆破点

（1）中线爆破点应用要有力度的依据支持并且逻辑依据要硬。

（2）要与大盘背景及自己的即时目的（防守还是进攻）配合。

（3）每个阶段要有核心资产品种。

3. 潜在度

每个阶段也需要有技术性的组合，以提高资金效率。

主要从热点性、题材性、机构利益角度、概念时尚性综合考虑。

（三）反击容易度与锦上添花

（1）反击容易度主要从绝对低价、绝对市值和基本面上考虑。

（2）锦上添花主要从成本、流通性和题材热度硬度上考虑，要留有退出时间和反复操作的时间。

（四）猎庄思维

这里的猎庄思维主要是：

（1）强市大股东思维。

（2）新入驻的大股东思维。

（3）强机构被套思维。

（4）活跃规律的机构思维。

（五）防守反击

（1）组合性的不同品种的短线低吸高抛。

（2）核心单一品种的短线低吸高抛结合中线成本的摊低。

（3）后续资金的预备队充裕思维。

二、稳健控制回撤的常规手段

（一）绝对化的大盘安全度

特别是箱体思维和中线波段低吸高抛思维。

（二）绝对化的个股下限保证

绝对低价、基本面低点、相对比较低价、成本优势。

（三）组合化的短线思维

核心资产要有双向性的摊低成本手段的可操作保证。

组合资产要形成不同品种（如十个品种左右）的短线车轮替换。

（四）敏感时间要果断

敏感时间能退出尽量退出，不能退出要尽量用期指对冲。

三、持股稳利和偶尔跳跃的暴利

（一）稳利的产生

（1）组合品种的低点上的振幅。

（2）大盘安全时的强市技术性的高概率。

（3）有效的短线爆破点操作。

（4）大资金的双轨优势。

（5）无风险套利。

（6）阶段热点组合。

（二）暴利的产生

（1）核心资产的中线赌注爆破点爆破。

（2）核心品种的技术性主升段。

（3）合适时机成熟盈利模式的重仓。

第 16 篇
大盘平稳时期的超短活跃股研判

　　如今的 A 股市场股票数越来越多，在大盘平稳时，只有少数股票呈现出短线机会，且波动幅度明显较以往要小很多。而大盘处于平稳的时间（包括阶段区间小波动振幅）又比较长，要想取得较高的年化收益率，必须要加大结构化个股超短线的研究，并把握住其中一些相对容易的机会。

　　下面，我们一起来研究一下结构化超短机会的研判和实战把握技术。

一、股价短线波动的原理

（一）买卖力量差

股票短线的活跃是由买卖力量差造成的，出现买卖力量差的最重要原因是集中性的买卖盘出现，造成的短线急涨急跌。

这种短线急涨急跌，常常分为以下几种表现形式：

（1）偶尔的随机行为。

（2）引发反馈的连续行为。

（3）受到大盘系统趋势影响的波段趋势。

（二）造成买卖力量差的常见因素

1. 消息题材

新闻消息题材是最常见的引起群体情绪共振的因素，进而引发机构大户的利用，并可能进一步出现情绪阶段共振。

研判即时短线消息（公告）的刺激力度（包括历史统计和情绪感觉）和事先预判即将出现的短线消息（公告）是短线操作者必须重视的工作。

2. 机构大户的买卖

市场是存在机构大户的，由于资金量大，它们的买卖通常具有持续性，无论是建仓性质的还是后续主动拉抬性质的，都会造成股价的短线波动。

因而研究机构大户的活动规律、习惯、状态、目的，也是短线投资者必须重视的工作课题。

3. 异动后的认可反馈

市场本身存在大量的短线投资者，他们的情绪共振也是导致股价短线涨跌的重要力量，他们的行为是根据盘面异动来进行反馈跟随。

因此，研究短线投机群体的认可反馈技术和心理，并提前加以利用，也是一项比较有效的实用技术。

二、传统技术性波动短差机会

（一）技术性下跌造成的机会

由于大盘是阶段平稳的，做短线的策略就应该是低吸高抛，在大盘技术性下跌调整中买进个股，在大盘技术性上涨、随机上涨中卖出个股。

具体的有效行为有：

1. 小市值个股的大胆诱惑性低挂

大单低价批发买，小单零售逢高卖。

2. 低位量能放大后的回调

K 线首次量能放大后，受大盘影响股价下调时量能不减，再次量价关系走强时就可以出击。

3. 连续小碎阳维持 K 线

连续小碎阳维持 K 线股或者低位小平台强硬维持股，在大盘技术性调整结束后容易出现大阳线。

（二）有效短线爆破点造成的机会

（1）有效爆破点的预判。

（2）社会消息面的预判。

（3）历史消息的二踢脚回想预判。

（三）大机构活跃规律造成的机会

1. 平准机构的活跃规律

要找出阶段大市值指数权重股的最活跃代表，要分析沪深 ETF 基金的价量关系。

2. 游资机构的活跃规律

要根据已经出现的黑马股，统计并找出其启动前的各种迹象。

3. 量能兴奋期的个股短线机会

阳多阴少、涨易跌难的处于量能兴奋期的个股，找出其波动技术性低点。要经常跟踪并熟悉这个类型的个股，观察时间久了，就会产生熟能生巧的感觉。

三、个股盘面异动性短线机会

（一）开盘异动

开盘集合竞价，明显高开且量能相对大（相比流通盘子）的股，可以继续关注盘中持续的买卖力量对比。

观察时间长了，对于短线好坏股就会有印象。

（二）盘中异动

这里的盘中异动主要是指：量比指标，即时成交窗口提示，涨速异动。然后用万能公式衡量符合条件的，在盘中观察买卖力量的持续情况。

（三）尾盘异动

主要是观察尾盘集合竞价，买卖盘挂单的力量情况、力量对比，强于大盘提升股价的是短线好股，相反情况是短线坏股。

（四）消息异动

（1）该涨不涨，理应看跌；该跌不跌，理应看涨。

（2）遇见消息，快速超越反应是短线好股；呆若木鸡是短线坏股。

（3）板块异动中，领头的是好股，顺时涨得快，逆时也相对抗跌。

（4）同一个消息对一只个股的影响，参考历史表现是不错的方法。

第 17 篇
涨妖股的基因有哪些?

抓住大涨的妖股是每个股市短线爱好者的愿望，而真正的职业短线投资者则是把稳健盈利与妖股基因结合起来考虑的，前面我们已经总结了许多大概率稳健盈利的思维和技巧，今天我们再来分析一下近期出现的妖股，统计妖股的惯常基因，加强大概率稳健盈利模式的进攻性。

一、历史股性

有一些股票有历史性的妖股基因，有一些固定的大机构习惯性偏好操作某只特定股票，每当这只股的股价回归到合适的价位，就会出现一波比较大的强硬妖股行情。

发现具有这样基因的股的方法是，经常翻看所有股票的 K 线图，有时会发现，有些股票是有这样的习惯性基因的，它们多次出现类似的大涨幅走势，对于这样的股我们需要熟悉记忆，当它们的股价在低位（基本面没有恶

化）时，可以少量吸纳当成游戏赌注股持有，一旦出现低位强势，可以再追
击一些。

与这个妖股基因类似的情况还有，有一些股还有其他基因，比如每年都
会第一批公布年报，经常在大跌后活跃，市场一明显转强就立刻走势强硬，
对于这些股性基因，我们都需要熟悉并建立个股波动规律档案记录。

二、悍庄风格

在二级市场上，有一些常规职业机构是有固定盈利模式的，这些固定盈
利模式可能是：

（1）二级市场结合资产重组，股价停牌后连板涨。

（2）中长线做业绩成长，股价独立于大盘走势持续大涨幅上升通道。

（3）专门做强势次新金融股，股价明显波段强硬。

这些机构是有实战操作风格的，我们也需要熟悉并建立档案记录，必要
时给予小仓位伏击。

三、重大题材叠加优秀基本面

一些个股如果基本面能够为大户机构认可，又存在重大题材，一旦股价
走强，非常容易形成常规机构（有最低持仓限制）的正反馈持续涨势，即使
在市场不佳的时间，也可能出现抱团取暖的现象。

对于这种大市值或者价格较高的蓝筹股，一旦出现机会时我们也需要接
受和顺应市场规律操作。之所以说这句话，是因为许多喜欢投机的股友，对
于这种机会有习惯性抵触心理，他们的思维已经固化到小市值股、低价股上
面了。

四、低价小市值叠加重大题材

这种类型的股是妖股出现的最大频率群体。

参与这类股的操作注意点是：

（1）基本面往往一般，甚至有一些缺点（不是致命的），对于这些我们
应该接受，不能有基本面歧视病，一些过分注重基本面情况的学院派人士操

作这类股是有心理障碍的。

（2）这类股最好是壳股，有过卖壳和资产重组的前科和种种信息征兆。

（3）最好是没有公募基金重仓，因为公募基金多数不认可这种模式，一些游资也不敢做这类有公募基金重仓的股票。

（4）这类股不应该在弱市中提前重仓，应该是在看见潜在题材或者股价已经连续异动后再分析清楚后介入。

五、基本面极差变为很好

有句话说，好人变成佛，要经历九九八十一难，难上加难；而坏人变成佛，只需要放下屠刀即可。在股市中有类似现象，坏股的基本面一旦转好，往往股价反应比较剧烈。

六、首次震撼题材

如果市场出现一个首次震撼的题材。直接受益的股一定要想法介入，适当地追高也是可以考虑的，但不能过分追高，怎样区分适当和过分，则需要查看、熟悉、比较类似股的历史 K 线。

另外，A 股有炒新的习惯。遇到新鲜品种一定要注意，如果基本面定价不离谱就可以直接适当参与，如果开盘定价过高，则需要在价格回档到位后介入。

七、超跌重套遇上题材

股市是周期运行的，涨多则跌，跌多则涨。

一赢二平七亏的股谚适用于一切群体，也适用于机构大户，市场一旦出现连续大跌，机构大户由于进出操作不灵便更容易被套。

因此，在每轮市场出现大跌之后，分析哪些股有机构被重套，而这些机构又有后续资金，是我们最重要的获得超额利润的机会。

需要注意的是，分析这类机会，除了冷门的品种，有些前期热门的板块也是可以关注的，不能熟视无睹，这也是一些股友的通病。

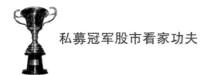

八、借壳上市

借壳上市永远是股市中最精彩的游戏。

九、螺旋桨上升通道

螺旋桨K线显示这只股的筹码集中度高以及机构对于现价的维持比较注意，一旦这类股走强，往往具有爆发性，一些机构也会将其作为创造热门题材。

对于低位的这类股，可以短线结合中线操作。

十、妖股的操作注意点

对于潜在妖股的操作：

（一）要有熟悉的盈利模式和档案

最好做到熟悉与心中有数，切忌对陌生高位股过分追高，那样很容易因为宽幅震荡和心态问题出现失误。

（二）要有赌注股模式

要把大涨幅股的捕捉作为盈利模式组合之一，中短线结合操作。

（三）要灵活注意节奏

在大盘高位或者下降趋势中，活跃股杀起股价来更为凶狠，此时空仓更好，千万不要因为个股品种的执迷持有而赔大钱。

在大盘出现较大跌幅后股价较低，但是人们的持股心态不稳，低位余震也比较多，此时要留一份耐心。

这两点你此刻阅读时可能感觉不到什么，但是身临其境时是非常容易出现贪婪、恐惧的心态并进一步犯错的，一定要注意。

第18篇
实战操作规范与职业习惯

股市投资有几大忌讳：情绪、冲动、随意、极端，它们是投资者实现盈利的天敌，为了职业生存并持续稳定地获得满意年化收益率，我们必须为自己设定恰当的实战操作规范并进一步形成本能性的职业习惯。操作规范必须是客观的，要同时适应市场和自己的能力，然而知识规范并不是生产力，因为决定我们行为的是习惯而不是知识，所以我们必须把这些规范强制融入血液里形成行为本能反应。

下面，我就把我自己的实战操作规范在这里备忘一下，供股友们在建立自己的实战规范时作为参考借鉴，也请股友们指正和提出改进意见。

一、操作计划

实战中，必须有一个宏观框架，在这个宏观框架指导下进行具体的落实行为。

我们在每个时间段里都必须评估分析市场的主题任务、主要趋势、主要情绪，我们的操作计划需要服从、顺势、应对这些主要矛盾。

阶段市场的特征有下列五个，相对应的都有常规的应对规范、计划原则。

（一）强势市场

（1）关键因素。强市的驱动力是什么？历史统计运行规律是什么？结束的征兆是怎样的？要统计分析清楚，要回顾比较历史，要注意最新敏感信息。

（2）操作规范。两三个核心品种+阶段短线多品种组合，长多短空。

最低仓位为 50%~80%，20% 的仓位为意外预备队（常见意外是大跌，或者又有新机会，或者核心品种处于强势期）。

核心品种为有中线爆破点（题材）的重仓品种，主动性的低吸高抛结合中线持仓。

组合品种为短线技术性和短线题材爆破点选股，选股主要根据量能、贴近均线和题材点，根据个股的均线乖离度、大盘的短线高低和核心品种是否需要决定短线仓位买卖。

（二）弱势市场

（1）关键因素。弱市的驱动力是什么？历史统计运行的规律是什么？结束的征兆是什么？要分析清楚，要回顾比较历史，要注意最新敏感信息。

（2）操作规范。不轻易持仓，或者做空期指。

（三）极端市场

（1）关键因素。极端市场的政策信号是什么？历史统计运行规律是什么？

（2）操作规范。都要准备股指期货的反向操作。

高位极端要轻仓操作，短线操作，注意流动性。

低位极端要有控制分批进入（千万不能轻易过早重仓），注意主动反击能力。

（四）阶段平衡市场

（1）关键因素。平衡性质的判断，后续的主题爆破点判断。

（2）操作规范。弱平衡市不操作也可以，或者轻仓操作少量短线品种。

强平衡市的操作原则同下面的平准箱体震荡市场。

（五）平准箱体震荡市场

（1）关键因素。分析判断出箱体的上下沿、目前的趋势特征、上下沿的反向动力品种。

（2）操作规范。

1）两核心品种+一两个短线品种，根据箱体上下沿控制仓位。

最低仓位为30%~60%，40%的仓位为意外预备队（常见意外是大跌处于下沿的机会期，或者又有新机会，或者核心品种处于强势期）。

核心品种为有中线爆破点（题材）的重仓品种，主动性的低吸高抛结合中线持仓。

短线品种为短线技术性和短线题材爆破点选股，选股主要根据量能、贴近均线和题材点，根据个股的均线乖离度短线仓位买卖。

2）确定阶段的主要机会。

①中线爆破点。

②有效短线爆破点。

③大盘和个股的双仓技术量价关系。

④大盘低点的热点题材低位股。

3）出错评估和纠错措施。

①系统风险。无论什么股，无条件清零避险。

行动点要注意均线破位和均线压力。

②个股风险。根据爆破点决定进出。

综合考虑量价活跃度、均线状态、经典技术指标和个人把握度决定进出。

二、行为习惯

（一）总原则

花氏万能选测股＝大盘＋题材＋主力＋MCST 应用＋MACD 转折点＋K 线逻辑行动点＋心理障碍。

（二）行动前的评估

最好是熟悉的品种，自选榜跟踪过一段时间的品种，临时起意品种容易出错。

如果是临时起意品种，需要实现快速进行技术性和题材性审查。

1. 技术性审查

（1）K 线大型态高低位的审查。

（2）常见技术指标 MCST、MACD、KDJ 的审查。

2. 题材性审查

（1）负爆破点的审查。

（2）基本面趋势的审查。

（3）压制股价因素的审查。

（三）中庸组合性习惯

（1）同一个机会需要品种的仓位组合。

（2）同一个品种需要买点的组合并尽可能探底成本。

（3）不能让微末机会冲击核心机会。

（4）要用条件打分比较制来选股。

（5）要用结果可接受性来决定仓位，不能让不可接受性出现。

（6）在考虑股价效率的同时一定要考虑股价的下限，这点是许多人最容易忽视的。

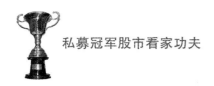

第 19 篇
股市实战能力的综合体现

股海搏击需要将理论与实践相结合，理论指导实践，实践修正改进理论，理论首先来自实践，是实践经验的概括和总结、提炼和升华。实践也需要理论的指导和引领，没有理论指导的实践容易情绪化、随意化。理论正确与否也需要通过实践来进行检验。理论发展也需要实践促进，实践在理论引领下会逐渐规范并有先知感觉。

股市的实战能力是一种综合体现，不仅仅是某一方面的优势，股市实战能力大体上可归为以下六种：丰富的知识经验、适合于自己的分析方法、明智而成体系的操作策略、健康稳定的身心、完善的资金管理习惯、有效的应变措施反应。

下面，我就股市实战技术做个细节化的总结。

一、扩大收益与进攻

（一）进攻的时机

进攻时必须考虑退出的可能性和形式，实施进攻操作后一旦出现意外系统风险，手中的筹码处于千万不能不情愿的失控状态。

（二）进攻的常见方式

（1）超跌后实施进攻。

（2）高量能"博傻"方式的进攻性。

（3）有效爆破点的配合进攻。

（4）个股活跃主力和规律走势的进攻性。

（5）常规主力集团的习惯攻击性。

（6）重仓中线题材极品股的攻击性。

（三）进攻的哲理

（1）进攻品种要防止双向振幅，这是许多投资者常犯的选股错误。

（2）进攻品种的下跌下限很重要，最理想的情况是有现金选择权或者面值的保护。

（3）重仓进攻的品种一定要熟悉，不能出现明显的基本面问题。

（4）进攻一定要留足预备队。

二、低回撤和防守

（一）防守不能影响进攻力

防守不能影响进攻力，有些股友常犯的错误是防范风险过度，影响攻击力。股海作战，既要防止"左"，也要防止"右"。

（二）须有先头部队作为行动标杆

对于优秀品种，可以建立先头部队，然后以此为参考，逐渐加大仓位。没有第一次仓位，就很容易产生洁癖，难以下手，容易漏掉或者扩大心理犹豫性，但也要防止建仓过快。

（三）常规的进攻目标

常规的进攻目标应该是中线题材股或者是基本面稳定的低位中低市值股。

（四）平衡市利润不能要求太高

在平衡市中，要有中线持仓结合短线低吸高抛摊低成本的意识，积小胜复利，低回撤，持续增长，偶尔跳跃。

三、流动性的问题

（一）核心品种

中大市值的核心品种一阶段只能有一只，股价下限的中大市值股不能数量太多或者仓位过重。

（二）中小品种的组合

如果没有合适的中大市值品种，则需要建立数个小品种的组合品种核心。

（三）建立多维双向操作思路

既要考虑大盘变坏后的即时退出问题，也要考虑好大盘突然转强时的进攻速度。

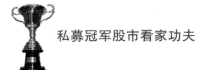

四、潜力股信息源

（一）需要组合互助

一个人的精力终究是有限的，要与一批有潜力的股友建立信息互换的互助关系。

（二）需要勤快

经常翻股票，不但能发现新的机会源，还能增强盘感。但是这种翻股票是有理论指导的、有目的的、有规律统计的，不能是传统的技术分析感觉。

（三）需要跟踪熟悉

最重要的股票是熟悉的，不能刚发现没有经过全面了解就仓促重仓，随机性操作一旦出现问题对心态影响还是比较大的。

五、行动组合与中庸

（一）一定要稳健

基金事业一定要符合社会规范与机构思维，不能受外行的高要求影响。

（二）留有余力保持优雅

有反击的力量在，就不至于出现情绪问题。

（三）最佳机会出现时适当凶猛

最佳机会指的是：

（1）现金选择权（高概率实施）。

（2）大盘极度超跌（股灾出现）。

（3）中级行情的明确（连续价涨量增）。

（4）低位的突出题材（最恐怖时刻的最强逻辑）。

第 20 篇
常见市场异动现象规律性总结

A股的职业套利技术主要分为两个层面：行情的周期结构化波动形式分析和市场异动的响应应对。

这是实战的最新独门总结，一定要认识和应用，也是我们近几年实战的理论纲领指导，非常重要，事关成败。下面我们就来总结一下这个理论。

一、行情的周期结构化波动形式

行情的周期结构化波动形式主要有以下几种：

（一）箱体震荡平准形式

1. 经典表现形式

箱体区间上下震荡波动，如 2020 年下半年的沪市指数。

2. 实战对策

（1）箱顶轻仓，箱底轻仓。

（2）主要机会为：箱底平准股，技术低位的赛道股，中线爆破点股，短线爆破点股。

（二）中级行情形式

1. 经典表现形式

大盘大跌后的大盘指数恢复上涨模式或者造势行情，如 2020 年 3 月 20 日至 7 月 9 日阶段的行情。

2. 实战对策

（1）低位胆子要大一些，要注意高位的减仓。

（2）主要机会为：超跌股，最新活跃受打击的股，中线爆破点股，短线爆破点股。

（三）下跌冲击形式

1. 经典表现形式

受利空冲击的下跌走势，如 2021 年 12 月中旬至 2022 年 4 月底的行情。

2. 实战对策

（1）尽量空仓和抓住做空机会。

（2）根据历史走势，在低点分批建仓并保持耐心。

（四）弱平衡形式

1. 经典表现形式

低成交量，指数震荡缓跌。如 2019 年 9 月中旬至 12 月中旬的行情。

2. 实战对策

（1）小市值极品股中线持有结合短线低吸高抛，或者以低风险品为主，适当做期指。

（2）不做不算错，轻仓不错算。

二、市场异动的响应应对

在了解了大盘的经典波动形势后，一些形式初期的经典异动，我们也必须熟悉。

（一）大盘的异动

1. 积极异动

（1）底部异动形式主要是十字星或者大阳吞阴，经典例子有 2022 年 4 月 27 日、2020 年 3 月 24 日、2020 年 2 月 4 日、2019 年 8 月 6 日。

（2）中级行情启动形式主要是金融板块的集体超强走势，经典例子有 2020 年 7 月 10 日。

（3）箱体底部的确认形式主要是阶段箱体平准股的强势。

2. 消极异动

（1）箱体上沿的负连续、破 10 日均线、阴吞阳。

（2）中级行情后的首次大阴、坏消息、跌破 30 日均线。

（3）下跌横盘中继，当 30 日均线压下来的时候是危险时刻。

（二）消息的异动

1. 积极消息

（1）连续大跌后的强硬救市消息（要区分安慰性的消息）。

（2）能引起板块强烈欲望的消息。

（3）连续大跌后的利空消息。

（4）需要造势的利于融资的消息。

2. 消极消息

（1）小利好的高开低走是危险信号。

（2）不疼不痒的就是利好后的，继续下跌是危险信号。

（3）实质性利空又导致大盘初始大跌，要格外警惕。

（4）中级行情后的利空要格外警惕，中级行情可能直接结束，大牛市可能还会有反复。

第 21 篇
常见个股异动的规律研究总结

股价大涨或者大跌前都会有一些量价关系异动征兆，熟悉这种征兆并及时采取措施，无疑将增大我们单次操作的收益，持续下来年化收益率也会出现非常大的不同。熟悉和利用个股异动现象是最重要的短线投机技术，也是很少人注意和掌握的稀有技术，今天我们就来总结一下个股异动的常见征兆。

一、股价大涨前的异动征兆

（一）大盘上涨时的情况

1. 低位高开后直冲涨停

2022 年 5 月 13 日，中通客车受新能源汽车利好刺激，开盘后直接冲上涨停，后面出现连续的大涨幅。

2. 新股连续涨停后的高开直冲涨停

2022 年 6 月 21 日，铖昌科技新股上市连续涨停后，高开直冲涨停，后面又连续上涨 4 天。

3. 连续微强小阳的连续两日价涨量增

2022 年 6 月 29 日，科信技术连续微微放量的小阳线后连续两日价涨量增，随后出现连续的波段大涨行情。

（二）大盘下跌时的情况

1. 大牛股经受打击后高开冲击涨停

2022 年 2 月 7 日，浙江建设受基建利好刺激，开盘后直接冲上涨停，后面出现连续的大涨幅。

2022 年 3 月 21 日至 4 月 25 日期间经历大盘大跌打击，4 月 26 日高开后

私募冠军股市看家功夫

冲击涨停，后面出现创新高的连续涨停。

类似的情况还有2022年5月5日的农发种业，4月29日的岱勒新材。

2. 初步强势受打击后的再度强势

2022年6月23日，宝馨科技前期先走强一波，然后受到大盘下跌打击，两天快速回跌15%左右，再度高开后冲击涨停，随后出现连续上涨行情。

类似的情况还有2022年4月25日的新华制药。

3. 大盘波段见底时的第一个涨停

2022年4月27日，此前大盘连续大跌，石英股份的股价也受到影响跟随性下跌，这天大盘见底大阳吞阴，石英股份出现了低开后单边上涨的涨停，此后出现单边长时间上涨行情。

（三）大盘平衡时的情况

1. 一浪高于一浪地上涨

2022年7月4日，合富中国平开后一浪高于一浪地上涨，上午封上涨停板，第二天高开。

2. 强势平台后的再次上涨

2022年5月24日，宏柏新材实现四根强势阳线上涨后进行横盘，然后再次走出较大的涨幅行情。

3. 大盘股单日两次封涨停

2022年6月8日，光大证券在没有明显消息（但有注册制预期）的作用下，开盘后超强势上攻并冲上涨停板，然后涨停被炸开，下午第二次封死涨停，第二天继续高开冲涨停，随后出现了较大涨幅，并且带动了证券板块的集体上涨。

二、股价的随机异动

股价的随机性上涨，经常是大涨一天后就陷入长时间的调整过程中。

（一）出利好的短线上涨

出利好后没有涨停，盘中也没有连续强硬大单波浪上攻，盘中走势受大盘走势影响，那么大概率是一天的强势，其后又变成跟随大盘和技术指标的走势。

230

（二）跟随大盘大涨的随机大涨

如果某一天大盘大涨，某只股出现了未涨停形式的大涨，第二天走势一般，那么这种情况也很可能是一天性的随机大涨。

（三）第二日失望

个股出现了原因不明的大涨，只要第二天、第三天走势偏弱，那么这个单日大涨大概率是随机性的，如果是连续强势，第二天在大盘平盘的情况下，跌幅不能超过2%，第二天尾市也不能太弱。

三、股价大跌前的异动征兆

（一）大盘上涨时的情况

1. 大盘波段性的顶部

大盘出现中级行情（不是中线超跌后的反弹），一定会有一个阶段顶部，这个阶段性顶部形成后有系统性杀伤力。

2. 个股的波段乖离

个股出现了强势上涨，如果没有明显的基本面抬升底部的支持，当股价出现均线高位乖离时，多数股票会调整靠近均线。

3. 利好出尽

一只个股出现连续涨幅后，一旦出现利好兑现的情况，要防止利好兑现后的大跌情况出现。

（二）大盘下跌时的情况

1. 大盘的阶段性高点

如果是箱体平衡振荡市，要注意箱顶位置附近的系统性下跌。

2. 利空刺激性初跌

比较大的利空，可能会导致大盘出现波段性的连续大跌。

3. 中途敏感点下跌

指数下跌途中，可能会有反弹或者横盘整理，一旦30日均线压下来时，要注意可能出现再次的连续下跌。

（三）大盘平衡时的情况

1. 波段性顶部

在大盘平衡市中，可能会有热点强势板块，这些强势板块也会有波段强势高点，要特别防止被最后的连续强势骗进去。

2. 中线利空

如果板块或者个股出现基本面利空，这个影响可能会是较长时间波段性的，不能执迷持有或者过早关注。

3. 防止虹吸现象

如果大盘平衡市中，有新强势板块出现（特别是大盘股），对非热点形成了虹吸现象，这种被虹吸的个股也会有阶段的弱势表现，应该采取对应措施。

第 22 篇
中线波段操作要领和技巧

在大盘相对平稳的情况下，中线波段操作是重要的实战手段。然而，中线波段操作做起来容易，要想做好，同时把短线波动和中线波动的收益相对把握住，同时又把一些明显的风险控制住，不是那么容易的。

下面我就把中线波段操作的要领和技巧总结一下，以尽可能地把其操作的优势尽多地留存，把其缺点尽多地抑制。

一、中线波段的选股

（一）中线爆破点选股法

中线爆破点选股法是最重要的中线选股法，选择的股票必须要具有一个比较有爆发力并明确的中线题材。

1. 常见的中线爆破点选股法

（1）中线有重大重组征兆和线索的（通过个股的历史信息查询）。

（2）中线有重大明确社会制度题材的（通过重大社会事件、新闻展望）。

（3）中线有基本面持续明确改善趋势的（通过政策倾向和专业机构研究挖掘）。

2. 实战要领

（1）在大盘性对底部建重仓（核心仓位）并做好加仓（逢低和股价技术启动）的准备。

（2）在箱体的中低位时要将中线持股与短线技术性低吸高抛相结合，并比较不同品种的潜力，打分更换持仓品种。

（3）在箱体顶部或者下行趋势时要尽可能地降低仓位或者进行期指保护。

（二）大主力角度选股法

大主力角度选股法也是一个重要的中线选股法，选择的股票必须是有大主力活跃且有网上操作的动力。

1. 常见的大主力角度选股法

（1）大主力重套选股法（在大盘低位时多注意 MCST 线股）。

（2）明显的活跃股（有固定大主力定向注意的个股）。

（3）大主力群体阶段的偏好股。

2. 实战要领

（1）在大盘的低位这个方法选择的股是重要组合。

（2）要结合技术指标进行操作。

（3）中线波段组合关注，短线中线结合实战。

（三）成长小市值选股法

基本面安全的小市值股相对股价活跃，更容易做出短线差价，一旦遇到题材热点刺激，容易出现意外超额利润，也是中线的选股思路之一。

1. 常见的小市值选股法

（1）绝对成交金额低的小市值股（年报、中报期间容易送转）。

（2）低价成交金额低的小市值股（一旦活跃容易涨幅大）。

（3）大股东实力强的小市值股（如果大股东有未上市的优质资产更好）。

2. 实战要领

（1）在大盘中低位的低点想买股票但对大盘又有担心时，优先买小市值股，由于进出不灵便有利于控制仓位和抗跌。

（2）在大盘相对高位尽量少持有小市值股，防止系统风险来临时跑不掉。

（3）在前两种选股法持有的个股表现沉闷时，可以选择相对活跃的小市值股操作，以平衡心态。

二、中线波段的行动时机和仓位控制

（一）箱底的仓位和行动

（1）箱底时注意金融平准股的短线机会。

（2）注意中线爆破点股的中线机会。

（3）注意中低价股小市值短线爆破点股的机会。

（4）即时策略是重视超跌、分批、组合。

（5）在底部状态初步明朗时，市场和人的心态还是消极的，此时应有中线稳定思维，短线实战可以积极激进一些。

（二）箱体中底部的仓位和行动

（1）持续的短线爆破点操作。

（2）中线股低吸高抛结合持仓。

（3）中低价小市值股可以心态积极一些。

（4）对于开始趋热的机构赛道股也可适当短线把握。

（5）仓位可以重一点。

（三）箱体高位与下行趋势的仓位与行动

（1）不做不算错，要做只能是小仓位的低位螺旋桨股。

（2）股指期货可以适当做空。

（3）中线关注股也需要保持足够的耐心。

（4）高位时市场和心态容易亢奋，不能被其所获，变盘必须要有消息和量能的配合。

（5）非大箱体底部（局部小箱体底部）趋稳时，应注意低位小市值股并要控制仓位。

三、中线波段的必要补充手段

（一）短线的努力和补充

做中线股必须要有短线的中庸平滑把握，否则容易坐"电梯"。

（二）预备队的作用

留有余力保持优雅，有预备队就会保持良好的心态。

（三）风险的对冲和锁定阶段利润

所有的操作努力应围绕着这些结果：

（1）市值持续增长。

（2）低回撤。

（3）成本摊低。

第23篇
箱体平准时代的猎庄术

机构为了赚散户钱，不断地在研究散户心理和行为学，我们散户不妨反过来，把自己当成机构投资者，也来研究一下机构的心理和行为学，这样才能在这个充满陷阱、欺诈、骗术和谣言四起的市场里立于不败之地。

一、分析和破解主力机构的动机

（一）主力机构的常见动机

（1）常规主力的建仓和盈利拓展。

（2）常规主力的为解套努力。

（3）题材主力的热点爆破。

（4）为融资而进行的短线爆破。

（5）重仓股的拉高出货行为。

（二）主力机构的即时活跃性

（1）主力已经沦为呆滞状态。

（2）主力在等待大盘的适当时机。

（3）主力处于热络活跃状态。

（4）主力对当前股价无法忍受、奋起反击。

（5）主力进行箱体低吸高抛。

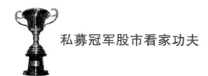

二、猎庄最重要的因素是成本和时机

猎庄必须有针对性。

（一）成本与股价状态

（1）股价高于机构成本时，外盘大跌容易导致机构出货。

（2）股价从高位回落到机构成本时，容易受到支撑并出现抵抗。

（3）股价从高位无抵抗地跌落到成本线下方，代表机构已经没有余力。

（4）股价在成本线下方随机波动时，意味着机构处于呆滞昏迷期。

（5）股价在远低于成本线下方连续价涨量增时意味着股价活跃并有机会，越强机会越大。

（6）股价从成本线下方涨到成本线时（或者短线快速越过），会面临解套盘的涌出压力。

（7）股价从成本线下方贴近成本线波动并强于大盘时，代表着机构强力建仓吸货。

（8）股价在成本线上方活跃时，短线技术指标的预示比较准。

（9）股价远高于成本线并加速时，意味着最后的疯狂来临，价格最高点也即将来临。

（二）时机的把握

（1）活跃期的技术指标低点。

（2）低位期的价涨量增。

（3）题材爆破点临近的时点。

（4）股价与大盘的低点双击。

（5）股价与大盘的活跃性双击。

三、主力动作习惯与大盘的关系

常见的主力机构习惯有：

（1）顺大盘节奏或者强于大盘节奏。

（2）慢于大盘一个节奏。

（3）大顺势小逆势节奏。

（4）大爆破点独立节奏。

（5）独立单边节奏（区分成正负两种）。

（6）箱体震荡活跃节奏。

（7）低迷呆滞节奏。

四、智斗庄家的"三十六计"

要发现主力机构对买卖盘的反应态势并顺应操作。

（1）有的庄股发现买盘就上拉股价，这样可以在大盘好时顺势帮忙。

（2）有的庄股发现买盘就会出一些筹码（可能是留有余力或者出货难度大），对于小市值筹码集中股，可以在较低价位挂大盘承接。

（3）大盘处于低位回暖时，低位呆滞庄股遇见大买盘时可能会苏醒拉升股价。

（4）对于慢一拍的庄股可自选跟踪根据大盘操作，更具有效力。

（5）有的庄股喜欢在买盘挂大盘，可以尾盘大单买进，次日逢高出局套利。

（6）对于顺大势逆小势的个股可以把握大盘技术性调整的时机。

（7）对于板块活跃股或者赛道活跃股，可以用技术低点分批介入操作法。

（8）对于中线爆破点股，也要结合大盘中短线操作。

（9）对于活跃规律股、风格突出股要适当进行针对性的伏击。

第 24 篇
股价涨跌的原理研究

股票价格的涨跌，长期来说是由上市公司为股东创造的利润（价值）决定的，而短期是由供求关系决定的，影响供求关系的因素则包括人们对该公司的盈利预期、大户的人为炒作、市场资金的多少、消息面情绪性因素等。

下面我们就来一起研究一下股价涨跌的原理：

一、股价涨跌的宏观原理

（一）供求关系是决定因素

（1）供求关系决定价格。供大于求，价格下跌；供小于求，价格上涨。

（2）股市中阶段的货币资金增量与筹码增量比决定股市阶段性的涨跌。

（3）价值也能决定股价涨跌。一方面经济形势的好坏决定上市公司的价值，另一方面其他经济领域的机会情况好坏与股市阶段机会好坏有资金竞争关系。

（二）决定股价的上下限因素

（1）上市公司的基本面（持续分红率满意度）决定股价的下限。

（2）股票的资金面强弱（"博傻"疯狂度）决定股价的上限。

（三）预期、趋势和反馈

（1）超预期常常能引起买卖行动。

（2）持续的趋势会引起反馈效应。

（3）极端一致看法要么引起成交困难，要么引起趋势的极端衰竭。

（四）制度和志愿买单者

（1）面值与现金选择权是价格的最终结果，但是这个最终结果需要有志愿买单者，志愿买单者一定是有其他利益需求。

（2）融资是有定价的，吃小亏占大便宜是资本市场中常见的游戏。

（3）股票市场的定价相比实业来说是有杠杆倍数的，这就是市盈率，在公司业绩上的努力将可能会获得资本市场上的超额收益，这就是资产重组与借壳上市的魅力。

（五）错觉与虹吸现象

（1）大盘指数的涨跌能直接影响投资者持股与买卖的情绪。

（2）大盘指数的编制是有规则和个股权重的。

（3）在资金平衡的阶段，强势板块的强势情绪出现会引起弱势板块的被虹吸现象。

（4）追涨杀跌是大多数股民不可克服的天性。

二、股价的即时涨跌

（一）股价的短线涨跌

（1）单位时间买卖力量的失衡，导致股价涨跌。

（2）由于人们注意力原因，开盘时间与收盘时间股价最容易被操控，因此这个时间也是最容易被监管层监管的时间。

（3）由于机构大户的资金量原因，小市值个股更容易被操控，也更容易活跃。

（4）绝大多数个股的涨跌会受到大盘的影响。

（二）股价的阶段定位

（1）股价持续一段时间稳定并经历了大盘小跌幅（3%）的考验，就说明已经基本定位。但是这个基本定位会接受大盘较大跌幅引导。

（2）抗跌抗涨的股票一旦补跌，补跌补涨力度与前期的抗涨抗跌力度成正比。

（3）单一机构的筹码集中度最容易引起股价走势的独立性和规律性。

（4）涨跌的冷热是有大周期的，要注意大周期的极端转势时间。

（三）资金的意义

（1）机构与散户的实战操作各有优势劣势。机构的优势是有力量，劣势是进出不灵便；散户的优势是进出灵便，但综合资源差。

（2）机构需要被迫组合操作和中线持有，散户可以精研短线技术。

（3）如果交易存在通道门槛，这个门槛又有优势，需要利用优势。

（4）无论是机构还是散户，心理、情绪、规律、成本分析异常重要，不能忽视博弈技术。

（5）大主力的阶段任务和阶段活动规律非常重要，要有意识、有历史、有具体标的，并针对性地对其熟悉和了解。

（6）有些个股是主力活跃股，要熟悉和跟踪。

（四）题材的意义

（1）题材是第一生产力，特别是在股票数量众多的阶段。

（2）对常规机构的阶段性活跃板块要了解和分析清楚节奏。

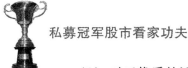

（3）对于优质的活动规律要阶段性了解。

（4）对于阶段的有效爆破点要统计跟踪。

（5）对于阶段的明显活跃题材要事先有所准备。

（6）要在有中线爆破点重点后选股，作为最为重要的实战标的。

（五）振幅的意义

（1）追涨杀跌是多数人不学自会的天性，但是高振幅股具有机构成本优势的博弈弱点，容易出现低成功率。

（2）职业投资者更喜欢低振幅高成功率的实战操作思维。

（3）在一个阶段，大盘指数处于相对高位时，人们的情绪是昂奋的，个股股价相对活跃；在大盘指数处于相对低位时，人们的情绪是低落谨慎的，大多数个股股价走势貌似艰难。这点一定要注意，要有逆反心理。

（4）强市重超越，弱市重超跌，平衡市重题材和规律，这是基本的选股套路思维。

（5）股价的阶段高低必须要有明确的技术指标判断和比较，重仓的个股一定要事先跟踪和熟悉股性，灵机一动的操作很容易出现错误纰漏。

第 25 篇
职业炒股的心法智慧浓缩

破山中贼易，破心中贼难。

纵横捭阖，冷心为上。

炒股技术的含量配比是，六分心态，三分技术，一分运气。

炒的是股，煎的是心，挣脱心魔，是学会炒股的第一步，也是最关键的一步，许多人永远迈不出这一步。

要有客观的心态，股市的核心智慧是求真务实，这个世界上最荒诞的事情莫过于：本来极为荒诞的事，却逐渐被人们当成了正经事。

一、炒股的错误心态及基础素质

（一）错误心态

1. 多巴胺失控心态

炒股千万不能上瘾，炒股上瘾的典型特征是：在交易时间不看行情就魂不守舍，甚至在节假日也巴不得开市，账上有钱就得买股票，在危险时刻也容不得空仓等待。

如果你处于上瘾状态，处于热血沸腾、热锅上的蚂蚁状态，是不可能赢钱的，还可能出大事，这种情况下一定要想尽办法控制账户里资金的规模。

2. 书本理论

比如证券从业资格考试所要求的知识内容，大学金融专业所传授的股票知识内容，是有必要学习的，但是一定要知道，即使是这些知识内容考100分，甚至超越了教授的水平，拿了全国第一名，照样也达不到合格职业投资者的要求，这些只是"小学"算术水平，距离"高考"获得优秀成绩的解析几何水平要求相去甚远。

3. 恐惧与贪婪

股市投资，事关杠杆性的快速输赢，必然伴随着恐惧和贪婪，然而恐惧与贪婪又必然引发事与愿违的失误操作。

股市中的技术就是追求有知者无畏、高概率的持续重复，要想实现有知者无畏和高概率的持续重复，具体的手段就是有效率地勤奋做主功课，明确短线行动计划买卖点，以及建立资金预备队和纠错能力。

4. 极端理想化

在股市中，极端理想化是任何一个投资者，包括职业投资者都经常犯和难以克服的错误思维，但是客观情况又要求必须克服，否则就容易犯追求小概率的永动机和永炖机的错误。追求难度大的大涨幅或者小概率诱惑，是输钱的最常见导因。

5. 道听途说与羊群效应

羊群效应告诉我们，许多时候，并不像俗语说的那样——群众的眼睛是雪亮的。在市场中的普通大众，往往容易丧失基本独立判断力。人们喜欢凑热闹、人云亦云。群众的目光还投向资讯媒体，希望从中得到判断的依据。但是，媒体人本身也是普通群众，不是专业智囊，你若不会辨别垃圾信息就会出现错误。所以，收集信息并敏锐地加以逻辑判断，运用成熟的系统发现适合自己的盈利模式，是让人们减少盲从行为的最好方法。

（二）基础素质

职业能力的一定高度是需要有足够高度的基础素质支撑的，没有足够的基础素质保证，专业素质很难达到一定的高度。

专业素质的提升需要有客观历史知识、逻辑知识、博弈知识、规则理论以及足够的阅历、统计功课、比较鉴别能力的积累。偏偏这些最重要的东西，许多人严重不足甚至是缺失的。

二、犹豫心态的处理应对

果敢明确行动计划，是职业投资者的典型特征。

（一）第一步行动心态

只要有获利的机会应当机立断，不要迟疑不决。瞻前顾后往往会让你痛失良机；但过早行动又会陷入被动，甚至动摇作战信心。

第一步小的行动比较重要，只有采取了第一步小的行动，才会让后续行动有比较客观的行动参考点，也能够让你的注意力更加集中。

（二）标杆参考

股市投资是低买高卖的艺术。到底什么是低，什么是高？需要有合适的技术指标作为评判标准，最常见的技术指标是均线、量能、成本、MACD、KDJ 等，它们要在关键依据的前提下使用，并以此来克服你曾经见过的价格情绪和感觉。不怕不识货，就怕货比货。

（三）原则条件

炒股实战行动，必须有行动信号、仓位调控信号，这些信号必须有明确的文字表达出来，并形成本能习惯。

关键性原则和逻辑判断思维必须是硬性、显性的，区域性的行动可以是稳健、柔性、折中的。在行动点上的判断要服从 K 线逻辑，这是难点，也是体现能力的关键。

（四）清空心态

股市实战技术只是一种概率技术，其中甚至还有一份运气因素在起作用，投资者本身也存在状态问题，好的投资方法并不是魔法，出现小失误是正常的。

当你出现失误后，应该尽快纠错，不能凭运气处置，让小错发展成为大错，无论怎样，都不能让大错发生。应该尽快地清零，重新开始正确的运作周期。

当投资者背负着失误筹码负担时，会影响其正常的投资状态。

（五）高概率有限心态

在股票市场中，存在着少量的可知和大量的无知，在大量的无知中也存在着事后看来很令人诱惑的机会，但这个机会事前是不知道的，是事前许多案例中的小概率。因此我们在实战操作时应该把握已知的买卖点，或者简单的买卖点，或者是不能让已经出现的利润和利好被白白地浪费了。

只要赚钱的卖出全部是值得的，保留下次操作的权力是职业投资者能够接受的，股市又不会关掉，后面的机会多的是。另外，在你犹豫时，要选择更能够接受的那种结果，屏蔽不确定性。

（六）不能有盲动心理

忌过分追热。过热的股票常常是有人在背后操纵，涨势倒是很猛烈，但它的变化情况也非常难以捉摸，甚至暗藏兵法诡计的博弈陷阱，你认为可能赚大钱，但实际操作的结果却一败涂地。

别人的建议、压力导致你的失败，只能说明你的基础素质差，不经万能公式审核的冲动性也同样证明你的基础素质差。投资是一项长期工程，不是只争朝夕。

三、熟练的中庸习惯心态

（一）反馈和警醒

市场的趋势是存在反馈效应的，越是长期的趋势反馈，效应越强，这个规律需要注意。同时我们判断趋势时也要注意大主力的状态，在平衡市（成交量没有明显连续变强时）大主力有可能会经常采用反技术、逆人心的博弈战术。

在大单边趋势中，要注意反馈效应的威力。

在箱体平衡平准趋势中，要警惕箱顶时间的活跃和热情，以及箱底的过分悲观和谨慎。

（二）追求 80 分

反对极端，留有余力，保持优雅。分批、组合、预备队、可控、可知、下限等专业词汇一定要贯穿到计划和行动之中。

（三）熟能生巧

对重仓的盈利模式和持股一定要事先深思熟虑并跟踪验证，千万不能被临时异动诱惑导致仓位过重。

急躁和慌张往往会让你失去判断，将股票以不适宜的高价重仓买进，以较低的价格情绪化卖出，蒙受不应有的损失，这种情况一定要杜绝。

（四）先置束缚

股市中的因素是瞬息变化的，我们一定要服从最新的关键事实。股市中的先置束缚是许多人难以克服的毛病。

常见的先置束缚有两种：

（1）屁股决定脑袋，让已经发生的错误继续发挥影响，使你今后一段时间丧失正确行动的能力。

（2）涨跌导致情绪化影响你的判断，比如说在大涨后的高点，你的情绪基本上是乐观的，大跌后的低点让你有所恐惧。在股市，这常常是违背客观规律的。

（五）养成统计习惯

股市实战与运动比赛一样，是需要保持状态并熟悉赛场情况的。必须足够勤奋，熟悉那些必要的题材信息和股价技术状态。

（六）身心健康是最大的资本

炒股是为了让生活更美好，不能让炒股影响你的身心健康，如果已经影响到了你的身心健康，就必须清零重新来过或者回到正反馈周期中，你在身心健康不佳的时候容易犯错，也容易有不好的运气。

正确的炒股方法是平实的，缺乏神奇。很多人要的并不是方法，而是魔法：不需要努力，不需要思考，不需要练习，不需要试错，不需要积累，不需要面对不确定性，只要得到了某个秘籍，瞬间就能成功，没这个可能。

第 26 篇
大市值股实战操作经验总结

进行股票实战交易，不能主观固执、持先置观点，要服从客观现实，顺应实际，该短线就短线，该长线就长线，小盘股活跃就应该关注小盘股，大盘股来风了也要跟风走，炒股是为了赚钱，而不是为了执迷某种财经信仰。然而在现实中，许多人都有不顾客观现实的执迷，不管客观事实甚至逆潮流顶风操作，这就容易失去机会，遭受不应有的亏损打击。

大盘蓝筹股是市场中的重要组成部分，也为市场带来了重要的投资机会，以往对小市值题材股的投资技巧研究得比较多，现在我们来进行大市值股实战操作经验的总结。

一、大市值股的总体波动特点

（一）流动性好，进出方便

（1）买卖挂单均比较大，相对来说，进出比较方便。

（2）大盘突发强势，由于进货方便，此时容易出现机构大户买进行为，价涨量增。

（3）大盘突发利空，出货也相对容易，容易价跌量增。

（二）指数权重大，能带动衍生品种

（1）一些大市值股含指数权重大，这个群体的涨跌能够直接带动指数涨跌。

（2）操作期指，需要对于相关指数权重股进行同步观察。

（3）发动行情或者稳定市场，大主力常常动用指数权重股调动市场情绪。

（三）活跃性不如小市值股

（1）由于股价涨跌与短线供求关系有关，多数时间大市值股不如小市值股活跃，因为大资金机构大户相对数量较少。

（2）但是市场存在着常规二级市场机构，每个阶段需要博弈赛道，有部分阶段形象较好的大市值股容易成为赛道股，此时这些赛道股会比较活跃，可用技术指标跟踪短线操作。

（3）涨高的高价大市值股一旦趋势（基本面或者涨幅过大）转弱，下跌时间会非常长久。

二、大市值股波动时的常见市场现象

（一）虹吸现象

（1）通常情况，大盘趋势波段涨跌时，大盘股的平均涨跌会小于小市值股。

（2）有时，市场资金不足，常规机构发动大盘股行情容易出现二八现象，大盘股涨、指数涨、多数小市值股跌，此时应该顺势而为，不能固执。

（3）在大盘平衡状态时，高位的指数权重下跌，低位的指数权重股会涨。这与公募基金有最低持仓比例限制有关。

（二）高股息现象

（1）有一些蓝筹股市盈率低，一旦年报、中报出现高现金分红，容易出现阶段行情。有一些蓝筹股有年报高分红现金的传统。

（2）大盘新股发行时，常有绿鞋制度，对于存有绿鞋制度的新股可以认购或者注意发行价附近的套利。

（3）如果绩优蓝筹股发行有转债，转债价格低于面值且折价不多，可以作为长线组合之一，历史经验证明，获利概率较大。

（三）板块热点现象

（1）每年会有一些强势大市值行业板块，这些板块一旦强势，会长时间阶段强势，可持续跟踪。

（2）基本面差的大盘股不能轻易持有，这个板块是市场表现最差的板块。

（3）炒作市场热点题材时，选股应该放弃大盘基金重仓股，因为公募基金不相信题材炒作（不配合），游资的资金实力也多数有限。

三、大市值股的几大派系风格

大市值可以分为金融股、赛道股、绩优蓝筹股等几个风格板块。

（一）金融股

（1）金融股普遍指数权重大。

（2）稳定市场常常用金融股进行平准调控，每个阶段要注意统计分析出到底是哪个具体的板块（银行、证券、保险），以及龙头股是谁。

（3）大盘启动行情或者大跌救市时，也常常动用这个板块。在市场上出现明显强势波段时，持有股市资产比较多的金融股会出现阶段行情。

（二）赛道股

（1）赛道股是常规市场机构的产物，是公募基金抱团取暖与赛车的产物，与最低持仓限制有关，也有正负反馈效应的力量。

（2）赛道的原理是，用现金拉升有光环（可以策划宣传）的蓝筹股，提升基金净值，然后吸引基民图利申购，然后正反馈，直至最高点；到达最高点后，在基民的赎回压力下，折返跑。

（3）在平衡市中，赛道研究也是一门重要的新技术，可以与价值投资技术结合起来。

（三）绩优蓝筹股

（1）强市重势，弱市重质。有一些机构蓝筹股有在平衡市中抱团取暖，甚至出现逆势的波动特征，最常见的是绩优现金流好的品种。

（2）绩优蓝筹股喜欢融资，在融资进行的时间，股价容易出现压力。

（3）次新绩优蓝筹股如果定位较低，容易引起常规大机构的进入配置，一旦发现其股价活跃，容易出现较容易把握的波段行情。

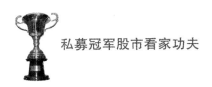
第 27 篇
怎样在股市中混得更好一点？

学习能力，比学历更重要。一个人能取得多大的成就，不在于他在学校学到了多少知识，而在于他一生中持续学习的能力。在方法的有效性上加强比在原有一般方法的使用实施时间的加强更有用。

现实生活是这样，炒股也是这样，炒股能力的学习和提高不只是一时的事情，而是需要持续不懈的终生努力，以及阶段性的不断强化。如果你的炒股能力达到一定水平停滞不前了，也需要刻意地进一步提高和强化，具体的提高强化手段参考下列措施。

一、进一步加强短线能力

加强短线能力，实际上就是提高年化收益率。

加强短线能力的具体手段有：

（1）加强选股题材的有效性和倾向性。

（2）在指数低位时加强选股和实战的攻击性。

（3）加强爆破点的有效性统计和选股勤奋程度。

（4）多做功课跟踪一批有主力动作并活跃的个股。

（5）对于市场现存活跃主力风格要勤加研究。

二、进一步加强实战成功率

加强实战成功率，主要是降低失误率。

加强实战操作成功率的具体手段有：

（1）重仓操作的品种是长线跟踪观察过的品种。

（2）遇到不熟悉的品种，买进前要进行综合的信息考察。

（3）一只股的操作，要做好多次加仓的准备。

（4）重仓持股要根据短线技术形态进行低吸高抛的动作，逐步探低成本。

（5）规避一些明显的大盘风险点，必要时动用期指对冲。

三、进一步加强有效信息渠道

有效信息是有效选股的前提，也是加强心态和效率的前提。

加强有效信息渠道的具体手段有：

（1）必须建立相对优势的证券信息渠道，起码先把证监会、交易所的网站熟悉了。

（2）要对历史重要信息留存记录，并对临近的中线爆破点进行自选股跟踪。

（3）要浏览每周的重要信息，并留存重要信息。

（4）对阶段主要爆破点、大涨幅股、大跌幅股的规律和原因进行总结统计。

（5）经常把所有股票翻一遍，记忆K线独特股票并分析查询原因。

四、进一步加强有效资源力

要以强胜弱，强在哪里？要强在你的资源优势。

加强有效资源力的具体手段有：

（1）资金是有力量的，可以有多次低位补仓的机会，容易买在相对低点的价格，也能理解赛道股的原理。

（2）要有网下交易权限，这不只是双轨价格，还可以获得一些二级市场波动规律的融资信息。

（3）在金融市场，方法论的研究比大众方法的努力要重要，要多注意研究和发现先进的方法论。

（4）要集中优势资源、聚焦优势资源、抓住主要机会。

（5）一个人的精力终究是有限的，可以结为互助组，进行信息互助互享。

五、进一步加强实战操作执行力

股市投资是以结果论英雄的，一切的努力都是为了达成目的。

加强实战操作执行力的具体手段有：

（1）追求 80 分、抓容易机会，不让事实利润"坐电梯"。

（2）分批折中，中庸组合心态。

（3）追求有知者无畏，不贸然被陌生诱惑吸引。总结优势，发挥优势。

（4）针对"平衡维稳"的形势特点，低点激进一些（这点以往做得不是太好），高点保守一些。

（5）更勤快一些，也保持足够的耐心。

第 28 篇
实战时机和结构化个股的机会

这几年随着市场规模的持续扩大，以及大机构数量的同步扩容，A 股市场的稳定性明显增强了，过去那种单边持续的趋势行情很长时间没有出现了，市场大部分时间是区间震荡局部结构的波动特征。当大盘处于相对稳定的区间波动时间时，对于大盘和个股时机选择的精确性要求比较高，为了适应当下的市场，我们有必要加强有针对性的技术，现在我们就来总结一下关于实战时机和结构化个股机会的技术。

一、有耐心等待上佳的大盘时机

当市场处于平衡市或者弱平衡市的波动时间，一定要注意：

（一）不能轻易中长线满仓和重仓

一旦市场出现不如意的走势，将会出现阶段时间的被动，甚至长时间的被动。

（二）不能轻易追高

在弱平衡市中，出现大涨幅的妖股概率比较低，一旦追高又不及时止损，套牢的时间和幅度将会不低。

（三）等待意外的低点机会

在弱平衡市背景下，一定会有次数不少的意外低点机会。经验证明，弱平衡市背景下，通过"等待时机"——而不是冥思苦想的方式，我们才能真正从股市上赚到钱。

在机会出现时，分批加大仓位，一旦低点确立（此时市场情绪依然低落），可以适当地激进操作。如果你运气很好，在股市中遇到了一个非常好的赚钱机会，但是却没有把握住，那么这也是一个错误。

二、个股的操作点要有效明确

个股的具体操作，要将活跃性与低吸相结合。

（一）有效的爆破点

在每个阶段，我们要用统计的方法发现阶段的有效爆破点模式，并且阶段性抓住这些爆破点。

（二）明显活跃的股

在市场上有一些个股是明显由主力主持的，我们要善于发现这类股票。这种股票的发现，一方面是固定股东造成的，我们要了解股东的规律特性；另一方面，我们也可以研究 K 线的波动规律。

发现了处于阶段活跃的个股，操作方法是低吸或者低位初步转强时的追击，而不是股价连续强势后的追高。经过统计观察，有一些综合潜力股在出现大阴线后的止跌，就是一个较好的买点。

（三）关于纠错

在弱平衡市中，如果发现了时机和选股标的犯错，又没有积极有效的短线纠错措施，那么就要采取清零措施，赶快平仓止损，不要一错再错。

三、增强赛道意识

赛道股即资金进出推动股，大资金通过资金进出上下赛跑，这是平衡市大机构相对有效的一种玩法。我们要熟悉和利用。

（一）发现和利用赛道

赛道股的实质是资金进出推动，却是打着业绩成长性的旗号，我们要注意发现阶段性的赛道股以及赛道股中的阶段核心资产。

赛道股的买点是大盘和个股的双低点。

（二）低位的市场稳定平准股

在 A 股市场中，金融股的股东实力强劲并且所占指数权重大，在每个阶段发现强势金融股和捕捉它们的短线低点也是很重要的。

（三）小市值核心资产

在弱平衡市中，存在着一些股价处于低位的小市值股，由于这些股交易清淡，股价处于相对抗涨抗跌的走势，我们可以选择其中有未来潜在题材、下跌空间有限的个股作为自己的核心资产，中线持有并配合短线投机，我们管这种玩法叫作"低振幅、稳利、复利战法"。事实证明，这种战法收益最稳定，如果中线题材爆发，也有可能获得较好的年化收益率。

四、盘局的敏感性

尽管很长时间股市处于涨跌不大的僵持状况，人们通常称为"盘局股市"，但是，也要保持敏感性，市场会出现阶段性的风险，这些风险出现前也是有征兆的。

（一）如何判断盘局股市的可能动向？

在盘局中，如果股价指数（多数个股股价也一样）的走势是无规律的进进退退，如果成交量随着股价指数的抬高而增加，随着股价指数的下降而减少，这就意味着股价的走势看好。

与此相反，如果在盘局中出现指数上涨，而成交量却随之减少，或者指数下跌而成交量却不减，这就意味着股市的前景存有不确定性，要提高警惕。

（二）如何判定股市是否正常回档？

股市正常回档是指股市的股价指数在一个箱体区间的正常回调。在多头市场呈现疲软趋势的情况下，最使投资人伤脑筋的问题是难以对股市的回档现象做出正确的判断，就是说，弄不清这种回档到底是下跌的开始，还是暂时性的峰回路转。

（1）如果多数个股具有杀伤力，就要小心跌势的开始。

（2）如果多数个股不具备杀伤力，只是局部板块的下跌导致的指数下跌，则可能是正常回档。

五、如何区别大盘上涨是反抽还是反弹？

（一）反抽行情

股指连续下跌一段时间后，给人已跌不下去的感觉，甚至技术指标处于超跌状态，盘面显示成交量到了地量，这时行情走平微涨，但此时的上涨并非目的，而是手段，它让人误以为是反弹了，倘若在这样的反抽行情中跟风买入，势必会上当。其主要特征是：

（1）反抽时成交量较小，量能无法有效放大。

（2）反抽时缺乏领涨的热点或新的有影响力的"领头羊"。

（3）反抽时缺乏增量资金积极入场的迹象。

（4）反抽的高度不会触及顶部和破位的位置，对上档调整压力起不到多少消化作用。

（二）平衡市的上涨阶段行情

管理层和大主力对股市的总体要求和调控目标是稳定，除非有消息情绪影响不得已，是力争使市场出现平稳表现的。

市场是否跌幅达到并进入平稳反弹阶段，可以用下列市场特征判断：

（1）与历史上的跌幅相比，并比较下跌的原因。

（2）管理层的舆论力度层级是实质性的还是安慰性的。

（3）个股普遍性的恐慌快速下跌结束，尽管此时买盘依然不振。

（4）出现意外下跌，但指标股明显会维护指数。

第 29 篇
花家军独门核心技术综述

作为一个股海职业投资者，必须要拥有适应客观现实的独门核心技术。只有这样，才能让自己心态稳定地获得应得的股海稳利，并且不出现太大的失误，不被一定会出现的黑天鹅所伤。那么，花家军的独门核心技术都包括哪些内容，下面我们就一起来总结概括一下吧。

一、选时控制仓位技术

（一）统计能量的强、平、弱分类

（1）统计历史大盘成交量能情况，把大盘分为强市、平衡市、弱市三类。

（2）根据三类情况确立即时仓位，强市持仓不低于50%，平衡市仓位在25%~50%，弱市仓位不超过25%。

（3）根据三类情况进行选股，强市选股是初步强势（初步强势，多头贴近均线），平衡市是有动能的技术指标低位，弱市是超跌后转强（股价远低于 MCST）。

（4）市场制度大于题材，题材大于主力，主力大于基本面，基本面大于技术面，追求确定性、大概率，远离赌博。

（二）箱体平衡平准市

（1）统计发现阶段的箱体位。

（2）根据箱体计算仓位。

（3）根据箱体位置操作平准股、短线爆破点股、赌注股。

（4）用消息与 K 线逻辑判断箱体上沿位置的意外突破情况。

（三）自我纠偏提高

在超跌低位和箱底位置的时刻，市场氛围低迷，自己也受到影响，常常上的仓位不够，战术不够激进。

二、万能测股公式技术

（一）万能测股公式

花氏万能测股＝大盘+题材+主力+MCST 应用+MACD 转折点+K 线逻辑行动点+心理障碍。

（二）万能公式的作用

万能公式的主要作用是封杀股价下跌下限和提高上涨效率。

（三）多数人的常见选股错误

通常的失误是弱市中追高与大意买进有明显缺陷的个股。

三、股海常见机会汇总

A 股中常见的获利机会形式有：

（1）大盘强势大成交量中的强势股。

（2）大盘大跌止跌后的最新前期强势机构被套股。

（3）大盘强对低位的机构赛道股、平准股。

（4）有现金选择权保护的低风险套利股。

（5）低位大题材股。

（6）有效爆破点股。

（7）基本面尚可的低位低振幅小市值股。

四、信息收集技术

（1）即时信息收集（东方财富或者金融界网站）。

（2）重要历史信息跟踪（东方财富网站网吧中的"历史公告"和"董秘问答"）。

（3）阶段重要信息应用（明显社会信息）。

（4）常见公示网站（证监会、交易所、药监局、全国公共资源交易平台、上海公共资源交易平台）。

五、实战操作技术

（一）横向组合

横向组合的目的是提高时间效率，提高正确概率。

（二）纵向组合

纵向组合的目的是提高单一个股的正确效率以及保持良好心态。

（三）优势双轨技术

价格双轨、信息双轨、情绪双轨。尽量发挥自己的优势，在发挥自己优势的基础上，尽量提高效率。

（四）常规统计逻辑分析评判技术

（1）重点股要熟能生巧。

（2）大盘重要时刻会对比历史 K 线。

（3）常见爆破点要统计有效率。

（4）积累个股机会并打分排名。

六、纠错与归零技术

（1）确认错误时要即时快速纠错。

（2）没有把握时要归零重来。

（3）实战大盘股时第一次要仓位轻。

（4）重要机会可以先少量放低条件买进，再给予充分的时间建仓和持有等待。

七、让财富成为优秀的副产品

（1）炒股是为了让生活更好，不能成为股奴。

（2）任何事情面前，健康是第一位的。

（3）保持良好的心态情绪是获得胜利的前提保证。

（4）有成熟盈利模式，对那些赌博诱惑别上当了。

第 30 篇
理性的选股优先比较条件

投资活动中，选股是一个非常重要的环节，我们会经常选出一大批股票，但是对于哪几只股是近期该优先买进的却常常没有一个明确的标准，导致短线临战时有一定随意性。但事实证明，股市投资活动，理性依据的严格执行是非常重要的，是追求大概率的重要保证，而随意性则是产生失误的重要原因。

现在，我们就根据稳健和激进两种投资风格来总结选股的理性优先比较原则。

一、防守优先的选股比较条件

大多非超强的人都应该是这个风格。

（一）防守优先风格的注意点

1. 不亏钱第一

优先考虑赢的概率性、股价波动的下限、短线效率很重要。

2. 也要考虑一定的攻击性

股票投资就是为了赚钱，如果没有一定的攻击性，就可以考虑债券或者空仓了。

3. 要严格考虑系统风险

大盘的技术性风险和个股的技术性风险都要严格考虑。

4. 严格遵守止损条件

要做好止损准备，并要做好做空准备。

（二）具体的选股条件排名排序

（1）要严格考虑大盘的介入时机。在大盘不安全时，仓位越低越好。

（2）最好是相对的绝对低位，强势股也是本身的相对低位。

（3）低风险高概率（现金选择权、要约收购、有面值保护）。

（4）具有中线爆破点和稳定的基本面（基本面周期成长）。

（5）具有低振幅特点（低股东或者平稳基本面或者央企或者低价）。

（6）具有短线爆破点或者短线活跃度（经过有效统计的，有短线异动的）。

（7）自我优势（小市值、定增、大宗交易）。

（8）机构重仓被套（近期机构有活跃度）。

（9）最新统计有效逻辑（有逻辑预期的，有潜在概念的）。

二、进攻优先的选股比较条件

只有在市场处于强势波动时间，水平较高的投资者才能采用这个风格。

（一）基金优先风格的注意点

1. 优先考虑短线收益攻击性

在大盘安全（有趋势量能的支持）的情况下，要考虑量能，量能是高振幅的前提保证。

2. 要留有一定的预备队资金

再强的市场也会出现一些不确定风险，此时控制风险的办法是留有一定的后备资金。

3. 也要考虑大盘系统技术风险

大盘技术风控风格适当放宽一些，主要考虑均线乖离；个股的技术风控风格不能放松。

4. 不轻易止损

不轻易止损，但也要有止损的底线。

（二）具体的选股条件排名排序

（1）要适当地考虑大盘的安全度。明显乖离出现时要使仓位低于50%。

（2）个股要是均线系统的相对低位。

（3）量能很重要，初步量能活跃，或者是第一冲击量能后量比排名靠前者要注意。

（4）具有短线爆破点和进出灵便性。

（5）最新统计有效逻辑（有逻辑预期的，有潜在概念的）。

（6）具有中线爆破点和稳定的基本面（基本面周期成长）。

（7）机构重仓被套（近期机构有活跃度）。

（8）具有低振幅特点（低股东或者平稳基本面或者央企或者低价）。

（9）低风险高概率（现金选择权、要约收购、有面值保护）。

第 31 篇
几个特殊有效的选股逻辑

随着 A 股股市的复杂程度进一步提高，原来大家比较习惯的纯技术选股法和纯基本面选股法都暴露出了种种缺点，为此，一些职业投资者为了更进一步地防范风险以及提高胜率，总结了一些个性化的选股法，事实证明这些总结出来的个性选股法有一定的优势。下面，我们就一起来学习这几个特殊有效的选股法并了解其内在逻辑。

一、央企选股逻辑

（一）央企选股法

若公司控制人是央企的上市公司，我们就称为央企上市公司，在央企上市公司内根据技术分析和基本面分析选股，就叫作央企选股法。一般股票软件里有一个板块叫作"央企改革"。

（二）选股逻辑及其操作注意点

（1）有一定的安全性。过去历史上，ST退市的央企和基本面发生重大问题的央企，即使退市，大多数也给予了现金选择权。这个优势是独特的，也是值得注意的。

（2）在市场极端弱势时，救市机构资金往往优先选择大市值绩优央企公司。

（3）在经济困难时期，央企公司抵抗风险的优势明显，"亲儿子"能够优先享受各种资源的支持。

（4）基本面比较差的小市值央企股，容易出现资产重组事件。

二、要约收购选股逻辑

（一）要约收购选股法

选股时选择那些历史上出现过大股东实施要约收购事件的上市公司，需要注意的是，这类上市公司不能出现过大股东注入资产。

（二）选股逻辑及其操作注意点

（1）大股东以要约收购的形式继续大规模增持股份，一般情况下都有后续意图，如果大股东实力很强，或者大股东有未上市的优质资产则需要更加注意。

（2）对于此类的小市值股可以长线波段操作。

（3）对于大股东持股比例大的小市值股也可以多加注意，这类股的股价涨跌对于大股东利益影响大。

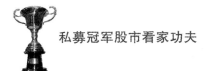

三、解决同业竞争承诺选股逻辑

（一）解决同业竞争选股

公司法规定，上市公司的大股东不能与上市公司出现同业竞争，如果存在，必须在一定的时间内解决这个问题。这个选股法是注意那些有解决同业竞争承诺的股票。

（二）选股逻辑及其操作注意点

（1）要注意承诺的内容，特别是注意时间和解决的方式。

（2）要注意那些准备卖壳的股票。

（3）要注意那些大股东有未上市优质资产的股票。

四、资产重整选股逻辑

（一）破产重整选股法

有一些上市公司陷入经营困难，会进行破产重整。这里是指那些已经实施破产重整，股价依然处于低位的股票。

（二）选股逻辑及其操作注意点

（1）这类股票刚刚实施了破产重整，历史的包袱全部卸掉。

（2）股价往往比较低。

（3）新股东会大力支持上市公司实现基本面趋好，有的甚至会注入优质资产。

五、北向动向选股逻辑

（一）北向动向选股法

注意那些近期北向资金持续增持的个股和板块。

（二）选股逻辑及其操作注意点

（1）北向资金的规模比较大，买卖往往具有趋势性的持续性，要注意这个趋势的初期动向（要结合 K 线的趋势）。

（2）有些小市值个股，北向资金会有阶段性箱体的低吸高抛，要注意股价的波动规律。

（3）一些 QFII 的小市值重仓股常常也会具有波动规律，也可以多加注意。

六、转债发行选股逻辑

（一）转债发行选股法

一些即将发行转债的上市公司，在转债股权登记日前会有抢权行为，除权后会有除权行为。

（二）操作注意点

（1）有时新转债上市时涨幅比较大。

（2）注意抢权的短线机会和除权后的除权风险。

（3）根据交易所审批进程和与上市公司联系，注意转债发行的进程时间。

（4）注意转债结束期转债是否有短线套利机会。

七、股票集中度选股逻辑

（一）股票集中度选股法

主要注意那些集中度比较高的股票，通常有两类：一类是大股东持股比例大且持股股东绝对数量少的，另一类是呈现螺旋桨走势的个股。

（二）操作注意点

（1）螺旋桨个股适合短线低吸高抛，注意下影线低吸、上影线高抛。

（2）股东绝对数量少的股票适合大盘大跌时低挂吸纳。

八、注意点

（1）特点选股法也需要注意基本面安全和技术面的效率。

（2）特点选股法可以综合多项特点，这样的股可以加倍注意。

（3）要注意结合大盘操作，不能不顾大盘中长线重仓。

（4）在防守反击战法策略中优先注意这些股。

（5）中线特点与短线特点结合，中线操作与短线操作结合。

第 32 篇
最新简单有效的选股技巧小汇

在 A 股中炒短线必须要清楚一个前提，只有在大盘安全平稳或者趋势向上的时间，才存在有效的技巧，如果大盘是下跌趋势或者后续出现了一定力度的下跌，则什么技巧都没有用，绝大多数个股存在短线下跌的极大可能。所以，在学习和使用下列小技巧之前，必须先学会判断大盘的情况。

下面，我就来把在大盘安全平稳时喜欢的几个短线小技巧总结一下。

一、盘中选股技巧

盘中安全的典型征兆迹象是，大盘的 MACD 处于良性时间（绿缩短红伸长），当天指数情况为黄线在上，白线在下且都是红盘，不是敏感时间（季度末、期指交割日、报表最后集中公布时间）前期。

（一）量比正排序选股法

1. 量比排名

在全 A 股中进行量比排名。

2. 用万能公式筛选

找出符合综合要求的股。

3. 少量买进

在大盘日线的短线低点，少量日买点组合买进，并留有补仓资金。

4. 盈利预期

根据技术指标判断，在技术指标转弱且股价不强势时就可以卖出。在大盘处于趋势转弱时刻，将根据这个方法对持有的个股进行清仓。

（二）回头波选股法

1. 回头波排名

在大盘日线回荡的时刻，用回头波排名。

2. 用万能公式筛选

找出符合综合要求的股。

3. 少量买进

在大盘日线的短线低点，少量日买点组合买进，并留有补仓资金。

4. 盈利预期

根据技术指标判断，在技术指标转弱且股价不强势时就可以卖出。在大盘处于趋势转弱时刻，根据这个方法对持有的个股进行清仓。

（三）尾盘窗口异动选股法

1. 打开异动窗口

在尾市 20 分钟时间，打开异动窗口，进行主力积极性选股。正常交易时间可以查阅当日总览结果。

2. 用万能公式筛选

找出符合综合要求的股。

3. 少量买进

在大盘日线的短线低点，少量日买点组合买进，并留有补仓资金。

4. 盈利预期

根据技术指标判断，在技术指标转弱且股价还没有明显弱势时就可以卖出。在大盘处于趋势转弱时刻，将根据这个方法对持有的个股进行清仓。

二、盘后选股技巧

盘后的选股方法一定要经受住统计数据的考验，同一个方法可能会因为背景的不同或者时间的变迁而发生变异，对于已经变异的方法不能固化执迷。

（一）选择有效短线爆破点

1. 制度性短线爆破点

根据上市公司信息披露时间规定，观察业绩预告、公告、截止时间进行有效统计，根据股价波动规律制定短线盈利模式，然后根据万能公式进行选股和操作。

2. 双轨性信息伏击

主要是根据交易所、证监会、药监局、公共资源交易平台的行政审批和公示信息，找出有效信息，然后根据万能公式进行选股和操作。

（二）机构持仓结合异动

1. 根据市场热点

在大盘的局部低点，用万能公式衡量，选择前一个波段的热点强势股买进操作。

2. 股性活跃的股

根据长时间观察，有一些个股股性比较活跃，在大盘和个股都出现合适的买点时，买进操作。

（三）技术性图形选股

1. 量比负排序

根据量比负排序，选择那些前期持续放量、近期调整接近到位、再度可能进行攻击的个股放进短线自选股，等待再次攻击的信号。

2. 量比正排序

根据量比正排序，选择那些远低于 MCST 指标的强势股，在第二、第三天依然强势的个股少量（要少于量比负排序的量）买进，超短线操作。

三、自选股投入实战技巧

选择自选股，在合适的时机把自选股变成持仓股，以及持仓股的增减仓，是优秀操作手最重要的功课。

（一）中线自选股的选择

1. 中线爆破点

主要是同业竞争解决、主动性的全额要约收购、资产重组的倾向表态。

2. 主力重套股

主力仓位明确，主力有一定实力并且是活的。

3. 基本面尚可的小市值股

主要是基本面稳定（大股东实力强或者行业稳定）或者业绩处于上升周期的小市值股（或者股东人数最少股）。

（二）自选股的实战投入

1. 阶段重点股

低振幅战法是比较稳妥的战法，已经被事实和时间证明了，此前基本没有失误。

2. 良性异动加仓

根据"低位+放量""低位+爆破点临近""大盘低点+即时打分靠前"加仓。

3. 仓位不能失控

要留有足够的后续自救资金，不能过早重仓，大市值个股不能轻易重仓被套。

（三）持有股的补仓原则

对已经持有股进行补仓，必须要考虑大盘位置和趋势，也必须在其出现短线机会时才能补仓。千万要杜绝越补越错的情况出现，所以补仓要慎重，以及严格条件并做好止损计划。

第33篇
大盘安全期的超级短线选股模式

上了牌桌，如果你不知道赢谁的钱更容易一些，那么你输钱就会很容易。在股市中也一样，你要清楚每个阶段的市场是否存在容易赢的钱。如果有，这个机会是什么？并以此确立盈利模式，根据盈利模式选股。现在，我们就来总结一下，A股中常见的机会以及盈利模式，这是职业投资者最重要的职业功夫。

一、底部低位融券资金买股还券

（一）原理

大盘在相对的低位，如果指数逐渐往上走，融券人信心会动摇，会买股还券，现存融券数量越大，其购买力越强，目标股走势越强，融券则越容易信心动摇。反之，跌势中，融券者会坚定信心，进一步融券做空。

（二）融券信息查阅

东方财富网上有相关信息，查阅方法如下：

第一步，网站左上方的"数据中心"一栏中有"融资融券"栏目，点击，会出现"融资融券"信息。

第二步，查询重要信息，最重要的信息是"融券余额"和"融券偿还量"，可以排序获得更有价值信息。另外，券商行情软件F10中的"龙虎榜"一栏中，有个股的"融券余额"和"融券卖出量"的即时信息。

（三）应用技巧

1. 数据含义

融券余额数量代表还券买力潜力，融券卖出量代表短线投降力度，流通市值代表活跃度，股价低位起涨代表投降可能性容易度。

2. 选股公式

相对好的品种＝融券余额数量相对大＋股价低位起涨技术形态优势＋流通市值相对小＋最新日融券卖出量相对大。

3. 高位警惕性

当股价处于高位时，如果融券量突然增大或者持续增大，就需要提高警惕。

二、活跃期的北向资金动向

（一）原理

北向资金是大资金，大资金的弱点是掉头难度大，北向资金又是相对透明的，其交易信息是可以及时查阅的，所以我们也可以研究其活跃规律，进行适当的伏击。

（二）北向资金个股信息查阅

东方财富网上有相关信息，查阅方法如下：

第一步，网站左上方的"数据中心"一栏，直接点击，出现新页面。

第二步，在新页面左侧中间有"沪深港通"一栏，点击出现新页面。

第三步，在沪深港通数据页面的下方有"机构排行"一栏，点击"更多"，出现所有北向机构的买卖数据情况。

第四步，点击"1日排序"（适当考虑近几日），发现谁在做多，谁在做空。

第五步，临时关注最多力量最大的几个机构，进一步发现各个机构"1日排序"（适当考虑近几日），发现哪些个股被它们做多。

另外，券商行情软件F10中的"主力跟踪"一栏中，有个股的每日北向资金变动数据；也可以通过查阅机构持仓，知道北向持仓的具体信息。

（三）应用技巧

1. 数据含义

单日购买量大意味着短线潜力大，持续购买意味着中线看好，原先重仓低位意味着自救，新开仓意味着短线爆发力好。

2. 选股公式

相对好的品种＝短线购买量大＋股价低位起涨技术形态优势＋持续购买＋原先重仓。

三、两极情况下的神秘主力动向

（一）北向神秘资金

通过北向机构中银国际（香港）的动向了解。

（二）ETF 基金平台

1. 沪深 300ETF510300

（1）份额变化情况。

（2）二级市场异动情况。

2. 上证 50ETF510050

（1）份额变化情况。

（2）二级市场异动情况。

3. 中证 500、中证 1000

优先考虑前两者，然后才是这个。

（三）资金次序

先权重指标股，后超跌绩优蓝筹股，最后超跌。

四、当前个股活跃动力综判

（一）神秘资金

（1）神秘资金的托底与保驾护航。

（2）神秘资金与压盘及调控涨幅。

（3）神秘资金与单日大跌的关系。

（二）融券资金

融券资金的短线表现。

（三）北向资金

北向资金的持续跟踪与短线表现。

（四）即时动能分析

（1）超跌是第一动能。

（2）低位降融券是重要动能。

（3）短线爆破点是常规动能。

（4）即时热点是个人观察能力动能。

（5）神秘资金托底稳定是神秘资金获利动能。

（6）北向资金动向是常规分析动能。

（7）正在发行的相关基金的此后建仓动能。

第 34 篇
敏感特殊时间的特殊选股技巧

　　股票是有类型和风格的，股票的好坏是与自己价格的高低和大盘的背景时机有关的，我们了解一只股票，不仅要了解公司的基本面，还要了解其价格走势的技术面，以及重要流通股东的操作风格，还有行业属性、大盘阶段时尚冷热门等，总之炒股能力是一项综合复杂的博弈技术的体现。下面，我们来总结学习一下敏感特殊时间的特殊选股技巧，这与大家熟悉的一般通用选股法不一样。

一、大盘底部区域的选股技巧

大盘的底部区域通常有三个特征：第一，管理层救市态度明确且有实质性政策（不是安慰性的）；第二，扼守的整数关口离跌破不远，或者历史上多次在低点附近；第三，长时间弱势横盘区域，凡是出现大跌，都能短期收复。

（一）权重活跃股

通常是金融权重股，最常见的表现形式是：

1. 点火行情

（1）在低位率先领涨拉出中大阳线，预示着低点成立，中级反弹开始。

（2）指数低位长时间横盘震荡，率先连续放量上攻激活大盘，发动中级行情。

2. 平准强势股

（1）在大盘低位趋势已经开始走强，每当大盘危机时发力上涨，平准大盘指数。

（2）在大盘低位开始走出缓慢的上升通道，使指数出现区域箱体震荡。

（二）小市值低振幅股

低位小市值股的表现形式是：

1. 率先独立行情

先于大盘指数走出独立行情，如 2013 年指数低位震荡时，创业板已经开始独立走强。

2. 箱体庄股行情

每当大盘指数走强时，先涨和涨得猛，有庄股特征，有时会出现连板。

（三）中线爆破点股

中线爆破点的常见形式：

1. 解决同业竞争

有明确承诺，大股东有后续优质资产。

2. 新股东介入且目的是借壳上市

有过资产重组意愿表示。

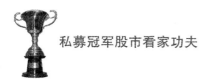

二、大盘出现行情时的选股技巧

股市是周期波动的，定期发动行情是市场和大主力的需要。

（一）大盘大阳时的新领涨股

1. 权重股发动行情

如果没有特殊题材，一般情况下是由基本面最好的那个权重股板块发动行情。

2. 新热点板块

如果出现新题材，则是新热点题材发动行情。

（二）大盘大跌时的严重超跌错杀股

大盘大跌时泥沙聚下，正是淘金的时间。

1. 筹码集中股

在股东人数最少的这类股中（如 1 万人以内）选择基本面最好的股。

2. 前期热门股

前期热门股有机构活跃，被大盘带下，主力还有动力活跃。

（三）机构重套股

弱市中，机构也没心气，是蛰伏的，来行情后大概率会报复。

1. 社保重套股

社保基金后续实力雄厚，公募会重点照顾。

2. 定增被重套股

必须有单一重仓机构。

三、年底年初时间的选股技巧

年底年初是机构活跃时间。

（一）业绩成长股

1. 业绩成长

1 月是业绩预告时间，其后是业绩公告时间。业绩增长的股票就是业绩成长股。

2. 最先公告业绩的股

最先公告业绩的股容易被炒，有的公司经常最先公告。

（二）前一年度跌幅最大股

1. 风水轮流转

前一年的冷门股，后一年容易被机构看中；前一年的高位股，后一年容易表现不佳。

2. 最先表现的机构重仓股

在 1 月初无明显理由率先大涨的机构重仓股票，容易是机构主打股票。

（三）高送转潜力股

1. 走上升通道的次新绩优股小盘股

要看是否符合高送转条件，并且要有统计公告日前后的走势规律，最好留足提前量。

2. 机构重仓股

特别是有定增被套的机构重仓股，如果业绩好，容易产生较好的分配方案。

四、操作注意点

（一）条件重合打分

上述选股条件可能会叠加重合，可以阶段性地根据先后次序评分打分，以优中选优和客观看待。

（二）中短线结合

A 股市场是有周期表现的，操作上要有资金投入时机组合，要中短线结合地摊低成本，不能极端操作。

（三）结合其他常规战术

1. 成本优势战术

往往关键时间，定增、大宗交易的竞争者也少。

2. 信息优势战术

中线信息要有耐心跟踪，短线信息要勤快统计。

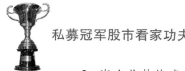

3. 资金优势战术

有多次补仓的手段。

第 35 篇
几个重要实战概念的具体细化解释

股市实战最重要的几个概念是选时、选股、仓位节奏和风险控制。这四个概念说起来简单，但是要有一定质量地执行完成需要细化的内容挺多的，也需要阅历的辅助，下面我就这个概念谈些自己的经验和理解。

一、关于选股

（一）关于机构重仓的问题

1. 重套出黑马

（1）受到大盘打击的机构重套股是有潜力的。每当阶段系统风险释放结束，大盘回暖后最重要的选股技术之一就是遴选机构重套股，但需要知道这个机构重套股是活的，已经出现资金困境的机构重套股不行。

（2）股价大跌的机构重仓股不能出现的情况。如果股价下跌的原因是重要机构（或者多个机构）出货、基本面下滑、实质性利空、非系统性风险打击（不明因素），则不能考虑，这类机构重仓股有可能比一般股跌起来更凌厉、更持久。

（3）主力是否被套的判断方法。如果主力持仓有定增价、协议价、拍卖价，则可以与二级市场直接比较（但要防止协议骗术）。

技术判断的指标是 MCST 情况。

2. 阶段机构偏好的赛道

（1）机构每年有公认赛道。主要是机构每年公认的基本面处于阶段最好的行业板块，以及周边细分板块，在大盘安全时这些板块容易反复活跃并强于大盘，成为机构的炒股赛道。

（2）有些个股有固定庄家。有些个股有固定的庄家机构常年关注，其市场表现有一定的风格，我们需要发现了解这些风格，比如有些个股一遇到大盘活跃期就非常活跃，有些个股一旦到达股价大型态的低位就会起一大波行情，然后长时间阴跌，再等下一轮的行情周期。

（3）有些板块有固定的股性。

比较常见的有：

1）次新容易受到解禁的常年压制，因此第一年不计入指数。

2）金融股容易成救市、护指数、点火行情的优先考虑。

3）大盘超跌后，超跌板块容易上涨，抗跌股容易补跌。

4）央企的退市风险相对较低（过去都给了现金选择权）。

3. 阶段个股利益

（1）融资利益。有些个股会在定增前维护定增价格。

（2）注入资产利益。准备注入大股东资产的股票，容易阶段压制价格以利于注入的资产占据更多的股份。

（3）利好助涨。有些个股有庄家驻扎，在股价启动时上市公司会配合一些利好（常见的是高送转、蹭热点等容易人为制造的消息）。

（二）关于热点题材

1. 中线爆破点

有中线资产重组迹象的题材可以长线跟踪。

2. 游资风格

要注意游资喜欢的阶段题材，以及要了解优质的阶段操作风格（熟悉其K线波动规律，以及和大盘的参照情况）。

3. 趋势博弈

要了解阶段趋势的领涨板块热点以及领涨股情况。

二、关于仓位节奏

（一）关于机会

1. 阶段趋势

股价表现的结果是多因一果的集合，但有时存有最关键的那一因，最常见的关键机会有下列情况：

（1）供求关系。

（2）国家态度。

（3）大主力意愿。

（4）市场情绪。

2. 阶段节奏和规律参考

最常见的市场节奏判断思维有：

（1）箱体思维。

（2）量化运作思维。

（3）MACD 指标提示。

（4）敏感时间点（季度底与业绩报表预告、公布密集期）。

3. 个股的"关键因"

最常见的"关键因"有：

（1）现金选择权与回购价格保护。

（2）供求关系的力量对比。

（3）成本价的绝对优势。

（二）关于风险

1. 系统风险

主要指大盘下跌风险，其中最常见的方式是阶段见顶、消息导致的连续下跌以及跌破重要均线（或者压制）导致的连续风险。

2. 基本面风险

主要指业绩下滑（周期）和业绩不达预期的风险。

3. 成本风险

主要指原始股东、定增股东、大宗交易股东、股权激励股东的解禁抛压风险。

第 36 篇
大盘重要低位区域的实战操作思路

最恐怖情绪+最强机会逻辑＝最佳机会。

一、重要低位区域的条件判断

（一）最恐怖情绪的背景特征

1. 管理层明确做多后的再度大跌

在 A 股，管理层的多空态度是异常重要的，公有制国家的综合资源优势是异常强大的，它的意愿倾向不一定能立竿见影，但区域性、时域性的效果基本上是能见到的，如果出现政策底后的市场底，应该果断坚决地把握，最起码要按照中级行情的起点思维来决定实战思维，在这个时间要克服惯性恐惧心理。

2. 行业的现实困境

这个现实困境主要包含三个层面：

（1）融资再融资出现了困难和阻力。

（2）大主力重仓被套，并且行业负面看法成为主流。

（3）行业内的主要专业机构券商、公募面临较大的困境。

3. 看见机会后也不敢下手

证券市场具有惯性负面情绪，即使是一些高手和历史老手，意识到市场面临明显机会，也不敢轻易出手抓住。

（二）最强机会的逻辑证据

1. 管理层做多初现效果

必须是重要关口得到扼守，市场底有初步形成的迹象，重要均线有较强的支撑，以及压力（重要均线压力）不明显了。

2. 大主力严重重仓被套

大主力明显被套，最明显的代表是社保基金。

3. 较为明确的现金选择权

有短期现金选择权及面值保护的低风险利润，属于最强大的逻辑。

二、系统机会的把握思维

（一）把握机会的态度要明确

1. 主要方向要明确

在转势向上的趋势出现后，要明确自己做多的态度，并要知行合一地克服心理障碍，采取顺势行动。

尽管趋势明确，但是行情初期的奋起也是艰难的、往复的，要了解类似股市情况的K线波动形式，并在仓位上留有余地，不能过早极端，这时保持良好的心态以及避免局部空头的回光返照也是极其重要的，避免出现黎明前的错误。

2. 初期要有中庸组合的操作

指数在低位初步走强时是艰难的，也是容易反复的，这时忌讳孤注一掷，因为极端操作一旦遇到不如意就容易动摇甚至出现愚蠢行为，这个时间持仓可以组合品种（防止遇到最后时刻出货的机构），留有一定的资金逢低补仓，局部资金也可以把握一些短差。

3. 先把握简单明确的机会

股价处于低位的个股波动情况还是比较复杂的，尽量有限把握一些简单机会是比较明智的，也有助于培养良好心态。

（二）把握机会的具体操作

1. 超跌是第一选股条件

在大盘指数低位，尽量选择超跌股（年度、60日、10日跌幅排名），回避高位股。在这个时间，超跌股容易抗跌，高位股容易补跌。

2. 主力重仓被套出黑马

这个时间选股的几个最重要条件是：

（1）股价中期超跌+短线超跌。

（2）十大股东中明显有活性的主力机构被重套。

（3）基本面信息中没有明显的影响心态的事项。

（4）盘面股价有积极现象（拉尾盘，有明显的护盘动作）。

3. 大战役中有即时战斗

看好市场中线趋势的同时，也需要把握好短线的波段机会，遇到明显热点刺激消息时可以第一时间参与把握。

三、个股机会的把握思维

（一）要有先一步的主动性

1. 要发挥自己的优势

买股时可以用大单挂单，刺激被套的机构。

2. 组合性的车轮战意识

建立持仓组合时，可以重点进攻结合进攻，短线进攻结合中线进攻。

3. 要注意中线爆破点

股价低位时是中线爆破点个股的最佳时间。

（二）微观辅助节奏判断

1. 夜盘 A50 和北向进出的规律总结

一般情况下，夜盘 A50 涨幅超过 0.3%时，大概率第二天北向资金是流进的；夜盘 A50 跌幅超过-0.3%时，第二天北向资金大概率是跌的。可以以此注意北向持股的动向。

如果白天尾盘北向资金大规模流入，夜盘 A50 大概率容易红盘；如果尾盘北向资金加速流出，夜盘 A50 大概率容易绿盘。

2. 均线的支撑与吸引

此时的均线对于大盘和个股的支撑、压力作用较明显并带有强烈的趋势暗示作用，也带有双向思维的预警作用。

3. 短线爆破点的特点

这时的大盘依然有弱平衡特征，判断短线爆破点时一定要有统计规律印证，如果缺乏短线爆破点规律印证，只能轻仓或者回避。

在大盘弱平衡时间，利空基本上会导致较大下跌，小利好不及预期也容易引起机构换股（特别是业绩报告方面的短线爆破点）。

第 37 篇
大盘大跌后抄底时的注意事项

在相当长一段时间内，A 股中最有效的实战技术就是防守反击。防守是指，有足够的耐心等待机会并事先保持住实力；反击是指，在大盘超跌后要果断地出击，抓住难得的反弹机会。要抓住难得的反弹机会，选股是关键技术之一，今天我们就这个问题做个总结。

一、抄底时的选股问题

（一）优先考虑超跌股

1. 超跌是第一选股条件

无论用什么选股方法，超跌都是第一选股条件，如果这个条件不符合，其他的选股条件就都没有意义。而且要忌讳选高位强势股和抗跌股，大部分这类股在大盘下跌的后期容易补跌，或者在大盘上涨的初期出现抗涨现象。

2. 极度超跌品种要放款条件

我们平常选股时可能会因为交易门槛因素忽略科创板、北交所的股票（因为韭菜相对较少）和其他衍生品种，如果超跌严重的话（相比较正常门槛的股票），也可以适当把科创板、北交所股票和一些衍生品种作为组合之一，特别是低位还有活性机构被重套的品种，但是要注意出局时的流动性。

（二）适当考虑短线效率

1. 优先考虑前期强量能股

超跌既考虑了安全性，也考虑了反弹的可能概率，要进一步考虑短线效率，可以在超跌的前期下，加上前期强量能这个条件，就是说在最后一波下跌前曾经出现过短线价量强势的品种，这类股被套的机构多数还有较强的攻击性。

2. 第一时间优先考虑超跌反击短线强势股

大盘严重超跌后，止跌的信号常常有两种形式：

第一种形式是第三个跳空缺口出现的带有长下影线的带量十字星。

第二种形式是 MACD、PSY 严重超跌后的反击放量大阳线。

在这两个信号出现时，第一时间出现的低位短线强势超越股是重要潜力股。

（三）爆破点的考虑

1. 短线爆破点

超跌股在大盘强势时遇到短线爆破点，容易产生作用。

短线爆破点的利用也有两种方式：

第一种是在大盘严重超跌时间，提前分批埋伏，等待爆破点起作用。

第二种是在弱转强的初期，观察出利好的股，如果强势持续可以投机性介入这类股，此时这类股往往容易持续变强。

2. 中线爆破点

在大盘的重要阶段低点，也是中线爆破点的重仓介入时机。这时的心态应是中线的，也可以多品种组合，但是注意这个时间考虑的中线爆破点个股，最好不要有短线负爆破点，比如业绩公告的负爆破点。

（四）机构重套股

1. 定增被重套股

定增重套股容易看得比较清楚，特别要选择那些大股东自己参与的，单一公募、券商仓位比较重的，有其他潜在题材的品种。

2. 社保被重套股

社保基金是公募基金操作的，社保是大客户，在其被套后，公募基金往往会先想办法解套这类品种，可以作为一个传统选股思维。

二、一些难点问题

（一）可以利用的机构

1. 北向机构

第一种思维是选好股后，要检查一下北向的动态，回避那些北向还在继续减持的品种。

第二种思维是跟随北向的动态，北向的操作往往有连续性，连续出货或者连续进货，要注意那些初步的开始连续进货的股票。

2. 量化机构

要注意研究量化基金的进场信号，在大盘强势时引发量化基金的进场信号，这样可以使持股的短线效率提高。

私募冠军股市看家功夫

（二）左右侧的仓位控制问题

在大盘低位时进场容易有心理障碍问题，解决这个问题，我总结的经验是：

1. 左侧操作注意点

左侧的进场仓位不能轻易超过30%，左侧进场的品种优先是有底品种（如转债）、小市值股（低挂，大盘明显安全时建仓难度大），尽量单一建仓。

2. 右侧操作注意点

右侧的进仓目标应该是原持仓股（配合量化信号）、市值偏大一些的股（建仓容易堵高），可以考虑组合持仓。无论是左侧还是右侧，都应该事先做好操作复核计划，切忌重仓临机一动。

（三）底部区域的判断和操作

1. 最后一跌的跌幅

（1）2022年4月7日至4月27日，时长20天。从3290点跌到2863点，跌幅13%。最低点为低开的大阳线，次日为小阳线，前一日为中阴线。

（2）2022年9月13日至10月31日，时长48天。从3276点跌到2885点，跌幅12%。最低点的K线是下跌的阳十字星，次日为中大阳线，前一日为跳空的中阴线。

2. 最后一跌的注意点

如果原来有持仓，应该在最后一跌的初期或者过程中不断地降低仓位。

在过程中也可以适当考虑超短期指。

3. 反弹过程开始初期

（1）风格可以激进一些，以往都是第一时间上的仓位不够。

（2）适当注意一下短线热点，可以增加个股的组合品种数量。

第 38 篇
弱平衡市中的重要操作原则

随着市场的持续大扩容，以及宏观经济形势的不明朗，股市很容易出现长时间的弱平衡波动形势。在弱平衡市中是否能够保住本金不亏损，或者还能获得一些盈利，是衡量一个投资者水平的重要标志。在弱平衡市中，操作原则的遵守比实战技术的发挥更加重要，下面我们就来总结一下弱平衡市中的重要操作原则。这些原则一定要记住、理解和严格遵守。

一、关于操作时机的原则

（一）弱平衡市定义

当市场处于低成交量水平，并且涨跌局面处于混沌期时，我们称这段时间的股市处于弱平衡时间期。

（二）弱平衡市时间的仓位

弱平衡市时间的多头总持仓一定不能超过 50%，尽量不要超过 30%，二级市场仓位尽量是短线的，对于定增、大宗交易的仓位也要严格控制在 20% 以下。

（三）弱平衡市中的做多时机

1. 小机会技术判断

（1）超短机会，CCI 于 -200 以上的上拐时刻，仓位少量试点性质，低振幅赌注股战法。

（2）短线机会，大盘有一定跌幅后的 MACD 绿柱线缩短时刻，低振幅赌注股战法、前期热点下跌后的战法。

2. 重要机会技术判断

（1）急跌波段后的初次大阳线，组合短线强势股战法、中短线结合的中线爆破点战法。

（2）大盘连续价涨量增的中级行情征兆，短线强势股、机构超跌重套股。

（四）弱平衡市中的做空时机

1. 超短机会

（1）技术指标机会，CCI 于－200 以上的上拐时刻结合 MACD 红柱线缩短时刻，期指做空、类似形态的融券做空。

（2）季度底前的无量高点，进行期指做空。

2. 波段机会

有利空消息配合的带量下跌，期指做空，高位超涨股的融券做空。

二、关于选股倾向的原则

（一）关于股价强弱的研究

在弱势中最稳妥的选股思路是选取超跌后横盘筑底的股票。注意不能抄底 10 日均线压制的下降通道的股，并要查看该股的北向资金动态。

不能轻易追强势股，也不能买前期大涨后有一定调整幅度但调整未结束的个股，即使是有中线爆破点的此类股也要格外警惕，不能因为中线爆破点而凑合买股。

（二）关于机构持股的原则

在弱势中，不能迷信机构重仓股，机构重仓股在大盘下跌时也容易出现快速下跌。选择机构重仓股，必须是在大盘和个股均出现低位的时刻才行。

三、关于消息面的判断原则

（一）突发消息的判断参考

可以参考看夜盘 A50 的表现，这个指标具有较强的事先提醒作用。

（二）小利好出现时

要注意风险，在弱势中，因为利好会引发小买盘，这种情况容易引发机构大户出货。

（三）利空出现时

弱势中只要有利空，不管是大盘的还是个股的，都会引发受影响的股票下跌，如果有持股需要有立即反应的意识。

（四）注意量化机构的习惯

弱势中如果出现利好导致的较大高开，注意防止量化机构的反向操作。

（五）众所周知的消息

这样的利好不能当作利好看待，除非大盘和个股均处于双超跌状态。

众所周知的利空，要提前采取风控措施。

四、常见失误备忘记录

（一）因为补仓导致仓位过重

弱势中时间周期和下跌幅度往往会出乎意料，一旦过早重仓容易被动，并导致调整仓位困难。

（二）对于基本面趋势要十分注意

对于基本面趋势要格外重视，基本面趋势不明朗的个股不能重仓。

（三）常规大事要注意

买股时要注意股吧中的常规大事，特别是潜在利空和解禁事宜，还有大宗交易情况。

（四）弱势中仓位要严格控制住

不能轻易超仓，一旦超仓出现失误，就容易使信心受挫。

五、弱势中的重要注意点

弱势中稳妥的选股思维主要有：

（1）央企小市值低位基本面趋势良性股。

（2）绝对股东数量少、大股东持股比例大且没有退市风险的股。

（3）没有退市风险有中线爆破点的股性呆滞低位股。

（4）低位、市值较小、股性呆滞、基本面有防守属性的股。

（5）大股东、高管近期有增持现象或者要约收购事件的低位股。

（6）概率大的有现金选择权的股。

（7）折价并且价格低于面值的转债。

（8）注意量化基金的操作风格。

（9）注意年底前超跌的有价值的 REITS 基金是否有机会。

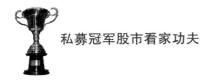

第 39 篇
防守反击与抄底技术

A 股市场，大盘很多时间都处于弱平衡状态，在这种情况下，采用选时为重的防守反击战术是比较恰当的，这种战术对于使用者的专业细节要求比较高，也可以说是股市投机技术中最难以掌握的一种，但是由于股市弱平衡波动的时间较长，这种技术又必须学会，现在我们就来总结一下股市中的防守战术和抄底技术。非常重要，一定要学会，也一定能学会。

一、弱平衡市的常规玩法

（一）常规玩法总则

在弱平衡市中的稳定常规阶段，只能有一只中线重仓股和几只轻仓短线股，总仓位不能超过 25%。

（二）短线股玩法

短线股必须仓位不能重，获利即出，如果有一只短线股处于被套状态，不能再轻易开仓新的短线股。

（三）中线股玩法

中线股玩法是中线结合短线，如果遇到大盘出现危险征兆时，能出多少出多少，挣差价、做负差价都需要做，有可能的话可以用股指期货对冲。

二、弱平衡市的常规选股要领

（一）中线股选择方法

有中线爆破点，进出相对灵便，股价也相对活跃，如果非得是小市值股可以有两三只轮番操作，必须是股价下跌空间有限。

（二）短线股选择方法

（1）中线爆破点股。

（2）短线爆破点股。

（3）有主力活跃的熟悉股。

（4）小市值下跌空间小的冷门低振幅股。

三、箱体下沿的抄底技术

（一）箱体下沿回升的征兆

大盘缩量后稳定，无明显利空冲击情绪，平准股有明显动作。

（二）箱体下沿的操作目标

（1）如果空仓或者轻仓，优先考虑中线股。

（2）如果中线股有一定仓位，优先考虑短线效率高股。

（三）遗留中线股的操作

在大盘出现明显见底征兆后，积极进取地操作手中的遗留中线股。

四、趋势波动的抄底技术

（一）弱势中的波段趋势下跌

通常是由利空情绪消息伴随的下跌，下跌的大概程度可以对照历史类似情况。

（二）见底的量能特征

缩量下跌后的再次放量并且随后止跌。

（三）市场人气特征

绝望时刻往往是接近低点的时候，需要注意的是，低位抄底必须是控制仓位分批进行的，至少要有50%的仓位在止跌后明显大阳线出现时再出击。

（四）个股表现的特征

优质股也开始补跌。

（五）政策面特征

政策做多的信号是明确、坚决、实质的，不是安抚性的。

五、意外的中级行情

在弱平衡市中也会出现意外的中级行情，中线行情出现时的初始征兆有：

（1）有明显的政策性或者社会性利好刺激。

（2）为某种事物进行造势。

（3）趋势大跌之后的救市复苏行为。

（4）金融股率领大盘连续明显的价涨量增。

（5）中级行情的中后期一定要及时跑，并高位使用期指，中级行情结束时股价下跌的速度是很快的。

六、特殊手段

1. 定增手段

（1）在大盘中高位不参与一切定增。

（2）在大盘中低位时参与定增股的股价一定要处于相对低位。

（3）定增股最好有大股东参与、中小市值的央企股和中小市值的基本面稳定股。

2. 现金选择权

主要是需要确认可靠性。

3. 转债

必须是有效率的低于面值的品种。

七、以往的失误和经验教训总结

（1）在2010年10月的中级行情中没有在行情结束的第一天撤退，其实应该提前撤退的。

（2）在2022年4月底大盘波段见底时，抄底时的仓位是可以的，但是没有发扬积极进取的精神，操作过于稳健，有点浪费超跌资源。

（3）有时对于大市值中线爆破点股把握不好，主要是第一买进时仓位过重，影响了心态。

（4）中线爆破点股操作时出现过要么过早出货，要么高点出货太少（包括爆破点还没有爆破），分批中庸的原则还可以继续改进。

（5）抄底时左侧的仓位可以更慎重一些，在右侧的第一时间可以激进一些。

（6）在下跌的初期要敢于上期指以及对于仓位过重的中线股做倒 T 差价。

（7）在下跌趋势中，要重视 30 日均线的压力以及压力产生时的第一时间。

第 40 篇
几个股市独门王炸级实战秘籍

近期我又把《孙子兵法》研读了一遍，更加坚定了原来的理解。《孙子兵法》通篇讲的核心内容，浓缩起来就是两个方面：一是慎始慎终，是"不战""不败"之法。二是以强胜弱。这与股市兵法是一致的，所以我们的目标是保值增值，不是要去战斗追求快感。

下面我来总结一下股市中的不战不败（低回撤）之法和以强胜弱的王炸技巧。

一、股市中的不战不败之法则

慎之于始，慎之于终。未料胜，先料败。

（一）大盘常见风险

1. 平衡市常见风险

平衡市的定义是，指数箱体上下波动，成交量处于正常平均状态。

（1）箱顶风险。

（2）破 10 日均线的高位负连续。

（3）利空消息破坏情绪的风险（包括可预期的利空消息）。

2. 弱势常见风险

弱势的定义是，指数空头趋势波动，成交量处于较低水平。

（1）坏情绪发酵过程中的风险。

（2）重要均线压力位（30 日、60 日、120 日、年线的压力）风险。

（3）不会做负 T 的呆若木鸡风险。

（4）过早重仓抄底非低风险（现金选择权、低位小市值）品种的风险。

（5）被非实质性利好诱惑的风险（熊市不管是大盘还是个股，非实质性厉害利好没有用，一般性的实战技巧没有用，做空除外）。

3. 强势常见风险

强势的定义是，指数多头趋势波动，成交量处于较高水平（具体数值可以统计前一个强势的大盘成交数值水平，可以根据指数位高低、扩容情况、自己能力进行适当修正）。

（1）重要波段顶部没有提前出逃的风险。

（2）意外大跌杀跌不抄底的风险（在期指交割日严重超买时容易大跌）。

（3）强势过程中重仓滞涨股的风险。

（4）极强极弱时都要注意 PSY 的作用和威力。

（二）个股常见风险

1. 股价趋势风险

（1）注意赛道股超买后的反杀风险。

（2）注意平衡市中的违反万能公式的追高风险。

（3）注意弱势中的强势股补跌风险。

（4）注意平衡市中的利润"坐电梯"风险。

（5）注意强势市场中不勤奋风险。

2. 基本面风险

（1）绩优股基本面趋势转坏风险一定要防范。

（2）注意潜在的退市风险。

（3）注意综合情况的平庸风险。

3. 消息面风险

（1）注意负爆破点风险。

（2）注意弱势中半成品利好落空风险。

（3）注意弱势中的利好出尽风险。

（4）注意高位股的流动性风险（包括大盘高位停牌和小市值个股承接盘风险）。

二、独门王炸实战技巧总结

以强胜弱，锦上添花，雪中送炭。

（一）锦上添花

（1）在强势初期需要注意多品种组合。

（2）热点、题材、量能至关重要。

（3）主动性风格更有效。

（4）短线超买时注意滞涨的低位筹码集中股。

（5）大盘强势时第一次指数或者强势板块大跌，可以少量抄底。

（6）二八现象出现时，要顺势而为，不能固执己见不动作。

（7）对于短线非实质性利空可以注意短线低吸机会（如股东减持等消息）。

（8）大盘尾市跳水，低位仙人指路 K 线个股有机会。

（9）注意阶段券商、保险（有二级市场资产）股的牛市机会。

（二）雪中送炭

（1）比较大的左侧机会抄底一定要注意分批递进，不能过早重仓。

（2）左侧抄底要以低风险股和小盘中线爆破点股为主。

（3）右侧抄底要以已经重仓的股为主。

（4）在重要的低位区风格可以激进一些。

（5）在重要的低位区可以利用定增、大宗交易、现金选择权、绝对面值手段。

（6）重要低位有心理障碍时刻用尾市分批法。

（7）抄底过程中如果出现短线利润但大盘未明显止跌也需要短线高抛，要防止补跌。

（8）在大盘重要低点时一旦严重超跌的小市值股走强，要注意投机机会。

（9）重仓的股票一定要熟悉、研究透，不能是临时起意。

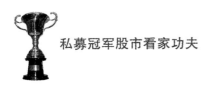

第 41 篇
最先进的小众特征选股法

个人成功一定是存于个人的内心深处，具有无形的个人价值。如果你的生活路径给予你自己的重要底层文化思想都是大众的，你的命运必然是大众的。如果一个人异于并杰出于大众，一定是他（她）的父辈、嫡系师傅或者他（她）本人具有异于大众的个性品质（包含技能、运气）。

今天，我们就来总结几个比较先进的小众特征选股法。

一、要约收购选股法

（一）选股法则

有的股票的大股东在已经是第一大股东的基础上，通过局部要约收购的方式（通常是高价）继续扩大股权至 50% 以上，以达到绝对控股。一般情况下，这样的股票，其大股东都有加强上市公司基本面的后续动作，通常是注入资产。

（二）实战注意点

（1）通过查阅要约收购书来查阅要约收购目的和承诺。

（2）有的股票会隐含其要约收购的真实目的，可以查阅其大股东的关联未上市资产和后续目的，一般情况下如果后续没事，大股东不会无缘无故地进行要约收购事项。

（3）对于这类股票，要有耐心等待大盘和其自身的双低价格低点吸纳，然后中线持有，当然也可以适当地做波段差价摊低筹码成本价格。

（4）如果大股东是注入自身的资产，往往希望低价增发完成，这样可以使该资产占有更多的股份份额。

（5）这类小市值股可以加分对待，往往爆破点爆发时对股价刺激更大。

（6）券商行情交易软件中的板块风格分类中常有"要约收购"，一些时间较久远的也可以通过查阅历史公告了解。

二、中线承诺选股法

（一）选股法则

有的大股东在获得股权控股资格时，是有解决"同业竞争"承诺的，可以此为线索，分析其资产重组的可能性，如果概率较大可以作为重要的选股依据。

（二）实战注意点

（1）通过查阅承诺，了解清楚关键时间，在这个时间之前逢低考虑，需要注意的是，这个承诺时间会有所改动，要经常联系上市公司了解后续情况。

（2）对于这类股票，要有耐心等待大盘和其自身的双低价格低点吸纳，然后中线持有，当然也可以适当地做波段差价摊低筹码成本价格。

（3）如果大股东是注入自身的资产，往往希望低价增发完成，这样可以使该资产占有更多的股份份额。

（4）可以查阅其大股东的关联未上市资产，进一步了解情况。

（5）这类小市值股可以加分对待，往往爆破点爆发时对股价刺激更大。

（6）这类需解决"同业竞争"的承诺可以通过查阅股吧中的历史公告和董秘问答了解。

三、大宗交易选股法

（一）选股法则

所谓大宗交易，又叫大宗买卖，是指数额较大的证券交易，经买卖双方私下达成一致协议并经交易所达成买卖的证券交易方式。A股单笔交易数量在30万股（含）以上，或者交易金额在200万元（含）以上的，都需要进行大宗交易。

大宗交易的成交价格，由买方和卖方在当日最高和最低成交价格之间确定。也就是前收盘价的90%~110%。所以如果当日为涨停价，那大宗交易价格就最多可以有20%的折价。

（二）实战注意点

（1）在大盘的中线低点可以通过大宗交易的方式买进股价处于中线低点的基本面不错的股票，因为通过大宗交易买进有锁定期的大小非减持股票可以有比较大的折扣，在大盘中线低点时这样操作，获胜概率比较大。

（2）大宗交易的信息可以通过查阅上市公司的大小非减持公告（然后联系），一般情况下5%以上的股东减持需要公告和锁定期（买进后锁定6个月）。

（3）如果一个上市公司的大小非减持是一个接盘股东（买家是同一个证券营业部），且接盘数量比较大，在锁定期解禁前后，该接盘股东如果被套，该股一旦放量走强，就可能会出现波段机会。

四、定向增发选股法

（一）选股法则

股票定向增发是指上市公司针对少部分的特定投资者发行新的股票，且打折出售，有一定的锁定期（通常是6个月）。

（二）实战注意点

（1）在大盘的中线低点可以通过定向增发的方式买进股价处于中线低点的基本面不错的股票，因为通过定向增发买进有锁定期的大小非减持股票可以有比较大的折扣，在大盘中线低点时这样操作，获胜概率比较大。

（2）券商行情交易软件中的板块风格分类中常常有"定增预案""近已解禁""即将解禁"分类，可以查阅相关信息。

（3）如果有少数股东的大宗定向增发被重套，在大盘和个股的双低点可以作为中线品种埋伏。

（4）在平衡市或者偏强势中，大宗被套的定增解禁是个短线爆破点，接近的股东最好是二级市场属性比较激进。

五、特征大股东选股法

（一）选股法则

有的大股东是专门做资产重组的机构，比如一些创投属性的大股东买壳就是为了运用资产重组手段做高市值然后退出赚钱，这样的股也值得进一步跟踪与研究。

（二）实战注意点

（1）在大盘和个股的双低点可中线介入，有短线机会时也可低吸高抛摊低成本。

（2）在个股活跃期也可以短线台历做差价。

六、中线大题材选股法

（一）选股法则

有些个股可能具备社会大题材的中线概念。

（二）实战注意点

可以根据技术指标的高低点结合消息题材的进程阶段性地低吸高抛。

七、底线利益选股法

（一）选股法则

有的股具有一定的阶段底线，比如股价跌破了现金选择权价格、欲定增价格、有效面值价格，在大盘背景尚可的情况下，大股东会想办法的。

（二）实战注意点

可以根据大盘和个股的低点在选股时对这个条件加分，如果这些个股再叠加其他一些选股有利条件，概率将会更大。

第 42 篇
抄底战术的精细应用

在大扩容与宏观经济形势不明朗时期，抄底战术是最切合实际的炒股方法，如何才能成功地进行抄底操作是职业投资者必须掌握的，有了实用的策略，同时还必须要有精细熟练的战术细节保证。那么我们就来总结一下抄底的微观行为实务细节。

一、抄底前的风险防范

由于大扩容的持续不断，A 股在相当长时间内的有效盈利模式是：在大盘最悲观的时刻，发现个股的最强逻辑。

（一）杜绝重仓和中长线

（1）在弱平衡局面下（未出现急跌前），不能轻易重仓和中长线，包括有折扣的定增和大宗交易。

（2）中线赌注股也需要控制仓位并进行比较大比例的短线操作。

（3）对于均线压力要保持足够的警惕性和行动力。

（4）对于大利空情绪要保持足够的警惕性和行动力。

（二）以短线和超跌题材品种为主

（1）选股要精益求精，而且必须是低位的，价格未到低位前要保持足够的耐心。

（2）要尊重统计规律，在弱势中小利好也没什么用。

（3）个股利润不能要求高，有差价、利好，就必须利用，不能"坐电梯"。

（4）以往经验是，常在自选榜上熟悉活跃股操作的相对顺手，大市值股相对不顺手。

二、抄底宏观经验总结

（一）看到右侧迹象胜率更高

（1）左侧抄底容易失误，不如右侧迹象出现后去追涨买进，事实证明，没买到最低点也往往比左侧抄底的价格低。

（2）箱体下沿的超跌，必须看到平准股的平准行动迹象，否则不要着急。

（3）有消息配合的第一根凌厉阴线往往是止损信号。

（4）右侧初步迹象常常是严重超跌后的比较强硬的利好消息和放量中大阳线。

（二）跌幅具有吸引力的时刻

（1）抄底的资金量要根据跌幅来匹配，跌幅越狠投入的资金量可以越大一些。

（2）在跌幅具有吸引力时，可以采取适当的尾市行为，但必须是有仓位控制的分批行为，左侧行为的仓位不能轻易超过40%，一旦出现失误，会发生心态焦虑。

（3）右侧的第一时间可以下手重一些，这时也需要有一些耐心（有时心态不稳需要修复），同时注意重要均线的位置。

（4）抄底的位置以及反弹的情况要复习历史类似K线情况，并进行原因和结果的比较。

三、近几年的底部形成总结

（一）2022年的上半年下跌

（1）从2021年4月6日开始下跌，到2022年4月27日结束。

（2）下跌过程中有反抽，然后30日均线有明显压力。

（3）建大底后是依托10日均线的上涨反弹，然后在年线见顶。

（4）反弹的强力品种是前期主力被套的热门股新能源赛道股。

（二）2021年春节后的下跌

（1）因为国内疫情暴发，春节后开市出现了两个跌停，然后呈"V"形反弹接近下跌前的高点位置。

（2）第一次反弹的主力品种是疫情受益概念。

（3）因为全球疫情暴发，欧美股市大跌，再度连续下挫，并跌破前低点2685点，到达2646点低点，然后形成斜上小箱体的走势。

（4）走势稳定后，启动创业板注册制，金融股发动了造势行情。

四、抄底的技术性研判

（一）常见的研判技术指标

（1）PSY的超跌情况。

（2）CCI的超跌情况。

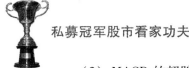

（3）MACD 的超跌情况。

（4）周 K 线的超跌情况。

（5）把这些指标与历史近期的超跌情况进行比较。

（二）底部形态

（1）"V"形底的形成。往往是前期下跌幅度足够大，跌速足够急，然后在前期的箱底或者箱顶（密集区下一点）附近结束。

（2）双底的形成。当大盘和个股经历长时间的下跌之后，出现企稳的迹象，在 K 线图形上会形成双重底的形态，而右侧出现成交量放大，这时一旦突破颈线位置，就是我们大胆抄底的时候。案例情况可以参考 2018 年和 2021 年。

（3）箱体整理的形成。大盘或是个股在长时间下跌之后，会有一个横盘整理的状态，让 K 线形成一个箱体，当底部在箱体右侧成交量逐步放大，最终放量突破箱体顶部的时候就是转强的征兆。

（4）底部的心态。A 股市、政策市、主力市、消息市，不完全是自由波动，在极端情况下，大主力是有调控措施的，不能受自己的情绪影响，淡然不出现情绪问题的前提是不能让自己在底部来临时陷入被动的处境，人在不同的处境时，心智能力是不同的。

第 43 篇
沪深股市几次重要底部区域情况研究

都说"底"是走出来的，而不是靠猜出来的。但是，总有极少数投资者，对市场底部有着模糊但大致正确的判断。他们到底是天生敏感，还是借助了什么厉害指标呢？其实，如果了解沪深股市的真实客观，摆脱情绪的干扰，重要底部区域还是比较容易判断出来的。那么底部形成的判断依据是什么呢？其实就两个：一是管理层的倾向态度（坚决度），二是市场的抛售意愿（成交量是否足够低，不能是持续带量跌）。

理论的认识了解与现实准确还是有着一定距离的，为了让我们更直观清晰地了解底部的特征，我们现在来回顾一下沪深股市近几次重要底部区域的情况。

一、2022 年 4 月底的底部形成

（一）下跌原因

（1）疫情反复。

（2）俄乌冲突。

（3）美国加息导致人民币贬值和外资流出 A 股。

（4）美股同步下跌。

（二）下跌情况

（1）从相对高点开始的下跌，此前是一年半的强势箱体行情。

（2）从 3708.94 点跌到 2863.65 点，跌幅 22.79%。

（3）从 2021 年 12 月 13 日跌到 2022 年 4 月 27 日，下跌时间 4 个半月。

（4）最后一跌时间为，从 2022 年 4 月 7 日跌到 4 月 27 日，20 个自然日，从 3290.26 点跌到 2863.65 点，跌幅 12.96%。

（5）组合波下跌。

（三）底部的情况

（1）救市政策出台明显并比较坚决。

（2）低点买盘坚决。

（四）恢复上涨情况

（1）反弹时，人们的情绪处于战战兢兢中。

（2）沿着 10 日均线反弹，反弹到 10 日均线处见顶。

（3）前一轮活跃赛道股反弹力度大。

二、2020 年 3 月底的底部形成

（一）下跌原因

（1）疫情在全世界扩散。

（2）美股大跌并多次熔断。

（二）下跌情况

（1）从相对高点开始的下跌，此前是中国疫情暴发后的救市返单行情。

（2）从 3074.26 点跌到 2646.80 点，跌幅 13.90%。

（3）从 2020 年 3 月 5 日跌到 2020 年 3 月 23 日，下跌时间 18 个自然日。

（4）单波急跌。

（三）底部的情况

（1）救市政策出台明显并比较坚决。

（2）低点买盘坚决。

（四）恢复上涨情况

（1）反弹时，人们的情绪处于战战兢兢中。

（2）小斜缓上箱体震荡弱反弹。

（3）6 月底出现了创业板注册制造势行情，金融指标股表现突出。

三、2019 年 8 月初的底部形成

（一）下跌原因

（1）强势中级行情结束。

（2）美股处于上涨过程中。

（二）下跌情况

（1）从相对高点开始的下跌，此前是 4 个月的中级上涨行情，涨幅为 51.10%。

（2）从 3288.45 点跌到 2733.92 点，跌幅 16.86%。

（3）从 2019 年 4 月 8 日跌到 2019 年 8 月 6 日，下跌时间 4 个月。

（4）最后一跌时间为，从 2019 年 7 月 30 日跌到 8 月 6 日，7 个自然日，从 2965.63 点跌到 2733.92 点，跌幅 7.81%。

（5）组合波下跌。

（三）底部的情况

跌到年线后止跌。

（四）恢复上涨情况

之后开始依托 60 日均线和年线震荡箱体走势。

四、2018 年底的底部形成

（一）下跌原因

（1）中美贸易战。

（2）人民币贬值。

（3）美股处于上涨过程中。

（二）下跌情况

（1）从相对高点开始的下跌，此前是大半年的大盘蓝筹股（中小创持续跌）上涨行情。

（2）从 3587.03 点跌到 2440.91 点，跌幅 31.95%（大盘股跌得狠）。

（3）从 2018 年 1 月 29 日跌到 2019 年 1 月 4 日，下跌时间 11 个月。

（4）最后一跌时间为，从 2018 年 12 月 4 日跌到 2019 年 1 月 4 日，1 个月时间，从 2666.08 点跌到 2440.91 点，跌幅 8.45%。

（5）组合波下跌。

（三）底部的情况

进入新年初。

（四）恢复上涨情况

（1）新年 1 月沿着 10 日均线小跌小阳方式的迟疑上涨。

（2）春节后在金融股的带领下加速上涨，出现中级行情。

（3）反弹到上个箱体的箱顶密集区。

（4）反弹幅度为涨幅 51.10%。

五、2016 年 1 月底的底部形成

（一）下跌原因

（1）熔断制度开始实施。

（2）新年逆反（新年初往往是机构活跃时间）。

（3）融资的最后出逃。

（二）下跌情况

（1）从超跌反弹后高点开始的下跌，此前年底反弹幅度是 29.25%（在

私募冠军股市看家功夫

年线处止涨）。

（2）从 3684.57 点跌到 2638.30 点，跌幅 28.39%（熔断时急跌）。

（3）从 2015 年 12 月 23 日跌到 2016 年 1 月 29 日，下跌时间 1 个月。

（4）最后一跌时间为，从 2016 年 2 月 24 日跌到 2016 年 2 月 29 日，5 个自然日，从 2929.87 点跌到 2638.96 点，跌幅 9.93%。

（5）单波急跌。

（三）底部的情况

（1）救市政策出台明显并比较坚决。

（2）低点买盘坚决。

（四）恢复上涨情况

（1）无量长时间的艰难弱反弹。

（2）年线与 30 日均线的支撑、依托力明显。

六、2012 年 11 月底的底部形成

（一）下跌原因

（1）此前的 11 年是依托 60 日均线压力的震荡下跌年。

（2）2012 年上半年偏强，下半年行情偏弱。

（二）下跌情况

（1）从阶段高点（年线下方）开始的下跌。

（2）从 2453.73 点跌到 1949.46 点，跌幅 20.55%。

（3）从 2012 年 5 月 4 日跌到 2012 年 12 月 4 日，下跌时间 7 个月。

（4）最后一跌时间为，重要会议前的市场调整，调整幅度为 6% 左右。

（5）组合波下跌。

（三）底部的情况

重要会议后 10 月底，市场在月底又出现了一轮小幅下跌。

（四）恢复上涨情况

（1）进入 11 月，没有任何征兆的银行率领的大盘开始连续上涨，启动中级行情。

（2）银行股是热点主线，小市值股滞涨。

（3）从 2012 年 11 月一直涨到 2013 年春节（2 月 18 日），春节结束后的第一个交易日开始见顶下跌。

（4）反弹上涨幅度为，从 1949.46 点到 2444.80 点，涨幅 25.40%。

七、规律性总结

（1）一个趋势形成后 30 日均线、年线的压力（或者依托力）明显。

（2）一个阶段高点出现后要格外小心注意。

（3）近几年最大单边趋势跌幅为 31.95%，最近的单边趋势跌幅为 22.79%，与背景比较是与市场情绪合拍的。

（4）组合下跌波的最后一跌幅度在 8%~10%。

（5）重要会议前如果出现了较大下跌，会议后容易出现中级行情。

（6）急跌行情，往往会出现双底走势。

第 44 篇
A 股历史经典 K 线组合总结（大盘篇）

普通人向个人经验学习，有心人向宏观历史学习。

股市的历史就是历史 K 线组合，以及发生这些 K 线时的背景消息和人们的情绪，了解熟悉历史 K 线组合，是我们提高和增强自己炒股能力不可或缺的过程。下面，我就把一些最重要的经典 K 线过程进行归纳式的记录总结。

这篇总结的是大盘 K 线波动规律。

一、大涨之后有大跌，大跌之后有大涨

（1）历史上最大的几次牛市过程，都出现了较大幅度和较长时间的熊市下跌。比如 2008 年、2015 年、2017 年。

（2）历史上最大的几次趋势大跌后，都出现了偏大的趋势涨幅。比如 2009 年、2019 年、2020 年。

二、偏大行情的出现与制度变化、融资、社会投资规模有关

（1）历史第一峰6124点是由于国家股、法人股流通股改造就的。

（2）历史第二峰5178点是由于开设融资制度和重发新股造就的。

（3）历史第三峰3731点是由于创业板注册制试点造就的。

三、牛市趋势时长

（1）历史最大牛市持续时间为2年半（2005年6月6日至2007年10月16日）。

（2）历史次大牛市持续时间为1年（2014年7月1日至2015年6月12日）。

（3）历史第三牛市持续时间为半年多点（2020年3月19日至2021年2月18日）。

四、大跌势趋势时长

（1）历史最大跌幅趋势时长为1年（2007年10月16日至2008年10月28日）。

（2）历史上次大跌幅趋势时长为10个月左右（2018年1月29日至2018年10月18日）。

（3）历史上次大跌幅趋势时长为2个半月（2015年6月12日至2015年8月26日），这次为急涨急跌。

（4）历史上第四大跌幅趋势时长为1个月（2015年12月23日至2016年1月28日），此次为熔断方式下跌。

五、敏感时间点

（1）起涨的敏感时间点比较多的为1月、7月、10月、11月。

（2）下跌的敏感时间点比较多的为1月、6月、10月、12月、春节后。

六、趋势演变方式

（1）行情启动与消息有关，与金融的领涨启动有关。

（2）行情初跌与消息有关，与普跌并跌破 30 日均线有关。

（3）上涨过程中 10 日均线、30 日均线、60 日均线、年线是重要支撑线。

（4）下跌过程中 30 日均线、半年线是重要压力线。

（5）强势中的调整阴线最多为三根，大阴线调整为一天半。

（6）弱市中反弹如果把握不住热点，不做不算错。

七、箱体波动方式

2020 年以来出现了指数箱体波动方式，这种波动方式的规律我们也需要了解。

（1）箱体波动的区间一般为 8% 左右，有明显的箱体高低点趋势。

（2）大箱体中可能套有小箱体。

（3）大箱体的下沿有指标平准股在维护低点点位。

（4）箱体情况下，个股有高振幅赛道股与低振幅昏迷小盘股之分。

第 45 篇
A 股历史经典 K 线组合总结（选股篇）

这篇总结的是个股 K 线波动规律。

一、强势机会 K 线总结

（1）新上市开板后的强势横盘的有特质（如金融、科技）的次新股后续表现较好，强势的标准是守住 30 日均线。典型的样板案例有宏业期货上市时的图形。

补充说明：多数新上市的次新股开板后表现较差。

（2）超强势 K 线的股在没有出货的大盘背景情况下，股价调整到重要均线处容易出现强劲反弹。重要均线是指 30 日均线、60 日均线。典型的样板案例有绿康生化在 2022 年 8 月 12 日的情况。

（3）连续涨停的大涨停股，开板后依然强势的，在 30 日均线处遇到明显支撑的，存在着波段机会。

（4）逆势独立上升行情的强庄股，调整支撑位价格支撑是 30 日均线或者 60 日均线。

（5）连续规律小阳线股，在经历过大盘打击并扛住后，容易出现较大的爆发。

（6）初次连续堆量强势后，如果遇到一次大盘大跌的打击，大盘止跌安全后，容易出现较大的反击机会。

（7）历史有明显初步堆量的个股，在遇到下一个重要低位叠加大盘机会背景时，一旦启动则涨幅较大。

（8）跨越重要底部（重要底部形成前有急跌）时的强势横盘小盘股容易出现波段强势。

（9）前期强势股在大盘重要低点价格落在重要均线处的个股容易出现波段强势行情。

（10）逆大盘强势，最终扛不住下跌，在大盘止跌后容易自己出现较大波段的上涨。

（11）螺旋桨抵抗下跌，待大盘止跌后，容易快速大波段上涨。

（12）规律性总结。

1）历史有过什么表现，待到低位后容易历史重演。

2）均线支撑很重要。

3）板块热点效应很重要。

4）强势受打击后报复或者超跌后的再超跌。

5）一些有较大减持的个股在低位走强，容易出现较大波段上涨。

二、弱势风险 K 线总结

（1）基本面变成 ST 后的下跌很凌厉，特别是在年报前后的退市威胁很严重。

（2）基本面原本不错的机构重仓股一旦有利空，其杀伤力就很强。

（3）科创板由于有资金门槛，基本面差的股市真没有人买，长时间弱势遥遥无期。

（4）高价股一旦下跌，其杀伤力就很大。

（5）资产重组题材一旦终止，股价在弱势中就容易连续跌停。

（6）两年次新股，由于持续有解禁股，容易跌幅较大。

（7）基本面一般的股由于热点概念炒作，股价大幅涨高后一旦下跌就会杀伤力很大。

（8）新上市股票顶位高的，一旦出现负连续，下跌就会杀伤力很大且时间长。

（9）超级大牛股的其后表演就是超级大熊股。

（10）大股东出现问题的大盘股也很难改变颓势。

（11）在较大行情（包括中级行情和牛市）后，绝大部分股票具有极大杀伤力，暂时抗跌的股也会补跌。典型样板案例有 2015 年 6 月底的情况。

（12）高商誉股票，一旦业绩下滑，在年报公布前的 1 月中下旬就容易因计提出现急跌。

三、最后说明

该规律统计日期为 2022 年 11 月 13 日，这样的统计应该每隔一段时间进行一次，一方面发现新的规律，另一方面强化复习记忆。

第 46 篇
平衡市中较有效的短线选股技巧

股市短线实战主要考虑五个问题：一是短线效率；二是防范失误风险；三是实施的灵便性；四是综合相对考量；五是其他优势的叠加。

下面我就这五个方面的综合实务运用进行总结，以供理论指导实战，并形成具体规范的行动本能。这是我目前正在实战运用的独门技术——最核心的内部技术。

一、短线效率

（一）最能反应短线效率的指标是"量比"

一只个股的量比指标开始放大，证明这只个股开始活跃。

（二）持续地量比放大才有真实性

有时一只个股放量一天，具有偶然性，但持续地量比放大，就具有大资金行为的有效性。

（三）因此关注量比指标就是关注短线活跃

研究个股的量比指标，是我们短线选股时需要最优先考虑的指标。

二、防范个股的失误风险

（一）"量比"指标的通常用法

"量比"指标非常简单，每个免费软件上都有，只要用鼠标点一下"量比"，行情软件就会自动排序，把当天即时放量的个股排序出来。

（二）"量比"指标使用的常见失误

简单使用"量比"指标有个缺点，就是放量的同时容易产生阶段高点，这样不但没有实现短线盈利效率，反而容易增添短线亏损率，这种错误是许多情绪化追涨杀跌股友不学自会的最常见现象。

（三）"量比"的花门独门正确用法

经过多次统计规律以及实战检验，我们发现了"量比"更实用的方法，就是"量比"倒序排名，从量比排序最低的一类股中选短线潜力品种，其原理是只有近期持续放过量的个股缩量调整后才可能出现在"量比"倒排序榜上，这样既解决了活跃性问题，又解决了相对低位不追高的问题。

三、花门量比短线选股法

第一步，"量比"倒序排名。

沪市主板、深市主板、创业板可以每天看一两版，科创板、北交所股票由于资金门槛的问题，在平衡市中的短线机会较少，在平常的非牛市情况下可以忽略。

第二步，选择技术形态相对低的个股。

（1）重要均线（MCST 指标）附近的强势调到位股优先。

（2）近期出现过连续"量比"放大过的个股优先。

（3）不久远历史内（一年内）有过突出价涨量增的个股优先（经历过大盘大跌打击更好）。

（4）MACD、KDJ 指标出现调整结束的预示指标数值优先。

（5）筹码集中股（十大股东中有机构重仓或者回落时呈现螺旋桨 K 线组合）优先。

同时要考虑万能公式（大盘、题材热点、前期绝对涨幅等）。

四、常见错误和纠错

（1）做短线也需要考虑大盘，不能不顾大盘做个股，大盘出问题时此类个股需要止损。

（2）选择这类个股要注意其的大形态不能太高，股价不能高于重要均线（MCST）太多。

（3）缩量调整要充分，最好是个股已经开始微红跌不动时，不能是在持续缩量调整的时候。

（4）不能采取极端方式，要将个股数量和操作时机进行组合。

五、跟踪和比较

每天这样选股，会选出一批较多的个股，这样可以放进自选榜中进行比较，优中选优。

（1）要在自选榜上有"年初至今涨幅"的中线排名。

（2）要在自选榜上有"三日涨幅""五日涨幅""十日涨幅"排名。

（3）要在自选榜上有"回头波"排名。

（4）要在自选榜上有"股东人数""人均持股"排名。

（5）要在自选榜上有动态市盈率排名。

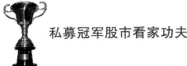

（6）要在自选榜上有日成交金额排名。

六、背景时机节奏考量

在大盘不同背景时，选择的个股类型是不一样的。

（一）正常平衡市背景

（1）定义：成交量中等，指数沿着10日均线缓慢上涨。

（2）注意板块：超跌股（爆破点股）或者强势被锤股。

（二）弱平衡市背景

（1）定义：成交量较小，或者大盘MACD指标不良时。

（2）注意板块：小市值个股或者筹码集中股。

（三）强势平衡市背景

（1）定义：成交量较大，或者大盘MACD指标良性时。

（2）注意板块：热门题材股或者MCST线止跌股。

（四）超跌低位平衡市背景

（1）定义：大盘严重超跌或者超跌后第一根大阳线时。

（2）注意板块：最低位的放量股（MCST线下强势股）或者当天的放量股。

（五）初起中级行情背景

（1）定义：大盘成交量明显放大并出现明显造势领涨板块时。

（2）注意板块：当天的放量股或者偏大市值龙头股。

第47篇
股市投资中的内在核心智慧

等待信号—进场—出局，再等信号—进场—出局。

只是不断重复的一个过程。

导致很多做了很久的交易者或学习了很久的交易者，还是不能做到稳定的原因，是主观意识的昏聩和迷离，使交易逆规律，并陷入混乱的泥潭，抑制不住地主观交易、情绪化交易、逆势交易甚至是盲目重仓交易。

其实，交易之道并不是特别复杂，关键是开悟觉醒；交易之道，始于客观，终于顺势，贵于有知者无畏，胜于心态！心中也愈充满敬畏，臣服于头顶的星空与内心的秩序！

下面，我就来总结一下我认为的 A 股投资中的内在核心智慧。

一、客观实在

（一）融资是第一任务

在 A 股融资是第一任务，个人利益服从集体利益，集体利益服从国家利益，你分析市场的角度必须站在融资的立场上、国家的立场上。这样，你就可能会冲淡那些教科书中不切实际的理论，比如，长线价值投资、僵化的波浪理论，融资者和领导是不太考虑这些股市专业术语的。

（二）有大主力

A 股中力量有两大股：

1. 一股是以牟利为目的的乌合之众

他们的行为主要分为两种：

（1）机构大户多是以政策、基本面分析为主的长线价值固化派，我们称为永炖机。

（2）部分散户和游资是以热点题材、技术面分析为主的短线波动投机派，我们称为永动机。

不管是永炖机还是永动机，其赌性都是核心内容，他们都是股市中的羊，是博弈利润的常见贡献者，这都是我们能看到的。

2. 还有一股是大主力

无形之手确实是有形存在的，但是很少有人会注意到，或者对于他们的行为缺乏研究，其实他们的行为比较简单且明确，也是两种：

（1）稳定市场。在平常时间让市场自由波动，在极端时刻逆反操作，研判他们行为的关键思维是，国家对于市场的波动性希望是：稳中有涨，涨幅有限。

（2）尽量盈利。有两点值得研究：第一点是大行情产生的可能性是与大主力的盈亏处境相反的，大主力被重套，市场就容易并可能出现大行情，反之，大主力盈利的，市场就难以有太大的上涨空间。第二点是极端时在某种时刻的行为是有效的，某种时刻并不一定有效，并且也要为盈利负责，但是最终结果一定是有效的。

二、周期循环

（一）平稳期的周期循环

平稳期的周期循环有两种波动值得注意：

（1）大盘的箱体波动。大盘箱体运行时，在箱体下沿是存在着大盘平准指标股或者板块的（常常是金融板块的一类）。

（2）个股的极端逆转。个股结构化波动，跌透的个股和板块有希望，涨透的板块有绝望，相信放卫星的诱惑是会死人的。

（二）单边市的周期循环

根据稳中有涨、涨幅有限以及市场高市盈率的背景，大涨必有大跌；根据公众稳定性的需要原理，大跌必有大机会。这一点既要有清醒的认识，也要有充分合理的防范和利用。由于高市盈率，每过一段时间，一有消息面负面情绪，波段风险就会在市场出现。这一点一定要时刻牢记。

三、愚蠢和雷

（一）愚蠢

（1）非统计性的情绪感觉化。不统计熟悉 K 线历史，不比较 K 线历史。

（2）非客观性的股市儒家执拗化。有些理论的诞生是为了市场的稳定和利益集团的角度（如券商鼓励短线交易），而不是真正的股市兵法。

（3）非高概率的赌博传奇化。最常见的是追求低概率的高振幅思维和操作。

（二）雷

（1）理论雷。长线必遇黑天鹅和经受大跌的考验。

（2）业绩下滑与退市雷。

（3）赛道雷。赛道理论获胜的前提就是须有大量的不客观赌徒的存在，当然博弈的赢家常常有舆论的配合。

四、常见机会

（1）强势大量。

（2）再融资抛诱饵。

（3）大跌。大跌之后极少存在修复机会，也常常与强势大量、再融资挂钩。

（4）现金选择权机会。

（5）题材博弈机会。

（6）主力自救机会。

五、与谁博弈

在牌桌上，你想赢钱，必须发现鱼，如果你没发现，你自己就是。

在股市中与谁博弈呢？

（一）公众

（1）在市场上稳定强势时，与公众的习惯进行博弈。

（2）在市场不稳定弱势时，与公众的错误情绪博弈。

（二）情绪

这个情绪是指自我情绪，必须用框架、比较、规律、策略抑制自己的情绪，始终保持良好的仓位和心态。

（三）波动性

控制投资标的的股价下限是重中之重。

六、以强胜弱

（1）在交易权限上以强胜弱。

（2）在了解信息的勤奋上以强胜弱。

（3）在自己的客观优势上以强胜弱。

（4）在持股价格上以强胜弱。

七、黑天鹅与习惯

（1）股市投资是长线事业，必须是长线赢家，容不得一次大败。

（2）A股的高市盈率特性，必然会经常出现黑天鹅，一定要回避。

（3）回避黑天鹅的常见有效习惯性措施有：资金控制、品种的有效反击性、短线操作思维、悲观思维（低价基本面尚可股与小市值重组、绩优股要熟悉）。

（4）但是，悲观防守思维不能影响机会来临时的果敢（这是许多防守思维的重要弱点）。

第48篇
怎样制订阶段的实战操作计划？

股市投资必须有计划，制订计划的主要目的是：有目的的工作任务，有应变的措施，有容错、纠错的手段。把你的技能正常地发挥出来，不受到情绪的干扰，同时又不会出现不应该出现的较大错误。

没有计划的情绪追随，或者是没有事先准备工作的灵机一动，就是赌博。赌博容易小赢大输，久赌必输。

计划你的交易，交易你的计划。学会制订阶段的实战操作计划，用盈利模式赚钱，用实现充分的准备工作赚钱，而不是用感觉和临时技术性的选股赚钱，这是职业投资者必须清楚和遵循的原则。下面我就总结一下制订阶段实战操作计划的几个要点。

一、必须客观和有针对性

（一）给市场定性

市场分成四种情形，应对策略是不一样的。

1. 强势市场

强势市场是指市场的成交量足够大的情形，市场持续强势单边上涨，具体成交量能数值需要阶段统计。

强势市场的资产配比是 4：4：2，即 40% 的中线资产（主要指少数重点的中线爆破点和明显单边上升通道），40% 的短线资产（主要指多数量的低位初步量价关系组合以及新热点），20% 的超短资产（主要指尾市的超短操作、现金，意外大跌时现金可以投入）。

中线资产、短线资产、超短资产是可以根据量价关系乖离与题材变化互相转换的。

2. 平稳市场

平稳市场是指大盘处于涨跌不大的箱体平稳状态时的市场，即使出现意外的涨跌，管理层反向调控的意图也非常明显。

强势市场的资产配比是 2.5：2.5：5，即 25% 的中线资产（其中的 20% 也需要根据箱体低吸高抛），25% 的短线资产（要完全根据箱体上下沿位置与箱体单边趋势控制仓位操作），50% 的资产只做梯次的无风险套利和箱体低位的超短组合操作。

3. 弱势市场

弱势市场是指大盘处于低量单边下行过程中，或者处于平均股价重心阶段下沉过程中。

弱势市场的资产配比是 1：1：8，即 10% 的期指做空资产（至于中线还是短线，需要根据实战结果进行调整，初步阶段以短线为主），10% 的资产做无风险套利（通常是跌破面值的优质股转债），80% 的是现金资产，这其中可以在意外超跌时做流通性有保证的超短反弹。

4. 极端市场

极端市场是指牛市尾端的疯狂和熊市尾端的崩溃。

牛市尾端的疯狂，投入 30% 的流通性较好的尾市超短。

熊市尾端的崩溃，可以投入 30% 的低挂分批抄底特殊品种。恢复平稳后按照弱平衡市操作。

（二）投资目的

常见的投资目的有：

1. 基金理财

稳健为主，行情差时低回撤或者不回撤，行情好时净值跳跃，不追求第一。

2. 自我理财

稳健为主，行情差时不做或者做少量期指，行情好时也是稳健操作。先做好基金，再做好自己的资金。

3. 赌注游戏

策略性梯次组合做好硬逻辑个股。

4. 小资金比赛

满仓进出的做高概率短线。

二、要有基本技能保证和盈利模式

（一）常见利润源

股市中常见的利润源有：

1. 强量能博傻

股市阶段的供不应求，主要是社会资金充裕并进入市场，造成股市的持续强势量能（并得到管理层的认可）。

2. 超跌反弹

股市出现阶段的中线超跌，机构和管理层认可市场的救灾行为。

3. 事件热点造势

市场出现了重大事件和热点，导致机构群体的造势。

（二）标的策略

主要的变得股分类有：

1. 赌注品种

主要指有可能出现大涨幅的个股（进行资产重组或者有强主力重套）。用时间和成本优势换取利润。

2. 爆破点品种

熟悉和统计有效爆破点，在爆破点前后的高低点进出。

以赚钱为目的，不能教条僵化操作。

3. 低风险品种

主要指股价下跌的下限可控，表现形式是中低价的低市值基本面稳定股，或者处于低位的市盈利率有保证的低位股。

4. 大势组合品种

在大盘安全时或者大盘强势时技术形态好的个股。

根据万能公式进行组合性的量价关系乖离操作，这类品种可以与其他类品种兼顾。

三、核心资产与偏锋资产

机会分为内在集中爆发形式的和根据大势涨跌而跟随形式的。

（一）集中爆发形式

此类可作为核心资产重点品种，中线结合短线操作。

（二）根据大势涨跌而跟随形式

此类可作为组合资产根据量价关系乖离短线操作，有些规律强的可以根据技术状态来回操作。

四、容错和纠错手段

（一）容错手段

容错手段是指能够持续地降低成本的手段，以后续有资金补仓的能量为主，在大盘好时如果效率不高，可以想办法提高效率。

（二）纠错手段

纠错手段是因为分析失误或者大盘出现意外黑天鹅情况，这时必须使用期指对冲措施或者推出放弃项目，不能让失误失控。

第49篇
弱势中的常见获利手段

在股市弱势中获利难度很大，不但要追求获利，还需要考虑放守，更要有足够的耐心，作为职业投资人，我们必须具备上述的技能和素质，选股和选时机都要慎之又慎，即使在弱势中也要兢兢业业、胆大心细，获得一定的收益。下面我就把弱势中常见的获利手段做个总结，作为弱势中的操作指引。

一、超跌机会

（一）大盘的超跌机会

1. 指数超跌后的机会

耐心地等待大盘超跌后的时机。

大阴线（沪市指数2%以上）以后的止跌，如果沪市指数出现10%左右的波段下跌则是属于接近最佳机会时刻。

2. MACD的良性机会

只做MACD良性时机，比如中等强度的MACD右侧时机或者强势MACD的红柱线周期。

（二）个股超跌机会

1. 中线跌透的个股机会

市场上跌幅最惨烈的个股，只要没有退市风险，终究会出现强烈的反弹，把握住这个群体的初始时机很重要，也需要功底和熟悉度。

2. 好股的波段下跌机会

有一些有中线爆破点的中线好股，在与多数个股共振的情况下出现意外大跌，这类股也可以适当地注意和参与。

二、转债机会

（一）年化收益率机会

1. 短期债机会

3年以内的转债，到期价格的年化收益率比较满意，可以参与。

2. 强赎机会

由于股价长期低于转股价30%或者回购减资导致的面值（加当期利息）的回购机会。

（二）阶段股性机会

1. 转股价降低机会

降低转股价，会增加转债的股性，属于利好，转债通常会涨。需要经常关注转债的群体信息，因为转债下调转股价格前会有提醒公告。

2. 低溢价股

如果转债价格低于到期价格，转债价格又溢价不多，可以作为大盘超跌时的第一批抄底品种。

三、指数权重机会

（一）指数对冲机会

1. 大盘低位暴跌时

第一批次救市的品种，也可以作为第一批抄底的品种，在大盘稳定后需要卖掉（因为会走弱，甚至补跌）。

2. 大盘高位时

中级行情高位时，有时最初期的坚定大跌，低位滞涨的大盘指标股可能会对冲指数（有人认为是掩护出货）。

（二）强势板块机会

1. 中级行情点火

市场长时间弱势后，大主力会活跃市场，中级行情的点火板块经常是金融股和中字头，在有中级行情征兆时，先期的考虑可以是金融股和中字头个股。

2. 强势股

有时在大盘弱势时，大主力会抱团取暖，一些强势的大盘指数绩优股也可以波段注意。

四、低振幅机会

（一）短线有效爆破点

1. 与低振幅个股结合

个股本身具有低振幅特点，又有有效的短线爆破点。

2. 中线爆破点

有中线爆破点的个股又有有效的短线爆破点。

（二）下跌下限低

1. 小市值央企股

主要是指有中线爆破点的小市值央企股。

2. 大股东持股比例大的中线爆破点股

主要是指有过要约收购（经常也有大股东增持）事件的基本面尚可股，上市公司（大股东）有改善基本面的动机和能力。

第 50 篇
论 A 股赚钱需明白的核心问题

股市是一个博弈场，必须知己知彼。了解自己，了解自己的欲望，了解自己的局限，了解自己的目的，了解自己的优势手段；理解别人，理解别人的欲望，理解别人的局限，理解别人的目的，理解别人的优势手段。这其中，了解自己的局限最重要，不了解自己局限的人有可能自己习惯的操作模式是错误的却不自知。

股市收益来自两个方面：一方面是尽可能地获得稳妥正收益，另一方面是尽可能地避免负收益。要使两者平衡兼顾，我们就需要了解在 A 股中赚钱的前提是什么？我们需要明白的最关键的核心问题是什么？

一、兼顾市场主要矛盾和大主力目的的问题

（一）市场的主要矛盾

市场在每个阶段中都存在着主要矛盾，这个主要矛盾主要在于几个方面：影响市场情绪的主要是利空利好消息，这个利空利好消息有三种影响力度：

（1）消息初期导致市场正在运行单边趋势。

（2）消息中期压制多空某一个方向的较大趋势。

（3）消息消除使市场出现反作用力的阶段新趋势。

我们必须了解这个主要矛盾对市场的影响状态，并服从和利用这个状态。

（二）主力的目的

每个阶段市场，大主力都有自己的主要目的，其常见的目的主要有：

（1）维持箱体阶段平稳运行。

（2）防止阶段性的大涨大跌、急涨急跌。

（3）为某件重要事情或者盈利（可能被套了）造势。

每个阶段的主力目的要清楚，并且要适当利用。

（三）市场情绪和主力目的的关系

（1）市场情绪是大势，大主力也需要顺势，大主力在势起作用时不会硬抗，或者只会在势衰竭时起作用。

（2）只有市场情绪平稳时，主力的目的才会起有效的作用。

（3）当市场情绪产生反作用时，主力目的也会生效，这个时间是黄金波段时间。

（四）技术分析和基本面分析

技术分析和基本面分析，要服从阶段主要矛盾和主力目的。

二、选股爆破点的应用问题

炒股其实就是先了解市场主要矛盾和大主力目的，然后在这个系统框架之中进行技术分析和基本面分析，统计出阶段的盈利模式，然后用盈利进行选股，再利用稳健中庸组合，把握住机会。

（一）选股思维的问题

在职业投资者眼中，大盘是可以根据成交量能分为强势、平衡市、弱势三种情况的，这三种情况的选股思维是不一样的。

1. 强势

在大盘成交量足够大（统计数据得出具体数值）的时候，选股思维是选择初步的强势股和上升通道途中的股。中线波段持股思维。

2. 平衡市

在大盘处于平衡市时，选择处于技术指标低位时刻的活跃股和中线爆破点股。中短线结合持股思维。

3. 弱势

在大盘弱势中，大盘处于超跌状态时，选择超跌股。短线思维。

（二）弱平衡市中常见选股问题

通过查阅股友实盘比赛交易记录，我发现绝大多数股友的选股思维只有一种，不管大盘强势、平衡市、弱势，他们的选股和操作思维都是不变的，即追涨（强）杀跌，好像大多数人不学自会，即使是一些老股民也只是做了一些技术细节的补充和调整，但本质上都差不多。

这是一个难点，其难点所在是：

（1）许多人已经养成了习惯，选股时只喜欢这类股，对其他股看不习惯，本性难移，即使多次吃亏也痼疾难改。

（2）这种强势股振幅大（不是概率高），在大盘强势时上涨是大概率的，而在大盘平衡状态和弱势状态中上涨是小概率的，跌起来杀伤力也强。其欺骗性就在于这里，由于在弱势中也有小概率大涨，在强势时也能获得一定战果，逻辑理解力不强的股友就会认为这种方法也不错，出现失误只是运气问题和操作得不好，实际上是方向性的错误。其实这种方法非常坏，最坏的方法不是每次输，而是小概率给点甜头但最终结果是大输的方法。

（三）爆破点的问题

爆破点是花门独门技术，但是要想掌握好这种技术，既要对技术熟练，又要统计出阶段的有效性，还得选股依据过硬可靠，最后不能忘记万能公式，高位的爆破点不起作用，大盘太多时爆破点也不起作用。

1. 爆破点的熟练性

要多掌握爆破点方法的各种小绝招，了解原理且熟悉。

2. 持续统计

持续统计，发现哪些爆破点是阶段有效的。

3. 要依据过硬

选股时要花费功夫，依据要硬，不能想当然，一旦猜测就变成了负爆破点。

4. 要防止抛盘集中涌出

在弱势中，如果抛盘时间点过于集中，就容易出现短线急跌。在弱势中，见好出货，或者利好出尽是利空时很有杀伤力的，这点一定要重视和注意。

三、进攻与防守的综合考虑

由于大盘处于平衡市和弱平衡市时间比较长，所以，那种始终重仓长线的思维以及不见连续价涨量增就不进场的思维，都不太适于当前的市场。那么该采用什么样的操作策略，既能有效地防范市场风险又能获得较为积极的进取收益呢？经过实践检验，我觉得论述一下操作策略比较恰当。

（一）空仓原则

（1）在大箱顶位置要尽量空仓。

（2）在资金敏感时间要尽量轻仓。

（3）在主要矛盾空头时要尽量空仓。

（4）在主要矛盾压制多头时要尽量轻仓。

（5）在主力目的空头时要尽量空仓。

（6）该空仓因为仓位重导致空仓操作时间不够时，用期指做空对冲。

（二）中线爆破点持仓与短线投机原则

（1）在正常大箱体低位时重仓，中线爆破点结合短线强势股。

（2）在大箱体低位弱势非明确危险期时以中线爆破点为主。

（3）在大盘安全时，操作核心中线爆破点资产，利用倒金字塔操作法。

（4）在大盘阶段严重超跌时，个股分散组合买点梯次组合做超短线伏击。

【花言巧语加油站】

（1）最坏的时候就是最好的时候，最好的时候就是最坏的时候。

（2）人有一种天生的、难以遏制的欲望，那就是在理解之前就评判。

（3）没有脚踏实地地建立起来的东西，就无法形成精神和物质上的支撑。

（4）身处残酷的处境时，人就会抢着说消极绝望的话，内心却期待着被人否定。

（5）世界上最大的监狱，就是你的内心，走不出自己的执念，到哪里都是囚徒。

（6）就算你跌入了谷底，也要有与人交换的筹码，这才是强者定律。

（7）利己则生，利他则久，利他是一种高级的利己。

（8）灰色是普遍色，黑白才是极端色。

（9）在互联网上得到正确答案的最佳方法不是去提问，而是发布一个错误的答案。

（10）你说话的温度，决定你人生成功的高度。

（11）如果你的承受量是平常人所能承受的，那冠军凭什么给你？

第三部分

花若盛开，蝴蝶自来
你若精彩，天自安排

练一身炒股本领，拼一轮牛熊传奇，赢一个无悔人生，铸一个自由境界。

没有靠山，自己要成为自己的靠山。没有天下，自己打天下。没有资本，自己赚资本。这世界从来没有什么救世主，我弱了，所有困难就强了，我强了，所有阻碍就弱了。活着就该逢山开路，遇水架桥。生活你给我压力，我还你奇迹。

第1篇
股市深度技术的细节探析

没有可怕的深度，就没有美丽的水面。技术的价值，是用精度和深度去衡量的。

炒股技术也是有不同种类的，有实用性有限的浅层次技术，有小众上乘

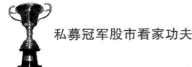

的精进技术，还有适合资金量更大一些的兼具精度和深度的技术。

从业资格考试那一套东西，就像小学算术一样，应付不了高考；要想应付高考，就必须学会学精股市中的立体、解析几何，这方面以往的花式实战技术总结得比较多，这篇文章讲的是适合大资金学习的深度技术，也适合小资金精度技术的进一步提高和理解。

一、仓位技术

仓位技术的核心是服从适应大概率。

（一）主趋势与主要矛盾的认识

每个阶段，必须对这个阶段的股市运行趋势、导致这个趋势的主要矛盾以及应对这个趋势的主盈利模式有清醒稳健保守（留有余地）的认识。

1. 弱势趋势

（1）要有足够的警惕性。鉴于 A 股融资的重要性和分红的比率低，对于弱势市场时间的出现和来临，必须有足够的警惕性，就像以往的宣传口号那样，要天天讲、月月讲、年年讲，特别是在空头趋势出现时、中级行情高位重要均线破位时、意外黑天鹅消息出现时，这三个时刻一定不能掉以轻心并要采取有力有效的行动。

（2）短线反弹操作不能与进出灵便性发生冲突。在弱势市场中，也会出现超跌反弹，把握这种反弹的出击点是，PSY 指标与 MACD 指标的乖离共振，手段是分批的；把握这种反弹的了结点是，沪市指数接近 30 日均线，手段是果断一次性的，不能因为任何情况出现犹豫。并且千万要杜绝那种你想出局，但是因为流通性无法出局的情况出现（交易品种和挂单量一定要提前考虑好）。

（3）主要精力要用于价格确定品种。在弱势市场，良好的品种也会出现意外的价格，你认为不可能的价格都可能出现，一些有现金选择权、面值保护的品种也会出现具有无风险套利的价格，这些具有无风险套利的交易品种应是我们的主要观察和操作目标，同时也要注意事件的确定性陷阱（要多加了解）。

（4）弱势底部的策略。弱势中底部盘桓时间是比较长的，这个时间可以有一些谨慎的操作，这个时间的操作注意点：第一，要对这个底部谨慎判断，至少明确就是政策出现之后，大盘交易量出现低量且指数跌不动之后，大盘出现较大跌幅就会收复；第二，要选择单一的有中线爆破点的中小市值或者低风险明确品种进行单一操作；第三，有短差需要操作，尽量降低持股成本，并留足多次低位补仓和反击的资金。

2. 强势趋势

（1）核心品种和多组合品种结合，留有适当的预备队，浮盈筹码视为资金预备队。

（2）核心品种中线，多组合品种短线。

（3）要注意强势大概率品种（券商、保险、主流热点）、及时短线爆破点、初起的强技术爆破点。

（4）高位拐点时一定要事先防范和及时退出，这点一定要做到。

3. 平衡平准箱体趋势

（1）对于箱顶箱底要有清醒的认识和足够的耐心。

（2）对于平准股的操作要重点跟踪（箱底下沿操作）。

（3）中线爆破点要中短线结合操作（常规操作）。

（4）小市值股和低价股只有在箱体下沿开始的波段操作（箱底下沿操作）。

（二）目的和手段的匹配

我的追求盈利方式目标是：低回撤、偶尔跳跃。

1. 防守手段

（1）注重股东背景的强大和行业基本面的稳定。

（2）注重大资金交易制度的优势（定增和大宗交易）。

（3）注重低风险品种的研究和稳健接受度。

（4）注重大盘和个股的技术低点（对股价下限要实现足够评估），不接受追高振幅选股法。

（5）弱趋势控制仓位一定严格并做到，可以保守不能激进。

2. 进攻手段

（1）中线爆破点。

（2）集中持股。

（3）中短线结合，降低成本。

（三）纠错的实力和最后的防线

（1）对大盘进行选时。

（2）对个股要求下限审核。

（3）没把握尽量不动，不清楚时场外观望。

（4）对于负爆破点一定要采取行动。

（5）上述4点要结合"弱势趋势"的具体要求坚决执行。

二、选股技术

选股技术的核心是追求准确性和爆发性。

（一）题材性

（1）中线爆破点要积累跟踪和重仓中短线结合操作。

（2）短线题材要认真地在前期严谨重点考虑。

（3）对于阶段活跃股要比以往更加重视并投入实战。

（4）对于短线爆破点的统计要持续不懈。

（5）小市值股一定要有中线周期防御性。

（二）主力性

（1）平准主力的机会认识。

（2）风格明显的主力波段伏击。

（3）对于 MCST 战法的应用要进一步勤奋和熟练总结。

（4）对于阶段游资股的特点要进行阶段伏击点总结。

（三）博弈性

（1）成本对抗研究。

（2）阶段热点活跃对抗研究。

（3）周期高低位的研究。

（4）基本面趋势的引导研究。

第2篇
股票实战操作的框架体系

相对其他单维技术技能，有效的股票投资技能是一项体系技术，包含社会学的众多方面，比如客观实际与理论之间的差距认识、心理学、周期学、平衡学、势的概念等。要想做到全局整体的有知者无畏，必须有地图框架体系，只有这样，在每个阶段中才可能有正确的方向，再结合微观的势能和情绪，我们的行动就能摆脱赌博思维，努力就有了有效的方向性。

现在，我们就一起来讨论一下股市实战操作的框架体系，这是我们的看家独门技术。

一、客观评估

（一）决定市场的关键因素

决定市场的强弱因素主要有宏观经济、供求关系、阶段情绪、平稳要求。

（1）宏观经济决定上市公司的业绩估值，上市公司的业绩估值决定股价的下限。

（2）供求关系决定股价的下限。

（3）阶段情绪决定股市阶段的涨跌，要特别注意敏感情绪与逆反情绪。

（4）管理层对股市的要求是平稳，在极端性的不平稳期会反向调控。

（二）新形势

以2022年为例，宏观经济处于下滑过程中，供求关系处于大扩容、人民币贬值过程中，阶段情绪一般。

平稳要求可以这样理解，自2015年底以来，沪市指数极端的波动区间是3600~2600点，有1000点左右的空间。在这个框架之下，我们就有了高低的参考概念，再考虑阶段的情绪以及上一个年度的机构收益，我们就可以给市场一个相对客观的评估，有时可能还要考虑到管理层的阶段目标任务。

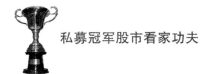

二、操作系统

当前的操作系统有两种：一种是平准箱体操作系统；另一种是量能强弱系统。

（一）平准箱体操作系统

在没有阶段大情绪的情况下，发现阶段的箱体位置以及平准力量。在经济一般的背景下，箱顶时防范风险不太容易出错，在箱体下沿的判断需要一些技术，特别是发现平准力量和阶段情绪的技术。

（二）量能强弱系统

量能强弱技术是统计阶段市场的强弱量能标准，同时考虑 30 日均线的趋势与支撑压力的敏感性，把市场定性为强势、平衡市、弱势三种情况，平衡市又可以根据大波动区间（2600～3600 点）的位置区分为强平衡市或者弱平衡市（2021 年就属于弱平衡市）。

三、盈利模式

盈利模式分为以大盘为判断依据的宏观机会盈利模式和以个股胜负概率为判断依据的个股机会盈利模式。

（一）宏观机会盈利模式

依据大盘的指数位置和前一个阶段的机构整体盈亏情况，盈利模式可以分为：

（1）防守反击模式。在大盘相对高（机构整体为亏损）的位置，耐心防范风险，主要抓超跌反弹。

（2）双低击略激进模式。在大盘相对低（机构整体亏损）的位置，集中精力仓位稍重一些的做个股。

（3）超短线模式。在大盘安全时，对于有效爆破点做超短线。

（二）个股机会盈利模式

依据个股的信息确定性和有效性，个股机会盈利模式有：

（1）双强模式。大盘强，个股也初步强。

（2）超跌反弹模式。大盘超跌，个股也超跌，甚至中线跌透。也可以是阶段超跌的赛道股。

（3）中线爆破点赌注股模式。也需参考大盘和个股可控。

（4）短线有效爆破点模式。在大盘安全的基础下操作，也可以适当考虑活跃有规律的庄股。

（5）无风险套利。要考虑信息的有效性。

四、潜在与优势的博弈

这里的潜在主要指博弈对手机构，这里的优势主要指自己的优势。

（一）潜在因素的利用

在大盘弱势背景下，题材、庄家、绝对低价格的重要性更显突出。

1. 题材性

选股必须注意阶段的题材性。

2. 被重套庄股

在弱势背景下，必然会产生大量的被重套庄股，这也是这几年的重要技术。

3. 中线超跌

选股一定要注意中线超跌性。

（二）优势因素的集中发挥

经过这几年的实战经验教训总结，我自己具备的优势有：

（1）双低位的定增与大宗交易。在指数高位该手段也具有风险。

（2）无风险套利的信息挖掘。要有足够的耐心。

（3）低价小市值赌注股的波段操作。要结合大盘的低位。

（4）以后中大市值的中长线模式尽量不考虑。

（5）在大盘绝对低位时适当激进主动一些。

第3篇
怎样管理好潜力自选股？

知己知彼，方能百战不殆。

大扩容后，沪深京股市数量众多，而人的精力是有限的，为了让我们的努力更精确，我们必须树立精选自选股的思维观念：在一个阶段，你眼中的A股不应该是5000只左右的股票，你的精力估计不了那么多，而是应该经过精选的几十只股票，并把这些股票设在你的行情电脑软件上，进一步跟踪熟悉，在合适的时机买进、持有、卖出。

今天，我们就来总结一下，怎么选择适合自己的自选股？怎样管理好潜力自选股？

一、怎样选自选股？

（一）怎样选中线自选股？

中线潜力股的主要类型有：资产重组潜力股、现金选择权潜力股、中线大题材股。

1. 怎样选资产重组潜力股？

（1）通过控股股东继续局部要约收购事件选择。基本面一般的股，已经控股的大股东通过要约收购手段继续加大股权（有些会采取力度较大的增持）控制，肯定是会有后续图谋的，这个图谋的最常见形式是注入优质资产。

（2）大股东有过资产重组承诺的。有些大股东由于历史上的合规原因，是有资产重组或者资产置换承诺的，比如解决同业竞争问题，有过资产置换承诺。

（3）新大股东有未上市优质资产。有过控股股权转让事件，新大股东有未上市的优质资产。

2. 怎样选现金选择权潜力股？

（1）有现金选择权、全额要约收购、面值净值保护题材的个股。

（2）股价跌破，或者有可能跌破现金选择权价格。

3. 怎样选中线大题材股？

（1）有中线大题材的个股，容易反复走强或者有中线机构主线上升通道主持。

（2）历史上比较经典的中线大题材有：香港回归、北京奥运会、上海迪士尼、第一和第二批自由贸易区、注册制试点等。

4. 选择中线题材股的禁忌

（1）绩差股要防止退市和即将 ST。

（2）绩优股要防止业绩下滑和绝对股价相对高位。

（二）怎样选短线自选股？

短线潜力股的主要类型有：有短线爆破点的潜力股、量价关系活跃的潜力股。

1. 有短线爆破点的潜力股

（1）即将发布刺激股价公告的股。

（2）发现办法：通过中国证监会网站、交易所网站、药监局网站、全国公共资源交易平台网站查询。

（3）选股禁忌是，股价处于高位的容易见光死。

2. 量价关系活跃的潜力股

（1）通过量比负排序选择。

（2）技术形态处于低位并历史量价关系瞩目。

（3）没有明显基本面或者负热点题材。

（4）市值相对小，绝对股价相对低。

（5）相比短线爆破点，关注跟踪的时间可以稍长。

（6）每天选择，每天比较排名。

（7）优势品种。比如我的优势是操作低振幅股（其他股友不一定喜欢）。

二、怎样管理好自选股？

选好了自选股，要进一步熟悉、跟踪和操作。

（一）熟悉

1. 自选股档案

要熟悉基本面资料并建立自选股档案，经常回顾记忆。

2. 常见的关键信息

业绩、股东、异动、题材、关键时间点。

3. 一级战备榜

通过打分比较出来。

4. 过气僚机榜

自选榜数量有限，股价涨高的股，删除自选榜，放进另一台电脑中的过气自选榜中，过一段时间股价低了，还可以回归自选榜。

（二）跟踪

1. 股性

超越大盘、独立于大盘、逆势于大盘、慢一拍于大盘、抗涨抗跌低振幅、异动规律。

2. 技术指标

主要指重要均线、MACD、KDJ、MCST 情况。3 日、5 日、10 日年涨跌幅排序。

3. 新资讯

在手机上设立自选榜，每晚睡觉前查看自选榜新资讯。

4. 删除自选股

潜力消失后可以删除自选股，涨价涨高较多的个股可以转移近僚机榜。

三、怎样操作自选？

原则上，平衡市、弱势中实战操作的个股必须是自选榜上的股。只有在超强势时才会临时在盘中选股。

（一）中线股操作

1. 中线股必须顾及大盘趋势

只要没有持股时间限制的股票全部要顾及大盘趋势，中线持有的股只能是有持股时间限制的定增股、大宗交易股。

2. 重仓股必须是中线爆破点股（结合优势股）

操作原则：大涨轻仓，小涨局部做差价，出现波段风险能避险就避险。

3. 对冲手段

有持股时间限制的个股，遇到趋势风险时，用期指对冲风险。

（二）短线股操作

1. 短线股一定要考虑大盘因素

弱平衡市不做不算错。

2. 短线股要组合

短线股仓位不能太重，而且要组合操作。

3. 自己的优势

自己的优势是定增、大宗交易、弱势抄底以及低振幅，优势也需要叠加组合。

（三）盘中选股

（1）盘中选股只适宜超强势。

（2）选股方法是新强势热点板块的龙头。

（3）大牛市中可以注意异动窗口，但必须组合数量，单个股仓位不宜太重。

第4篇
平衡市实战操作经验谈

近几年，沪深股市单边上涨、单边下跌的大趋势波动时间所占比重往往比较短，多数时间都处在涨跌不大的"牛皮"平衡市中。因此，是否有意要掌握适合客观实际的平衡市战法对于一个职业投资者来说非常重要，今天我们就来总结一下平衡市实战的经验教训和一些重要的注意点，以便我们在平衡市道中实战操作更具有客观效率。

一、平衡市资金投入

（一）平衡市中的总资金投入

平衡市中的正常情况总资金投入不能轻易超过50%，一旦投入资金超过50%，又遇到不利的意外走势时，就难以保证年度不亏损的目标实现。而我追求的操盘风格是：稳利+复利+低回撤+偶尔暴利+年度最低目标5%以上

（不论遇到任何情况）。

另外需要说明一点，在正常市道总资金投入不能轻易超过50%的情形下，还有一个附加条件，投入资金规模不能超过10亿元，总资金规模不能超过20亿元。也就是说，要实现"稳利+复利+低回撤+偶尔暴利+年度最低目标5%以上"这个目标，最佳资金规模是10亿~20亿元资金。小于这个资金规模，有些有效手段无法充分利用，如定增、大宗交易（大份额的）、意外低点的反击、个股的稳定波动等；大于这个规模，则资金进出的灵便性受到影响，最佳品种、最佳买卖时机的容量不够。任何一个专业操盘手都知道，资金规模太大的机构凭借的资金优势只能在强势时间创造一时的赛道辉煌假象，最终的业绩下场不会太好。

（二）平衡市中的中线资金投入

1. 中线资金的投向

中线资金的投向主要是：低点的双轨价格标的、无风险套利品种、中低价小市值人生赌注股。

2. 中线资金的比例

不能轻易超过30%，在意外的低点可以重一些，在正常的市道中要格外注意绝对中线（有禁售期）品种的比例，除非是中低价小市值（可以挤占少量短线资金比例）。

3. 有锁定期的中线品种备选手段

在不利的情况下，比如要有套期保值手段，当出现大利润时，想办法融券锁定利润。

4. 灵活的中线品种

在正常市道中也需要低吸高抛或者更换品种，在非常市道也需要轻仓避险。

5. 中短线融合

有可能的话，中短线资金可以融合于一体操作，实施网状思维。

（三）平衡市中的短线资金投入

1. 中线资金的投向

短线资金的投向主要是：有效爆破点、阶段强热点、量比量价经典股、低位低振幅股。

2. 短线资金的比例

不能轻易超过25%，在意外的低点可以重一些，在正常的市道中要注意阶段同时持有的数量不能多，要做好成本价格的组合探底准备。

3. 短线操作策略

短线操作策略：大盘低点结合个股的低点，低吸高抛。短线品种又是中线品种，这是较好的选择。

（四）平衡市中的预备队资金

剩下的50%资金并不是闲置不用，而是只在最佳时机投入，这个最佳时机主要指的是：大盘的意外低点、无风险套利品种、有效的短线爆破点模式。

二、平衡市的实战经验

（一）正常的平衡市道

1. 初期建仓

可以选三至四只股建仓，对于快速盈利的可以抛出转为资金，对于建仓顺利的可以加大仓位。

2. 低挂高挂

正常情况下，平衡市道的日波动具有随机性，短线仓位可以小幅低挂高挂买卖单，以达到摊低成本的目的，有偏大的涨跌幅要反向操作，不能浪费波幅。

3. 个股重仓时

（1）个股重仓时，一定保证不容有失并尽量地提高效率。

（2）一旦大盘出现风险，要及时退出或者有风险对冲手段。

（3）严禁风险失控和利润"坐电梯"。

（二）大盘大涨时怎么应对？

1. 低位大涨时

这个低位指的是阶段箱体和较大的低位，要选择即时低位强势股。

2. 高位大涨时

这个高位是指无量高位或者非实质利好刺激的高位，应大量减仓。

3. 中位大涨时

这个中位指的是非高位，也是非较大的低位。

涨多的个股减仓，可以换成当日非放量的绿盘自选股。

4. 中级行情来临

中级行情来临的信号是，大盘连续价涨量增（符合强势量能统计数据），这时需要买进即时超越强势股或者被套的活庄股。

（三）大盘大跌时怎么应对?

1. 低位大跌时

较大低位左侧，集中资金分批中庸建仓一只最优品种，但是左侧仓位不能轻易超过40%，在右侧第一根大阳线时，加大资金量建够仓位。

2. 高位大跌时

肯定是要采取风险防范措施的。

3. 中位大跌时

空、轻时仓可以低挂低吸小市值自选股或者金融强势股，有一定仓位时可以暂时观望一下。

4. 波段风险行情来临

波段风险行情的信号是：高位的负反击、高位的负连续、高位的重要均线压制、高位的价跌量增、高位的伴随消息的较大下跌。

出现这些信号时，一定要有避险的灵敏性、应对行为手段，甚至直接做空。

（四）多维手段

下列手段要熟悉：

（1）对冲手段。

（2）做空手段。

（3）融券手段。

（4）双轨手段。

（5）其他优势手段。

第 5 篇
影响股价的几个常见因素

股票涨跌的直接原因是由于竞价，上市公司股票上市后，就能在二级市场交易，在阶段时间内，如果买方的资金量更大，愿意出的价格更高，股价就会上涨，而卖出的资金量更大，愿意出的价格更低，股价就会下跌，所以股价涨跌的原理就是供求关系的影响。

那么在现实中，影响阶段股票供求关系的常见因素有哪些呢？如果我们清楚这些常见因素以及它们出现的规律，那么对于我们判断阶段股价的趋势无疑有重要帮助。

一、情绪与反馈

（一）大波动与即时情绪有关

认识和清醒投资情绪非常重要，一旦情绪来了，会形成群体"博傻"行为，这时会形成短线绝对趋势，导致另一方基本没有抵抗能力，尤其是情绪结合了反馈，其短线力量很难抵抗，对于这一点一定要清楚、顺应和利用，一方面要了解情绪利用情绪，另一方面要避免自己成为情绪的奴隶并被情绪牵着鼻子走。

利用情绪的思维是了解类似历史并借鉴历史经验，有耐心分批折中地利用情绪化的极端。同时需要注意，短线情绪极端的宽振幅震荡，顺势机会是小仓位超短的，逆势机会是分批仓位中线折中的。

（二）大趋势与阶段情绪反馈有关

人们对行情的波动趋势是有记忆的，在剩余力量满足时，这个记忆是顽固的，是会继续发挥作用的，所以一个趋势形成后也很难马上就出现反转。在牛市过程中，只要有剩余资金力量，行情就有望延续；在熊市过程中，只要有剩余获利筹码，跌势也很难短期就停止。这也是牛市头部的大跌，反弹也很强烈，大跌势在救市政策出台后，还会有后续的市场底。

（三）股价上限与资金"博傻"有关

股价的上限与资金的疯狂有关，资金的疯狂与短期大盘的情绪氛围有关，也与新资金的无知无畏有关。

（四）股价下限与投资价值有关

股价下限与投资价值有关，尤其是重要公司与现金盈利好的公司。

二、大盘

绝大多数的股票价格波动是与大盘波动正相关的。

（一）大盘好时，个股将会轮涨补涨

大盘好时，高效选股法是价涨量增，安全选股法是技术指标状态佳。

（二）大盘差时，个股将会轮跌补跌

大盘差时，价跌量增的个股领跌，短线逆势上涨或者抗跌的个股大部分后续会补跌，外行非常容易吃这样的亏（逆势操作强势股）。

（三）高市盈率市场的经典特征

站在整个市场的角度，或者说大部分个股，都有这样的特征：大涨之后有大跌，大跌之后有大涨。

除非极少数基本面发生较大变化的个股涨跌之后股价重新定位。

（四）强势重势，跌势重质

在大盘强势时，个股的技术面更为重要；在大盘弱势时，个股的基本面更为重要；含指数权重大的个股，一旦活跃，往往会持续波段活跃。

三、主力

（一）大主力

（1）大主力在极端情况下的逆反操作。

（2）大主力的常见操作目标是金融指标股。

（3）大主力会在重要事件发生时或者前夕稳定市场或者造势。

（二）大股东主力

（1）新大股东入驻后会先财务"洗澡"然后注入资产。

（2）小市值的强大股东在低位往往存有机会。

（3）央企小市值股市较好的投机目标，央企ST股即使退市，大多也都给了现金选择权。

（4）大股东再度实施局部要约收购，后续大概率还有动作。

（三）常规主力

根据大盘和技术情况伏击常规主力，有常规主力入驻的个股在单边趋势中振幅大。

（四）游资主力

根据热点、题材、统计数据伏击游资主力。

（五）被套主力

伏击被套主力是常见的抄底选股策略。

（六）获利主力

一旦回调，其杀伤力就比较强。

四、题材

（一）中线题材

是主要资产和社会热议的大题材。

（二）短线题材

经过统计数据验证的有效短线爆破点。

（三）超预期题材

判断题材的力度主要依据是否超预期，大盘出现超预期容易有波段突破。

（四）出货题材

弱势中非实质性利好容易导致筹码松动性出货，形成高开低走的走势，甚至不高开就低走。

五、习惯

（一）强力马太效应

新股的高开习惯，要经历数据统计验证。

（二）不学自会的散户本能

绝大多数股民有见异动而上的本能以及追涨杀跌的本能，这个本能在大盘安全时容易助涨助跌。

（三）机构操作的灵便性

在敏感时刻，大市值个股容易震荡幅度大，尤其是初跌初起之时。

（四）双轨优势

双轨优势一定要保持，要与戴维斯双击时机结合。

第6篇
交易员经典盘面经验谈

经常有股友跟我说，我给你当报单交易员吧？我问，你会干这个活吗？股友说，这不很简单吗，不是你做了决定，我来具体买卖你定下的股票吗？其实，这是一个误解，一个好的报单交易员要求是很高的，买股时尽量不能把股价买高，而且在买的过程中了解到这个股票短线的可能波动趋势，从而能采取下一步有针对性的措施，大资金卖股票更是一项非常细腻的技术。对于大资金来说，同样的年度投资策略，如果有一个好的交易员来实施，将不仅能使这个年度投资策略顺利实施，而且能增加不少利润。下面，我就来总结一下交易员经典盘面经验，这算是我的独门总结吧。

一、买股的艺术

买股时的目的注意点有：用尽量低的成本建仓，前期尽量不能引起跟风盘，后期尽量使得技术指标转好，买的过程中能觉察出其他投资者的动向并加以利用。

（一）强势市场买股

要在尽量短的时间内持有更多的筹码，具体的手段是：

1. 同时组合多品种建仓

品种数量太少必然会影响速度和价格。

2. 有大单子立刻吃掉

如果因为吃掉大单子导致价格上涨，就更换增加品种。

3. 分时低点承接

如果没有大单子卖盘，就是大盘的分时低点附近（绿柱线最长点附近）挂单承接卖盘或者把卖盘吃掉。

4. 前后手法问题

盘中低点结合尾盘的手法，盘中尽量获得低点和效率，尾市一般用大单子摊低成本或者用大单子买进修复技术指标。

5. 留有预备队资金

在强势中也要留有 1/3 以上的预备队资金，这是保持心态的必要手段，强势中已经获利 5% 以上的筹码可以视为预备队资金。

6. 重仓股

重仓股不能轻易失误，特别不能出现基本面黑天鹅或主力出货方面的失误。

遇到意外大跌后，在低点回升时要用大单子补仓。

遇到大盘大涨突破时要即时大单加仓扩大战果。

遇到大盘短线高点时可以少量减仓降低持股成本。

（二）弱势市场买股

要尽量以低的成本建仓并且降低卖压，具体的手段是：

1. 持有的数量不宜多

在主要的一两只股没有获利前，不能轻易同时持有太多的股票品种。

2. 低挂承接

尽量低挂承接建仓，优势争取的这一二个百分点，可能就是利润。

3. 对买点严格要求

要同时对大盘和个股的技术指标进行跟踪并顺应。

4. 即时买股只在尾盘

如果盘中低接挂单不顺，尾市可以适当买股，弱势不买股也不算错。

5. 获利卖就对

在弱势中，个股只要出现意外拉升，无力时就需要减仓降低成本。

6. 左侧

遇到大盘意外大跌的机会时，左侧建仓必须是分批的，且总仓位不能超过 30%，可以在止跌后的第一根大阳线时再加仓 20%。

（三）平衡市买股

平衡市时一定要以强胜弱，不能完全拼个人能力。

1. 中线仓位一定要有成本优势

以定增、大宗交易的方式建仓，也需要考虑买进时机，在意外大跌后仓位重一点，在箱体低位也可以建仓，但是仓位不能过重。

2. 短线仓位参考弱势市场买股法

可以在弱势买股法的基础上稍微做一些调整，具体怎么调整要结合当时市场的情况适当灵活。

3. 要勤快地统计技术指标

要服从技术指标，买卖情况。

4. 发生风险时要采取措施

出现风险时能轻仓就轻仓，不能轻仓时要用期指对冲。

（四）其他注意点

1. 撤单不能超过三次

一天不能撤单三次，否则交易所要问询。

2. 尾市集合竞价

尾市单笔买涨 3% 以上可能会接到问询函。

3. 接单容易时的应对

低挂单遇到积极卖单时，需要停止操作并换股（已买的尽快卖掉），有把握的可以降低挂单价格。

4. 买单时有竞争

可以加大力度和果断度。

二、卖股的艺术

卖股时的目的注意点有：用尽量低的代价降低位仓，前期尽量不能引起跟风盘，后期尽量使技术指标不要趋坏，卖的过程中能觉察出其他投资者的动向并利用。

（一）强势市场卖股

1. 总则

可以慢一点，分批高挂一点。买股是为了增加效率。

2. 胜利果实要保住

重要顶部风险一定要回避。

（二）弱势市场卖股

1. 总则

快速果断一点。

2. 遇到明显趋势风险时

不能犹豫，会很快见到更低的价格。

3. 大跌之后

要统计历史数据，不能受到市场即时情绪影响。

（三）平衡市卖股

1. 总则

要参考技术指标。

2. 箱体位置和熟悉的模式

根据箱体的位置和经过统计书籍验证的模式进行操作，同时留有大量预备队资金和耐心。

第 7 篇
有效分析和应对法则总结

术，才是破局关键。为自己的梦想找一架梯子，能够越来越靠近梦想就是好梯子。你遇到的大部分问题，在别人那里早就有更好的解决方案。

在股市软件中，有众多的技术分析指标和数据，有的人用得好，有的人用得不好，便有见仁见智的不同说法。其实，这些指标和数据，不过都是工具和材料，它们是否有用关键还要看人的思维是否正确，下面我就 A 股的有效分析和应对法则来做个总结。

一、分析大盘的通用思维

（一）大趋势的分析方法

阶段主要矛盾+K线逻辑和情绪判断+历史类似情况比较。

1. 阶段主要矛盾

炒股的首要问题就是认知阶段市场的主要矛盾（或者主题）以及下一个阶段的主要矛盾。这个主要矛盾所造成的潜在趋势度，我们在设计盈利模式和确立仓位时必须顺应，并且要为顺应这个主要矛盾和趋势度提前做好思想准备和流动性准备。

2. K线逻辑和情绪判断

K线逻辑和即时情绪是现实的真实映照，并且可能会反馈加强。当主要矛盾已经反映到K线逻辑和群体情绪时，便会产生连续的大K线和急性波段趋势，对于这种连续的大K线和急性波段趋势，必须顺应和高度警惕并要有行动响应。

3. 历史类似情况比较

当一个连续的大K线和急性波段趋势已经产生和正在进行时，我们必须认识到它的过程，因为股市中的反作用力是一种重要的可研判的波动，这种反作用力波动将是职业投资者的重要利润。那么怎样认识连续的大K线和急性波段趋势呢？比较历史类似的情况是重要的简明的比较可靠的手段，当然，为了更稳妥，打个安全垫的量也是可以的。

（二）微观趋势的分析方法

主要是看大盘成交量、CCI、PSY、MACD这四个指标。

1. 大盘成交量

大盘成交量是动能，高量能意味着高振幅。用K线逻辑判断方向，用量能判断趋势的程度，用主要矛盾判断潜在趋势和趋势情绪反馈。还有一种连续的小趋势也是经常出现的，连续规律性的小趋势有可能引发一个急性趋势的产生，这种急性趋势是两个方向都有可能出现的，在这种情况下，我们要注意当时的主要矛盾是什么，潜在趋势是什么。

2. CCI、PSY、MACD 指标

在没有明显的主要矛盾对市场作用时，市场也会随机波动，判断此时随机的振幅，我们可以选取 CCI 指标、PSY 指标、MACD 指标来观察。观察的方法是统计比较前一阶段的历史数据，相对来讲，CCI 指标最灵敏，次之灵敏的是 PSY 指标，最后见效的是 MACD 指标。

CCI 指标底部乖离后可以作为大资金的先头部队入场信号（对于小市值股，要拿够筹码必须提前有所行动），PSY 历史值钝化是第二个信号，而小资金则可以等 MACD 指标的绿柱线缩短后再行动也来得及。

（三）实战应对经验

左右侧思维主要是指一个较大较急的波段趋势产生后，希望较好地抓住其后的反作用趋势的想法。一般情况下，我们认为严重超跌后的底部强烈正反击或者低位十字星后的不再下跌，是左右侧临界点。小资金是不需要把握左侧机会的，大资金由于资金容量的问题，需要局部把握一些左侧机会。

1. 左侧思维

左侧操作必须是分批的，考虑到个股安全度，最好是尾盘的（盘中必须是十分意外的低点），总仓位不能轻易超过 30%。

2. 右侧思维

右侧操作必须是原有仓位的追仓，如果有更有效的短线品种也可以考虑，右侧的第一时机仓位可以达到 50%。

3. 了结思维

右侧信号产生后，我们要进一步研判底部的顽固反复以及反作用力的程度，这时我们需要统计了解历史类似情形。

如果是反弹，重要均线的助力和压制作用要十分注意。

二、分析个股的通用思维

（一）攻击性爆破点的寻找

1. 中线攻击性

（1）中线基本面题材爆破点的发现。

（2）中线主力重仓被套的情形发现。

2. 短线攻击性

（1）短线有效爆破点的发现。

（2）短线量能的发现。量比的正反运用是好方法，超强势选用正量比，非超强势可以选用负量比排名法。当然都要同时考虑万能公式复核。

（二）防守性的把握

1. 股价下跌的下限

股价下跌的下限衡量指标有：成交金额、股东人数、买卖挂单差大、前十大股东占比高。

2. 意外的处理

拿不准时场外观看，犹豫时以卖出和停止变化为主。

（三）折中的实施过程

1. 第一步

当发现一个很好的机会时，多数情况下，这个机会也是有缺点的，这需要我们放在自选榜上跟踪、等待较好机会的来临。此时，很容易出现的情况是，要么是买早了需考验持股的耐性，要么是错失了这个机会。我的经验是，在这个机会 60 分时，先迈出第一步，少量建仓，以此为基准，逐步加仓确保抓住机会。

2. 中庸组合

股市中的机会很多，切忌情绪化、极端化，事实证明，组合中庸是好习惯，能让我们优雅地抓住机会，人一旦极端就容易狼狈，一旦狼狈就容易犯不应有的低级错误，随之闹大笑话。

3. 重仓的原则

（1）必须是有制度性保证的万无一失的，技术分析和基本面分析不存在万无一失。

（2）必须是短线的，股市中的机会容易夜长梦多。

（3）必须是优势明显的，比主力和其他人的优势明显且变数极低。

第 8 篇
一季度实战需要注意的特别技术

一年之计在于春，万事开头难，这两句话用于股市操作是比较恰当的。

同时，A 股的一季度又是有着明显波动特征和一些特别的有效技术的，今天，我们就来总结一下 A 股一季度实战需要注意的特别技术。

一、前几个交易日

（一）每年 1 月是机构积极活跃期

基金的业绩都是在年底结算清零、在年初开始重新计算的，因此每年的一季度，特别是 1 月，新年的第一周，在有条件的情况下，机构的操作是相对积极的。

（二）最先的强势股

每年最早的几个交易日，特别是第一、二个交易日，强势活跃的低位机构重仓股，很可能是机构此时心目中的重点中线股，可以重点注意，短线机会、中线机会应该都存在。

（三）最先的强势板块

如果在第一周出现新的强势板块，这个板块在这年也往往会活跃较长时间，是当年，特别是上半年重要的赛道股。

（四）一号文件

每年的一号文件习惯上是关于农业的，因此在年底年初大盘的相对短线低点，那些业绩比较好的中小市值农业股容易出现短线机会。

（五）年底前年初弱的机构重仓股

这类股容易是机构的抛弃股，要注意风险。

二、关于1月

（一）最先公布年报的股

在1月初，会公布年报预约时间表，最先公布年报业绩尚可的股容易受到游资的习惯性炒作，往往有短线机会。

（二）预增减预亏扭亏股要发公告

业绩增减50%以上，业绩扭亏或者亏损的股，必须发布业绩预计公告，发布公告时会对股价有较大的影响，需要注意其中的机会和风险。

对于机会股，最好是事先分析侦查清楚。

（三）月底的计提震荡

1月底集中发布高商誉计提预亏公告，容易导致许多股乃至大盘出现震荡，注意高商誉股、业绩下滑股和大盘的短线风险。

（四）1月征兆

一般情况下，1月的行情往往是一年行情的缩影，如果1月行情比较好，当年的行情就比较有希望，如果1月的行情不好，则需要按照"该好不好理应谨慎"的态度理解当年的行情。

（五）1月的强势次新绩优成长股

这类股容易有送股想象力，在大盘震荡的低点容易有短线低吸机会。

三、春节前后

（一）春节前的最后一个交易日

在春节前倒数第二个交易日的晚间出台利好的中小市值，容易在春节假期前最后一个交易日有好的短线表现。一些筹码比较集中的中小市值重仓股也容易在这最后一个交易日有较好的短线表现。

（二）有好项目的影视公司

春节假期容易出现电影票房奇迹，如果发现影视公司有好电影在春节假期上演，可以在春节前做一个短线，涨幅大的话可以提前了解，涨幅小的可以少量博一下春节票房。

（三）春节后的"两会"题材

春节后会召开"两会"，对于"两会"热点可以提前分析，提前根据大盘低点布局，可能会获得短线投机机会。

（四）春节后的一季报预告

对于年报亏损，一季报扭亏的低位股，可以适当注意短线机会。特别是对那些因更换股东进行财务"洗澡"计提的个股应多加注意。

（五）春节题材

春节前的最后一周，如果年货板块（烟酒食品等与过节相关的商品）走强，可能在这一周中有短线机会，但需要在假期前提前兑现。

四、一季度的其他明显事物和规律

（一）年报公布

以年报公布日为参照日，统计成长股的股价波动规律，有时是 T−1 日涨，有的是 T 日涨，有的是 T 日跌然后券商发布研究报告（绩优公司、重要成长公司都会出年报分析报告）涨，分析其中是否有机会或风险。

（二）摘戴帽题材

摘帽题材容易存有短线机会，戴帽题材风险较大。

（三）1 月涨 2 月跌

如果大盘 1 月上涨，2 月急跌，也要十分小心。2008 年是最大跌幅年，2018 年是第二大跌幅年，都出现过这个现象。

（四）板块周期

在春节后容易发生板块周期切换，前一年涨幅较好春节前又涨的板块容易在节后出现见顶长时间下跌，在一年度跌幅较大春节前表现还不好的板块容易在节后跌透并开始中线上涨。

（五）年报分配

有一些小市值绩优次新股容易年报送股，这类股往往容易出现短线机会。

有一些大市值绩优股习惯性地高现金分配，这类股也容易有较好的短线机会。

第9篇
股市波动的基本形式统计总结

　　股市波动是有原因和规律的，发现股市的波动原因和波动规律是职业操盘手最为重要的工作。如果二级市场投资者能在这方面多花些时间和精力，无疑其工作会更加有效率，尤其是在 A 股的大扩容和经济环境一般的时间段。

　　我们有必要总结统计市场波动规律的方法论，以及总结利用股市波动规律做价差的方法论，可能在相当长的时间段内，这个工作是最为有效和最为重要的。

一、影响股市波动的常见关键因素

（一）阶段的供求关系

（1）供求关系是一切商品涨跌的最根本原因。这个供求关系是指股市中股票筹码和社会上能买股票的资金比较。

（2）如果供大于求，在未来的某个合适时机，必然会有一波大跌趋势。

（3）如果求大于供，在未来的某个合适时机，必然会有一波大涨趋势。

（4）在 A 股，供和求存在着阶段放开锁定和指数高低认可的情况，比如存在着国际化变量资金、央行政策性资金以及社会化"聪明"资金。当然，大多数股市资金是"愚蠢"资金。

（二）分红以及保本满意率

（1）股价上涨的上限是由资金的"博傻"疯狂度造成的。

（2）股价下跌的下限是由上市公司的分红满意度（投资者回本的满意年限）造成的。

（3）制度性的现金选择权也能造成价格的绝对下限。

（4）在注意制度性现金选择权的同时，也要注意事先计划和事先承诺的可靠性。

（三）主力意图和动作

（1）大主力在两种极端波动产生时的反向调控性。

（2）大主力在某些阶段有直接倾向性。

（3）常规主力有金融性盈利模式。

（4）常规主力被套后在有能力的情况下会自救。

（四）消息题材的刺激

（1）突然性的消息刺激最大。

（2）超预期的消息会产生一定结果，低于预期的消息会有负面结果。

（3）可预期的消息会提前波动以及大概率见光死。

（4）主力策划的消息要配合其意图进行逻辑分析。

（五）习惯认识的情绪反馈

（1）无论是涨还是跌，前半年的大盘大趋势会使投资者产生惯性模式。

（2）前一个星期的大波动会使投资者产生正向情绪警觉。

（3）越是高位，获利盘越多时，市场情绪越昂奋；越是低位，套牢盘越多时，市场情绪越低迷。

（4）越新的事物越有刺激性，随后兴趣递减。

（六）筹码与资金之间兑换利差关系

（1）盈利5%或者亏损5%时最容易反向操作。

（2）盈利20%或者亏损20%时最容易锁定筹码。

（3）第二根大阳线或者第二根大阴线时最容易引发跟风盘行动。

（4）筹码被套时间超过一个星期，解套时大概率会出局。

二、大盘的具体波动形式和利用

（一）大波动

（1）大波动常伴随大成交量能，这个具体量数值需要统计历史。

（2）大波动常伴随大消息共振情绪。

（3）大波动常是前一个大波动的反向趋势。

（4）大波动常与集团大资金的坚决流向有关。

（二）规律性波动

（1）需要注意箱体波动规律以及箱底的指标股波动规律。

（2）注意重要均线的支撑和压力。

（3）注意历史类似情况的比较。

（4）注意重要整数位的指标股的活跃规律。

（三）小波动

（1）可用 MACD 观察。

（2）可用 CCI 观察。

（3）可用 PSY 观察。

（4）可用 KDJ 观察。

三、个股的具体波动形式和利用

（一）强势进攻性策略

（1）强势异动和短线效率很重要。

（2）题材说法和认可度很重要。

（3）类似前一个榜样股很重要。

（4）业内人士的口碑能量很重要（如券商研究报告、软件概念罗列）。

（二）弱势防守性策略

（1）成本优势很重要。

（2）耐心等待机会很重要。

（3）个股的小跌下限以及反击性很重要。

（4）未来中线爆破点和心态稳定很重要。

第 10 篇
股海生涯中最重要的总结

如果想依靠股市职业投资为生，并获得还不错的收入，那么应该具备什么样的素质和技能？今天，我们就来谈谈这个非常重要但很少有人考虑的问题，这是重要的底层思维，如果想清楚了并知行合一，那么距离最优秀的国内职业投资人的水平就不远了。

一、人生基础素质总结

基础素质是专业素质的前提保证，没有一定高度的基础素质，就不能有较好的专业能力。

（一）求真务实

1. 求真

许多社会上的通用看法和结论并不一定正确，它们的流行只不过是从部分人的角度和利益考虑的，对于个性的你并不一定正确。如果你想比一般人更优秀，想在某个行业领域获得突出成绩，就有必要不仅接收社会上的现成结论知识，更需要重新梳理思维、重新认识世界，从原始事物的细节和科学逻辑上来得到公理上的新结论，这个新结论可能与元结论是一致的，也可能是不一致的，但是这个过程必须有。

求真的关键是你有正常的判断逻辑，从事物的主观路径和目的寻找结论，而不能从虚拟利益、大众理论、他人利益角度来得出结论。

2. 务实

求真是必须的，但是做事情不能理想化，要循序渐进，先成功后更好，不能在条件不允许的情况下要求一步到位。许多求真的人容易过分理想化而碰钉子。

（二）总结、学习、改进、持续进步

人与动物的最重要区别是，人懂得使用语言文字，能使用工具，有科技艺术意识，有精神追求。优秀的人与平庸的人的最重要区别是，优秀的人能总结历史、学习理论知识、改进专业技能并持续进步。平庸的人则是年轻时迫于社会压力勉强获得固化的知识，之后就固化了，进步很少。

想办法持续改进自己的基础素质软件和专业技能，是一个人一辈子的功课，并需要一辈子的努力，尤其是在你对现状不满意的时候，更得这样。对现状不满意，又没有改进措施或者无能为力是最经典的低素质行为。

（三）做容易的事

1. 以强胜弱

孙子兵法的核心内容是以强胜弱，在时机不对时应该等待、准备、创造条件。

2. 不能指望奇迹

不能指望小概率，在愚蠢强大时也不能正面与愚蠢硬碰硬。

（四）社会资源

1. 强势区域、行业

优势区域、优势行业是最基本的社会资源，不能输在这两个地方。如果没有其他强势资源，这两个资源一定要用上。

2. 强势位置、平台

近水楼台先得月，官大一级压死人，要与优势资源结盟。

3. 优势理念、工具

优势理念、优势工具、优势渠道、传媒媒介也是异常重要的，成事时也是需要考虑和投资的。

一个人的财富基本盘由两个部分组成：第一，你自己的本事；第二，你和其他人联结的本事。前者是1，后者是1后面的0，而且，后者是前者的放大器。

二、股市专业素质总结

实践是检验真理的唯一标准。

（一）仓位必须选时

1. 坚决反对长线赌博

长线赌博（包括所谓的基本面分析支持）必定遇到黑恶、股灾，也许人生最大的失败、打击因此产生。

2. 合理选时

这是职业股市操盘手的第一要求，否则迟早灭亡。

（二）宏观历史经验

1. 熟悉历史 K 线

这是最重要的股市作战地形，要非常熟悉。

2. 现实与历史比较

遇到关键时刻时，要比较现实主要矛盾与历史类似情况，再打一个保险量。

（三）有知者无畏

1. 成熟的盈利模式

股市投资一定要有成熟的盈利模式，这个盈利模式要包含明确的买点和卖点。

2. 确定性的证据

证据必须确定，时间确定，价格确定，以及多因一果中的主因。

3. 心态重于技能模式

执行时追求中庸，追求 80 分，不能要求难度大的完美，不能失控，焦虑迟疑时应及时退出。

（四）主力与题材

供求关系是涨跌的基本原理，主力与题材是永恒的动力。

1. 主力

山不在高，有仙则名。水不在深，有龙则灵。股市有类似现象。

2. 题材

题材是第一生产力。

第 11 篇
股价波动与心理冲动效应

在一个人的股市投机能力中，心态占六分，技术占三分，运气占一分。

股市中的失误大多数是由错误情绪引导的，从而出现低级错误和不应有的错误，有些错误事后看起来都觉得好笑。技术很重要，但是合理技术的贯彻执行更加重要，这就是心态占六分，技术只占三分，技术只是工具原因，结果的实现更需要依赖人使用工具的能力。那为什么还有一分运气呢？这是因为股市中的因果关系是多因一果，有些因是隐性的，甚至有些因是你买进行为发生后才产生的。

既然心态这么重要，那么我们就有必要做个仔细清楚的研究，来提高自己的股市心理素质，以及抑制一些自然的错误本能。

一、多数人的股市本能

（一）自然本能

1. 多巴胺效应

（1）爱情、毒品、赌博对于大多数人来说，初期是容易上瘾的。炒股也容易有瘾。

（2）一旦有股瘾，就谈不上理性和技术。

（3）如果有股瘾，必须要有毅力和不惜一切代价克服，要把资金量控制住，否则，炒股的结果比黄赌毒也强不到哪去。

（4）炒股的最基本技能、第一技能就是冷心去瘾。做其他事情时，就不必关心股市，炒股时也能实施和接受中庸思维。

2. 恐惧与贪婪的动物性

（1）人是动物中的一种，动物的天性就是恐惧和贪婪。

（2）人与动物的区别就是人有语言交流总结、事物规律总结、行为思维进步的能力。

（3）动物性过强或者没有经过专业心理训练的人，难以克服恐惧和贪婪。

（4）在股市中，恐惧与贪婪的经典表现就是不学自通的追涨杀跌，特别是以简单技术分析为基础的伴随赌性的追涨杀跌心理。

3. 难以克服的本能

即使是受过股海心理训练的人，在关键时刻也会面临严峻的得失考验。

（1）技术简单粗暴。如果使用的技术、依据的证据并不是那么可靠的话，必然会有迟疑，恐惧和贪婪也必然会起作用。

（2）人的处境与能力有关。人的处境是与能力挂钩的，当你处于不利的状况时，如果这种状况继续恶化，任谁的承受力都会受到严峻考验。

（3）极端片面性。要有整体考虑，要有后续行为结果考虑，刚开始用力过猛，就基本上注定会失败。用跑短跑的方式去跑长跑是什么结果，大家其实都熟悉，可这并不意味着大家就明白，股市投资结果也是长跑，不应该用跑短跑的方式。

（4）以弱胜强，幻想不可能。股市投资是有输赢的，也是以输赢来论英雄的，如果你老是与强者为敌，结果也是不言而喻的。

（二）股价波动与心理冲动效应

1. 异动必然引起心理波动

（1）一个交易品种只有异动，才能有人关注。

（2）一个已经被关注的品种出现异动就会让关注者产生心理冲动。

（3）大盘和个股的通向异动对心理冲击尤其大，异向异动会抵消一部分冲动。

（4）近期的输赢会加大异动心理的效应作用，输家想扳本，赢家忘乎所以；近期的无输赢状态则会相对理智一些。

2. 连续异动容易跟风

（1）连续的小幅异动容易导致共振行为出现。

（2）连续的来回震荡异动比上一条更容易导致共振行为。

（3）多品种的板块异动效果更加明显，尤其是其中领头的和后续跟上较强发力的。

（4）给异动加上预期，容易使该品种阶段活跃。

3. 大异动的心理反馈

（1）异动趋势过大，容易导致关注加强或者放弃。涨得过多或者跌得过多，都会使关注变成买卖行动或者彻底放弃关注。

（2）大盘的连续大异动会产生群体正反馈心理，大涨时间或者次数较长容易导致牛市心理，反之也会产生熊市阴影。

（3）单日初步的大异动最容易产生散户群体共振，机构群体反共振。

（4）有大消息配合的大异动最能刺激或者打击群体心理。

二、正确健康的股海心理

职业操盘手的正确股海心理应该是怎样的呢?

（一）正确客观的股海技术

（1）不盲信学院教材、经典理论。

（2）客观地统计市场，根据统计结果来链接市场。

（3）要压制住人性的弱点，发扬常识性的规律科学的作用。

（4）模糊犹豫时刻，按照稳健思维处理。

（二）独特的股海专业针对性

（1）整体框架性。要有整体双向应变的作战计划。

（2）大概率确定。保证大概率确定性的依据要硬。

（3）买卖点要明确。追求中庸容易 80 分，不要求能力范围外的机会。

（4）时刻贴近市场，保持市场感觉。

（三）以强胜弱

（1）要有价格优势。与别人比较要有成本价格优势。

（2）要有信息优势。复盘、收集题材要勤快并重点跟踪。

（3）要有机会次数优势。留有充足的预备队资金以及对冲失误的手段。

（4）常用盈利模式要经常统计并熟练使用。

第 12 篇
只可意会不可言传的重要经验

有些内在经验教训，有点像虚拟柔性原理。尽管难，但是确实是太重要了，我还是总结一下吧，希望普通股友能够看懂。

一、股市买卖是和平年代的重大行为

（一）高风险工作

投资很有趣、很刺激，但如果你不投入足够的精力做好事先准备工作，那就会很危险，会导致人生中最重大的失败，甚至家破人亡，余生无法收拾。

（二）黑天鹅

高市盈率低分红的市场，每经过一段时间，必然会因某个黑天鹅事件发生一次大崩溃，你一定要有有效的事先准备来回避这次崩溃，并抓住这次崩溃带来的机会。

（三）必需的投入

由于得失进出资金额比较大，你投入的精力和成本一定要足够，在精力上不能输给高考和工作，在成本上不能低于年均盈利10%以上的企业。

（四）误区和革命

股海投资是虚拟经济领域的博弈，这点与实体经济不完全一样，不能套用实体经济领域中的经验和常识，股市中的有效技能建立，是一个原先未炒过股的人的思想上的一次新革命，而且要防止错误的经典儒家股市理论。

二、股市需要长期、稳健、中庸、平和、组合的思想

（一）决斗的胆略

有过几年股海经历的人，都有一定的投资股票赚钱所需要的知识，但并非每个人都有投资股票赚钱所需要的胆略，有识且有胆才能在股票投资上赚大钱。需要注意的是，我说的这个胆略，不是莽汉的冲动胆，而是专业组合熟练的进退胆，这点很少有人知道，从业考试的书籍中也不会提及。

（二）盈利模式

盈利模式的发现、建立和熟练非常重要，这个盈利模式必须是市场中经常出现的，买点和卖点明确的，有足够的流动性的。职业投资者都是用盈利模式来赚钱，而不是选具体的个股来赚钱，这点绝大多数人永远理解不了。

（三）特殊的选股方法

用具体的盈利模式来赚钱，也需要选股，但是这种选股思维与大家通用的基本面、技术面选股不一样，它是根据阶段股价的波动规律来选股，根据那些即时阶段波动规律的导因来选股，并根据规律进程来决定买卖。这种盈利模式是动态的，是需要统计数据支持的，而传统的基本面、技术面选股方

法是静止僵化的。

（四）怎样增大概率？

股市有虚拟多维概率的一面，但社会经典智慧也不能忘记，比如最为典型的增大概率的一些有效措施：要把年化收益率与时间忍耐性结合起来，要把短线准确率和增大胜率组合的行为次数组合起来，要把个股的具体操作和大盘的趋势力量结合起来。

三、最重要的技术

（一）周期趋势与选时

股市是周期波动的，是有阶段趋势的，有时趋势波动还比较大，这种波动导致了输赢和命运的改变，顺应趋势和选时是股市中最重要的技术，你一定要重视并花足够的工夫研究以及判断，要有阶段的主要矛盾思维。但是儒家股市思维是反对选时的，是鼓励长线不动的，这是一种稳定市场的努力，但是这种文化思维是对你的输赢结果不利的。

（二）情绪、有效信息和爆破点

股市的波动是由人们的具体买卖导致的，人们的集中买卖是与共振情绪有关的，共振情绪又与信息有关，信息的获得又有早晚和有效或无效之分。所以获得合法有效的信息手段渠道以及统计分析哪些信息有效，是职业投机者非常重要的工作，题材是第一生产力。这里只是纲领性的提示，对于个性投资者来说，必须落实到具体的日常行为。

（三）资金力量和短线准确率

股价的涨跌是由资金的买卖导致的，上一条说的是集中买卖与情绪共振有关，如果机构资金足够大，这个机构的买卖行为就能使股价出现涨跌或者抗涨抗跌，资金的力量和短线效率是显而易见的，所以猎庄技术以及买卖股票的衍生效应也是投资者必须研究和重视的课题，这也就衍生出大机构（公募基金）的赛道理论，这个理论有些模糊，但是逆心理必须明白赛道的原理。

（四）以强胜弱

股市是博弈场，博弈必须以强胜弱，忌讳以弱战强，忌讳三鼓衰。你必须用时间、耐心、勤奋、持续进步，争取到"强"，这个"强"要强在价格成本、信息早先一步、规律习惯的熟悉以及基础的便捷，如果能获得制度上的双轨优势，那是一定不能放弃并充分发挥的。一方面你要选时、待时、等待"强"的天时，另一方面你要获得社会资源的进步，在股市中落后就要挨打，强大可以助人助己。

四、其他的柔性经验

（一）犹豫不决时

如果对风险犹豫不决，应该站在场外观望。

如果对机会犹豫不决，可以先少量占一个位置。

（二）历史经验

重要时刻的判断，可以比对历史和当时的条件，再留有一些富裕空间。

（三）利益兑现的两面性

股市中一些事物往往有两面性，最常见的是融资和大小非减持，对这两项因素需要跟踪观察，不能简单绝对得出结论。

（四）习惯、惯性和规律性

股市价量关系，短线的是有惯性的，长期的是有周期逆反性的。

习惯和反馈的力量是强大的，是没有道理的，需要即时利用的。

规律是需要观察统计出来的，也需要注意效应递减性。

第13篇
股市实战经验的具体事务考量

实践是理论的基础，即实践对理论具有决定作用。理论对实践有反作用，科学的理论对实践具有积极的指导作用（多数的赢家就是这样产生的），错误的理论则有阻碍作用。理论和实践是相辅相成的，缺一不可，不能任意割裂两者的辩证关系，孤立地强调一个方面。

在股市实战操作时，必须要有阶段的理论指导，这样才能克服恐惧与贪婪的通常人性和情绪随意化，但是理论又只是一个整体的定性框架，既压制情绪又与本能心态冲突，在实际应用理论的时候，也有量化、组合、局部单位的问题，只有对后者有较好的灵活应用，才能解决好心态。

事实上，股市中的好操作，必须解决好四个问题：总体持续的年化收益率、大概率阶段个性盈利模式、实时的情绪化随机操作、稳健的输赢心态。

一、效率

（一）完美效率

完美效率是指抓住阶段涨幅第一的股，并且其后无缝链接。

其行为概率是五千（及时股票数量）分之一，一个无缝链接是五千分之一乘五千分之一，年化完美效率的事先概率几乎接近于0。

追求完美概率是不可能实现的，但是有时许多人的行动追求的，其结果必然是不但实现不了，而且要输。

新股民、多巴胺未退的人、有扳本心理的人、容易有压力的人、低素质的人、急于需要钱的人，很容易出现追求完美效率的行为。需要注意，不仅是想一想，而且是选股和下注行为。

（二）市场效率

市场效率是指个股阶段涨跌率的中位数。

无论是短线操作，还是中线操作，都得符合市场效率，不能百年老炖，超出客观的行为会加大失误率，适得其反。

我每天上午、中午、晚上都会做市场效率的统计，以保持市场感觉。

（三）能力效率

能力效率是指你的阶段盈利能力。合格的能力效率的要求是七赢二平一亏，差年景亏损不能超过5%，好年景盈利超过30%。

（四）满意效率

满意效率是指你的满意的年化收益率。

这个满意度要与你自己的满意度相比，与社会化其他的可实现资金增值率相比，满意效率不能超过能力效率，也不能超过市场效率太多，绝对不能够接近完美效率。

二、大概率

（一）高振幅

一般人都喜欢高振幅，通常情况下，追求高振幅的成功概率相对会低一些。

所以，必须有大盘趋势的保证，才能做高振幅，否则容易输钱。

（二）低振幅

一般人都不愿意接受低振幅，但是通常情况下低振幅的上涨概率要明显高于高振幅，如果资金量够大（又有数次补仓的机会），盈利概率更大，因此做过统计数据的职业玩家更喜欢这种玩法。

需要注意的是，在大盘趋势持续向下时，这种玩法也不可取。

（三）有效爆破点

职业操作要建立数种常用的买卖点明确的信息提示操作套路，这就是盈利模式。一种盈利模式并不是在任何时刻都有效，只是在一部分时间段里有效，我们需要经常统计市场，发现这段时间内哪种盈利模式有效。

（四）有效时间

市场分为上涨时间、平衡时间、下跌时间。

我们要发现不同时间的信息提示特点，根据信息提示特点来配置仓位和仓位方向，并运用有效的盈利模式。

三、利益博弈

（一）与人们的实战习惯博弈

比如说常见的技术分析方法、基本面分析方法，一方面是熟悉，另一方面是博弈。

（二）与机构操作规律博弈

要发现机构的状态和操作倾向。

（三）与阶段主要矛盾进行博弈

要发现阶段主要矛盾并顺势而为。

（四）极端情况要有逆反思维

管理层对股市的要求是稳定，市场出现较大趋势的不稳定时，要有逆反思维，这时要防止惯性思维作祟。

四、忽视的关键因素

股市中有一些重要的关键因素，因为门槛和其他原因会被忽视。

（一）新鲜事物

沪深股市有炒新的习惯。

（二）重要的常见交易制度

特别是与再融资、大小非减持、现金选择权有关的交易制度。

（三）衍生品种

非股票品种在市场低迷时常常会有阶段机会。

（四）优势交易渠道

有优势交易渠道、双轨价格，就一定要把优势发挥出来。

第 14 篇
职业投资人的成长努力方向

作为职业投资人必须要有一定的认知和功底，在这个基础上，持续成长比短暂成功更重要，股市投资是一项长期事业，不可能每次或者时时刻刻都是顺利的，但是成长必须是持续的，没有成长的成功是短暂的成功，没有成长的成功是不会持续的，唯有成长的成功才是真正的成功。

那么，作为一个职业投资人，他的成长努力方向应该是怎样的呢？今天，我们就来探讨一下这个问题。

一、盈利模式和机会的认知、积累、发现

（一）客观地认识股市

多数人认知的股市是以从业资格考试和社会规范宣传得来的，以职业投

资者的水平要求，这不可以，必须重新认知。

（1）统学院派股市认知。

可以知道，必须批判。了解这些知识的角度是，了解多数竞争对手和客观环境。

（2）二级市场历史。

了解二级市场历史，了解重要指数 K 线图并且同时了解每年的重要背景和事件。

（3）A 股特点和功能。

融资市、主力市、政策消息市。

（4）高市盈率。

高市盈率低分红率，有重力，周期性。

（二）认知经常出现的机会

（1）爆量。

牛市强势机会，具体指标形式需要统计阶段数据（也可能是中级行情）。

（2）暴跌。

暴跌必然维稳，关键是怎样把握好机会又不提前。

（3）两极逆反。

周期循环的重点表现是，暴跌后是暴涨，暴涨后是暴跌。

（4）超预期题材与大新闻情绪。

情绪共振会导致阶段大趋势。

（三）股市获利的原理

（1）低买高卖。

强势大众共振"博傻"，弱势维稳机构自救。

（2）题材是第一生产力。

常规机构盈利模式和游资兴风作浪的阶段规律。

（3）交易制度引发的机构行为。

要约收购、现金选择权、融资行为导致定价与市价差额。

（4）基本面质变。

基本面之变必定导致股价的下限抬高，资产重组是永恒的魅力。

（四）盈利模式与有效机会统计

（1）股价的爆破点。

短线股价异动的主因有哪些？有基本面、技术面、交易所制度上的公众敏感点。

（2）爆破点的波动节奏。

以爆破点为 T 日，总结统计出来股价波动规律。

（3）有效执行。

注意买卖点，以及买卖点的修正，并且要考虑到利润兑现的上下盘变化。

（4）发现节奏变化与新机会。

机会明显后，必然会被平滑或者节奏变化，甚至方向逆反，此时要发现新机会。

（五）观点与执行力

执行力比观点更重要，这点在股市中尤其有意义。

（1）效率。

要有年化收益率的概念，并且围绕着年化收益率形成投资计划，这个计划是下限稳妥的。

（2）准确率。

概率重于传奇，低风险高概率是典型的职业行为。

（3）常识的应用。

主要是品种组合、时间组合以及利润和风险的时间复利积累和平滑。

（4）坚决规避赌性。

不赌博，坚决规避大失误，是职业投资者的最低要求和生命线。这点要有深刻认识，这是血的教训。

（六）政治胜利与持续能力

（1）要熟悉法规。

要熟悉法规，不能有违法行为，不能有低级低素质表现。

（2）持续的作战能力。

低回撤，持续复利，偶尔地跳跃暴利。

（3）不受外在因素干扰。

减持自己的熟悉盈利模式和品种，不要被外因干扰。

（4）不进行有压力的投资。

比如说杠杆、规模过大，要清楚自己的能力界限。

二、良好心态的经营

（一）六分心态三分技术一分运气

股市实战操作，冷心为上，平静注意力集中为重，切忌冲动心浮气躁。

（二）有知者无畏

有知者无畏是职业投资者追求的境界。

（三）简单明确

追求简单机会、简单操作，特别是买卖点明确，80分万岁！

（四）留有余力，保持优雅

重仓只能短线，中线资金永远要留有预备队资金和纠错资金。

（五）未知时退场

看不清楚或者犹豫时，场外观望。

（六）分批组合平滑是优秀职业素养

区域准确、折中行为是把握机会的好方法。

三、软实力硬实力的积累

（一）股市信誉和品牌

要有自己的特色和风格，我的特色风格是防范风险能力强、低回撤、持续稳利、偶尔跳跃暴利。

（二）资金优势

资金大有资源渠道优势和力量优势。

（三）社会资源优势

社会资源多，优势手段就多，比如低位抄底用定增方式实现更有优势。但是大盘低位时需要有合适的项目信息。

（四）与时俱进，持续领先

股市能力是需要保持和适当与时俱进的，不能因变化而落伍。统计和创新是两大优势。

（五）一个好汉三个帮

要有合适的分工协作，个人的精力终究有限。

（六）最野蛮的身体、最文明的头脑和不可征服的精神

这是现代人的标志。

第 15 篇
怎样在股市中以强胜弱？

孙子兵法的核心底层逻辑讲的是以强胜弱，以及怎样创造以强胜弱的条件。其实，股市中的博弈获胜之道也是这样，以强胜弱，降维打击。A 股中多数上市公司市盈率比较高，分红相对较少，投资价值相对有限，但是个人投资者数量庞大，赌性强的人多，专业性强的人很少，这样就具有较高的博弈价值。那么，我们在股市中只要注意以强胜弱，获胜的概率就比较高，也容易取得比较理想的年化博弈收益。

那么，在股市中应该怎样以强胜弱，怎样破心中贼，就破山中贼呢？我们来系统性地总结一下。

一、成本优势

（一）交易渠道的成本优势

比如定增、大宗交易提供了低于二级市场股票价格的机会，有 6 个月锁定期的股票是有折价的，关键是判断出买入价在持有 6 个月后是否依然有获利的机会。

（二）制度赋予的成本优势

有的股票是有现金选择权或者要约收购价格的，如果见到低于现金选择权或者要约收购价的市场价格，这其中就有无风险盲点利润，一些高等级的

债券、债券基金也有类似现象。关键是你是否满意这个价差所带来的年化收益率。

（三）时机赋予的成本优势

市场是持续涨跌的，选时、等待时机是二级市场最重要的技术，你所买的股票应该尽量低于其他投资者、低于市场平均成本、低于重要机构的持有成本，由于 A 股的低价值高市盈率以及大扩容背景，这三个"低于"要求一点不过分，是很合理也是符合实际的。

（四）周期赋予的成本优势

股票的板块是有活跃周期的，既有行业周期，也有市场偏好周期，A 股的涨跌波动周期规律还是比较明显的，再好的股票涨过了也会大跌，只要不退市，股价跌透了就会有较大的上涨波段。

二、资金优势

（一）多次补仓的资金优势

尽量追求职业判断，在职业判断的基础上，补仓的能力将会增强你的实战心态和实战成功率。

（二）买卖力量对比的资金优势

涨跌是由资金买卖力量差导致的，你要站在赢家的那边。相对资金实力强也是一种力量，在强势市场更容易带来效率，在弱势市场时更容易造成底部区域。

（三）大小资金的优缺点

小资金的优势是灵活和流动性好，大资金的优势是有特殊交易渠道和趋势力量，无论资金大小，要发挥自己的优势，相对来说小资金更容易创造高收益率，大资金的实战更具备稳定性。总之，大小资金的实战操作是不一样的。

（四）资金优势与技术、热点结合

游资的操作具有较强的博弈性，这就容易与技术形态、热点题材相结合，跟风狙击游资的猎庄技术也需要对阶段游资偏好图形和题材进行统计分析，这是短线实战的要点。

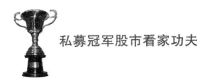
三、信息优势

（一）行政审批的时间差

行政审批多数已经电子数字化，我们需要对一些政府部门的网站非常熟悉，比如中国证监会、交易所、药监局、工商局、全国公共交易平台、股权拍卖等，看看是否能够先一步获得有用信息。

（二）中线爆破点

上市公司的有些题材是有中线时效的，我们需要中线跟踪，在股价低点或者有效率的时点进行投资操作。我们可以从上市公司的历史公告和资讯中找寻有关中线有价值的信息。

（三）常规制度信息的统计规律

比如年报预告、公告、股东大会等是常规制度信息，我们可以视公告日为 T 日来统计股价的波动节奏，看看是否存有短线投机机会。

（四）熟能生巧的跟踪观察

股票也是有股性的，有一些有机构驻扎或者有中线题材的股票是有股价活跃规律的，一旦发现这些规律，短线操作获利概率就较大。

四、专业优势

（一）多维叠加优势

优势包括绝对优势和多维叠加优势，这两种优势是最重要的获胜保证。

（二）把优势与社会现存资源结合

个人的精力和资源终究是有限的，必须把个人的优势和社会资源结合起来发挥作用，现代社会是资源社会，单干的时代已经过去了。

（三）把自己的劣势最大限度地压缩避免

攻击和防守是矛盾的，不能因为过分在意一个方面而抑制了另一个方面的发挥，中庸是恰当而不是和稀泥，要发现了解自己的常见错误和弱点，并刻意地抑制住。

（四）了解利用更强者的优势

博弈场获胜的方法有两个：

一是战胜弱于自己的对手；二是跟随更强者一起战胜市场。需要注意的是，更强者也许是实力的强者，但是他们又是智慧的弱者，A 股中真正的指挥者是非常少的，所以我们既要适当地跟随强者获得局部胜利，又不能对他们盲目相信。

第 16 篇
股市投资所需的状态和思维

职业投资者的状态和思维方式与普通业余爱好者是严重不一样的，如果你没有进入股市所需要的状态和思维方式，你的努力是无用的，甚至越努力输的越多。但是，绝大多数投资者进入股市时是缺乏正确准备的，其后的经验也是盲人摸象误打误撞的，可能是终生没有入门，使股市投资成为一种高消费的娱乐赌博。

那么股市投资需要什么样的状态和思维呢？我们现在归纳总结一下。

一、对待股市的态度

（一）普通投资者的状态

多数普通投资者对股市是痴迷的、热爱的，甚至有股瘾，实战操作时犹如热锅上的蚂蚁，持币想动，持股着急，尽管总体不顺，但还是十年饮冰难凉热血。

（二）职业投资者的状态

纵横捭阖冷心为上，认为股市有用、能赚钱但不热爱，有事情不看行情、不看股市也无所谓，靠能力、靠实力，不靠运气。

二、具体实战行为表现

（一）普通投资者的行为表现

1. 永动机

有赌瘾的人，许多个人投资者，往往具有这种症状，没有选时概念，有资金就想买股，持有的股不涨就想换股。

2. 永炖机

受过股市社会学教育和熏陶的人，往往具有这种症状，没有选时概念，必须遇到股灾，每几年必然出现的黑天鹅事件基本躲不过。

3. 投资依据严重不够

股市的持续胜率是一赢两平七亏，与"拱猪"一样负分多于正分，所以分析判断行动一定要严谨，要有过硬的依据，马虎不得。

（二）职业投资者

1. 以强胜弱

职业投资者是选时的，只有在自己胜率比较明显的时间才行动，这种时间每年都会有几次，这几次抓住了，收益就不会差。

2. 框架思维

职业投资者是有整体框架思维的，无论是时间还是指数区间都有历史地图概念。我的投资节奏是以一个 MACD 周期或者制度锁定周期来确定操作计划，这样既有较小的难度、较明确的操作点，也有制度优势配合。

3. 有知者无畏

投资依据要有时间、价格、规律、买卖点判断，概率高，心态好，有明确的行为指导思维。

三、方法论

（一）普通投资者的方法论

1. 天性不学自会的方法

普通投资者不学自会并乐此不疲的方法就是追涨杀跌，跟着情绪的感觉走。这样操作往往事与愿违，甚至被有心者利用，但玩家没意识到也不改进。

2. 西方经典金融学知识

西方经典金融学在其他股市中大部分是对的，但是与 A 股的客观脱节，即使其中的一些知识是基础有效的，但像小学算数一样不足以应付高考需要。

3. 情绪与极端

跟着情绪走，基础素质差，在关键时刻又经受不住考验。立场观强，永远看多，幻想奇迹。

（二）职业投资者的方法论

1. 客观与规律统计

要对 A 股客观重新认识，了解历史，了解各方的客观立场和实际行为情况。

2. 具体的参考点

有硬性的操作原则，有判断参考点，有灵活的逻辑判断。

3. 增加概率与对冲折中思维

买卖行为涵盖增加概率和降低风险的科学助力或者对冲手段。

第 17 篇
网状思维在股市中的应用

股市是复杂的，股价的波动是多因一果，是众多股民买卖和立场变化而造就的。因此，我们在分析判断市场时，决不能过于简单，也不能持静止固化的结论，而必须有博弈思维、链条思维、网状思维。下面，我们就网状思维在股市中的具体实战应用做一些总结。

一、组合行为

（一）多品种组合思维

多品种组合思维的目的是顺应大概率，防止单品种的小概率。比如说，大盘是强势时，多品种持股大概率也是强势，单品种则可能遇到另类，弱势也是如此。因此，在强势中，适合多品种持股，弱势市场中最好不持有股票，如果想获得另类收益，则必须是极少数单一的。

（二）多操作次数组合目的

买卖一个特定的品种，只有在一个主因特别有利的情况下才一次性重仓操作，比如买卖点特别的明确。如果买卖点不是特别的明确，你买卖次数的权力越多，获胜的概率越大，也越容易保持良好的心态，从而越会遇见最佳买卖点。有时，会错失最佳买卖点，但是也能保持这次操作是盈利的。股市中的机会是无穷尽的，稳利、复利最重要。

（三）盈利模式的组合

股市中的机会是周期出现此起彼伏的，必须要有许多套经常出现的有力盈利模式，这样才能保持良好心态和满意的年化收益率，通过统计工作发现，现阶段哪种或者哪几种盈利模式比较有效，这样可以有的放矢，也不至于有必须上车或者最后一班车的冲动举措。

二、对冲行为

（一）流动性风险对冲

在相对高位，如果判断大盘即将下跌或者处在下跌过程中，此时现货股票出货困难，可以做空对应指数期指，以达到对冲风险的目的。此时，如果有可能的话，不应放弃出货的努力。

（二）防失误性对冲

大盘上涨，想买股票，又对大盘上涨的持续性有疑虑，可以先考虑小市值股和低位未涨的筹码集中股，如果买错了，这类股抗跌性较好或者纠错性比较好。如果大盘继续上涨，这类股也容易补涨。

（三）对冲焦虑情绪

有四种情况容易产生焦虑情绪：

（1）大盘高位，随时可能出现风险，但是个股又异常活跃。此时的操作应该是，控制仓位少量做相对低位短线，但同时需要防止流动性风险和停牌风险，如果绩优蓝筹股存有短线机会，可以优先考虑。

（2）大盘低位，随时可能见底，但是个股杀伤力短线有很大。此时的操作应该是，分批尾市建仓，严重超跌又有警告时可以当天最低点或者低挂建仓，左侧买进仓位不能超过50%，剩下的资金必须见到明确的放量（强势）止跌信号再行投入。

（3）看好的股存在短线缺陷。可以先轻微少量第一批建仓，随着缺陷的减弱逐渐加仓。

（4）有一定的仓位但对后市有所疑虑。可以先减一部分仓位，剩下的仓位设立行动条件，一旦达到条件立刻行动。

三、叠加行为

（一）价格优势、资金力量、题材的叠加

这是最佳叠加。

（二）不同题材的叠加

最好是有一项明确题材，这是短线选股的小窍门，如果题材多单没有一项是明确的，就容易出现意外。

（三）股票下跌下限与中线题材和资金量的叠加

这属于常见盈利模式叠加。

四、参照点行为

（一）选股条件打分制

重要选股必须先设立明确的选股条件，然后根据个项条件打分，确立重点自选股。这样可以防止感觉错觉。

（二）行动时机指标化

在短线操作和事件选择时，必须参照 MACD、CCI、KDJ、PSY 指标，用这些指标定性不可以，定量则是好习惯。

（三）大单边趋势参照历史

当大盘出现中级行情或者中级下跌行情时，必须参考历史跌幅和条件并进行对比，留有余量地进行操作。

五、预期心理管理

（一）意外预期

意外预期可能反应最强烈，应该第一时间行动。

（二）众所周知的预期

容易见光死，只可提前低位做超短线，在于其题材兑现前结束战斗。

（三）共振预期

（1）超跌＋利好＝短线大涨幅。

（2）超跌＋非实质性利空＝中线有涨幅。

（3）超买＋利好＝高开低走。

（4）超买＋利空＝短线大跌幅。

第 18 篇
平衡市中的几个特效模式

如果市场处于持续的平衡市甚至弱平衡市背景，运用常规性的股市实战方法是很难赚钱的，这时必须有一些新的角度思维，才能保证职业投资获得较为满意的结果。客户是不管行情背景好坏的，他们付了些许管理费，就要求有收益，作为职业私募基金管理人，必须殚精竭虑，把赚钱的潜能挖到极致。成立私募基金以来，我一直全力在挖掘平衡市中盈利的特效模式，并因此在私募成立的第一年就获得了 2022 年的私募冠军，下面我就把平衡市中的几个特效盈利模式总结一下，供内部助手学习，以为我做好辅助工作。

一、抄底模式

（一）最重要的利润来源

最重要的利润是抄底后中线组合持有获得，抄底后的短线反弹也是净值增长最快的时间段。

（二）抄底的具体技术

抄底的具体技术应用时比较历史类似原因和跌幅，同时适当考虑市场情绪和管理层信号的坚决度，也观察 MACD、CCI、PSY 指标的情况，分批组合操作。

（三）抄底时应用双轨价格模式

定增和大宗交易模式能提供较好的安全垫，此时报价和实施都比平常更有优势和成效，应以强股东和基本面成长的年度低位股为主。

（四）二级市场抄底小市值和短线爆破点为好

如果有短线爆破点，可以优先考虑短线爆破点；如果没有短线爆破点，可以考虑小市值低位股，事实证明比大盘股更有优势和主动性。

（五）抄底的事先必要准备

在未出现较大跌幅前，中线仓位不能轻易超过50%，要为这个模式留有充沛的资金。这个模式是最大利润源，这样做是值得的。

（六）以往抄底行动的总结

（1）由于心态原因，抄底的仓位实施证明还可以再多一些，可以达到80%，定增和大宗交易在保障质量的前提下，可以更大胆激进一些。

（2）二级市场的抄底持有时间过于短线和谨慎，可以根据历史情况比对持有时间（可以考虑重要均线做些提前量），也可以在市场依然谨慎的低位区域把胆量放大一些，采取一些进取行为（等市场情绪转暖后逐渐降低仓位，此前都是提前降低仓位了）。

（3）品种的选择：超跌的品种更有中线潜力，能够保证心态好的品种（现金选择权、中线题材）更容易做得更好。

二、融资模式

（一）转债融资模式

（1）转债发行前的短线爆破点是平衡市中比较有效的爆破点，特点是T-2、T-1两个含权日比较强，T日除权日容易低开弱势。

（2）转债是否含权可以根据短线套利是否成功，可以结合短线大盘、个股走势进行短线判断，以操作小市值成长股为主。

（3）转债的发行信息可以根据交易所行政审批专栏和东方财富网的新股申购专栏查阅。

（二）定增融资模式

（1）定增融资模式的个股类型以小盘基金重仓股（或者小市值筹码集中股）为主要观察标的。

（2）股价的波动模式是：定增前要保价（但意愿不强），定增报价日（或者前一日）有短线小机会，定增完成后有一个震荡，这个震荡完成后是一个可把握的波段机会。

（3）在定增交款日前夕，如果股价跌破定增发行价，可能存在短线机会。

（三）北交所新股模式

北交所新股发行具有发行价格、盈亏、中签率的周期循环模式，要注意统计规律和相关管理层的信息。

三、现金选择权模式

这个模式比较简单，关键是确认方案实施的可靠性和方案实施的时间，另外下一次操作时要加大仓位量。

四、低位低振幅模式

（1）要选择股东数量最少或者日成交额最少的股票品种。

（2）要保证绝对大形态处于低位，这个把关可以严格一些。

（3）在弱势时要低挂大单，只有这样才可能吃到足够的货，也容易引发短线卖盘。

（4）对于有赌注性质的重组潜力股要保持耐心，持续中短线关注。

五、短线混合结合

（1）可以与定增大宗交易模式结合。

（2）可以与低振幅模式结合。

（3）可以与突出的中线爆破点结合。

（4）可以低位基金独门重仓小市值超跌股结合。

（六）自己需要总结提高的

（1）低位定增可以更大胆一些，特别是补充增发的强股东项目。

（2）低位大宗交易可以更进去一些，但是箱体非低位时间需要把关更严格。

（3）加强立体混合作战结合。

（4）要注意大形态的低位，曾经在小形态低位、大形态非低位、中短线选股中吃过亏。

第19篇
炒股必须解决的几个重要问题

炒股要想获得较为满意的结果，必须两手硬：一要专业技能过硬，二要基础素质过硬。但是我发现在实战过程中，有些股友即使炒股年线较长，也经历过高水平方法的熏陶，道理也都懂，但是在实战时还是不由自主地回到赌博思维中去。这种情况的出现，可能是由于有一些基础前提问题没有解决，这些问题如果不解决，炒股就永无出头之日。而且，这些问题如果不经人点醒，自己可能长时间也无法自悟。

一、情绪心态问题

（一）赌瘾

炒股最怕：十年饮冰，难凉热血；炒股的最佳状态是：纵横捭阖，冷心为上。

如果有赌瘾，不看行情，不来回操作就难受，这是非常可怕的现象，这比真去赌场赌博更可怕，因为你去赌场是有警惕心的，而在股市是有着正向激励思维的。

（二）涨跌情绪反馈

炒股必须要给大盘系统先定性，找到客观的评判参照物，借鉴历史习惯规律，再去抓个股机会，低吸高抛。炒股最怕不学自会的追涨杀跌，并且情绪反馈加强，这样非常容易买高卖低，特别是在平衡势、弱势的时间段，牛市末期更不能犯错。

（三）无计划性冲动型

买股操作必须要有原则流程，最好是熟悉的股。千万要杜绝临时异动诱惑、宣传诱惑、眼前小便宜诱惑。持股的时候一定要做好后续发展计划，涨了怎么办？持平怎么办？跌了怎么办？

如果仓位已经很重，情绪也不好，也不知道该怎么操作，此时应该退出，至少退出一部分，让头脑清醒一下，人在不利的处境下，容易自己打败自己。

（四）留有余力，保持优雅

保持良好情绪的主要因素有：

（1）有知者无畏。

（2）留有足够的后续资金。

（3）短线操作。

（4）足够的成本优势（主要是抄底心理）。

二、优势博弈问题

（一）成本优势

最重要的优势就是成本优势，获得成本优势的因素包括：

（1）大盘周期的低点，在非价值大扩容市场，市场是有重力的，这个低点会经常出现。

（2）制度性成本优势，比如定增、大宗交易。

（3）多次补仓的能力，这需要足够的资金。

（4）低振幅战法，这是把成本优势与心态优势结合起来了，在股市中防守强更容易做到，进攻强的难度挺大的。

（二）信息优势

信息优势是效率，获得信息优势的因素包括：

（1）足够的勤奋，每周浏览记录跟踪信息。

（2）统计战法有效性，统计历史类似情况。

（3）有客观研判参照物。

（4）有合法的双轨信息，熟悉行政网站的审批运作流程。

（三）盈利模式优势

要用盈利模式赚钱，而不是跟随个股赚钱，绝大多数人是技术性或者基本面性地跟随个股赚钱，这其实也是一种被动性的赌博。

常见的盈利模式构建方式有：

（1）根据交易所制度建立模式，比如现金选择权、绝对面值、线下价格等。

（2）根据市场冷热建立模式，极端冷建立中线抄底模式，极端热建立短线技术低点模式。

（3）根据成本建立模式，这个成本优势最好与强硬机构的活性结合起来。

（4）根据事件情绪建立模式，建立一系列爆破点战法，然后即时统计当时是否有效。

（四）操作习惯优势

操作习惯优势的主要体现：

（1）能增加赢的概率、弱势组合成本、强势组合机会。

（2）买卖点明确，不把命运交给运气。

（3）有优势要用上，并持续积累优势。

（4）阶段盈利点明确，无盈利点不操作。

三、黑天鹅问题

（一）事先防御

黑天鹅是事先防御的，已经发生时很难躲过。

事先防御的最佳策略是：站在大主力的利益点以及留够拯救危机的预备队资金，在泡沫明显时要提前规避以及注意流动性。

（二）有些事情坚决不做

坚决不能做的事情有：归零机会、别人的优势博弈机会、能力范围外的机会。

（三）确定性思维

A股主要的确定性：定价制度确定性、央企强股东确定性、市场稳定的确定性。

（四）有对冲手段

有做空思想和手段。

四、概率稳定性的问题

（一）制度性保证

要对定价、融资制度和时间流程熟悉，需要跟踪了解到细节。

（二）足够优势保证

这笔交易必须知道优势点以及爆破点。

（三）短线效率保证

中长线不确定因素比较复杂，多因不可确知；短线相对简单，容易一因定果。

（四）强控制人保证

强股东小公司是基本面有底且容易向上发展的最好标的。

五、方法论问题

（一）必须选时

A股交易必须选时，否则避不开黑天鹅，也不能获得常见利润。

（二）追求买卖点明确

买卖点明确且有差价是稳利、复利和偶尔暴利的保证。

（三）有统计数据、参照物、大地图框架、交易制度价格比较

这是大概率、有知者无畏的具体实施。

（四）能保持心态稳定

要永远保持稳定心态和有后续手段的优雅心态，不能保持心态的事情不做，心态趋坏时要及时清零重来。有能力的话，不怕丢失一次机会，也没必要盲目赌博。

第20篇
股市实战需要深刻理解的几个关键词

在股海投资生涯中，你必须对一些关键概念进行深刻的理解，并严格贯

穿到实战操作过程中，才可能稳定地打胜仗。那么，这些关键词都有哪些？该怎样正确理解呢？下面我们就来汇总一下。

一、顺势而为

市场中的势可以分为三种，我们要及时地发现认清和顺应。

（一）趋势顺势

1. 单边趋势的特征

（1）单边上涨势。有重要均线（10日、20日、30日、60日）支撑的单边上涨，最常见的表现形式是中级行情（一个热点支持的单月左右时间的行情）和大牛市（有数个中级行情和平衡市连接的年度行情，有正反馈情绪，无管理层严重警告警示），上涨基本上有大成交量支持。

（2）单边下跌势。有重要均线（10日、20日、30日、60日）压制的单边下跌，最常见的表现形式是中级行情（一个负热点领跌的单月左右时间的行情）和大熊市（有数个中级行情和平衡市连接的年度行情，有负反馈情绪，无管理层严厉警告警示），下跌不需要成交量支持。

2. 单边趋势的操作

（1）单边上涨势。长多短空，多品种组合，抓初始强势热点，短线危险时刻为PSY严重钝化、期指交割日（包括新加坡50）、个股的高位乖离。

（2）单边下跌势。长孔短多，不抄底不算错，抄底时刻必须选在严重超跌时间的超跌股，要控制仓位，个股单一。

（二）两极顺势逆反

1. 两极的特征

（1）泡沫极。长时间上涨（中级行情、大牛市）后，管理层警示，高位个股明显活跃。

（2）大底极。长时间下跌（中级行情、大熊市）后，管理层警示，低位个股明显低迷。

2. 两极的操作

（1）泡沫极。提早出局不算错，提早降低仓位不算错，在末端控制仓位做短线，做好退出的准备（不能有流动性障碍），有效跌破30日均线是最后的保命退场信号。

（2）大底极。动作慢一拍不算错，介入要逐渐分批，主要关注品种为活跃指数权重平准股、低位被套活跃庄股、小市值下限有限股、有定值选择战法。

（三）平衡顺势复利

1. 单边趋势的特征

常量箱体波动。

2. 单边趋势的操作

短线有效爆破点战法、低振幅战法、双轨价格战法、有定值选择战法。

二、情绪化逻辑

（一）恐惧与贪婪

在股市中，没有自我刻意训练提高的人，大多数有恐惧和贪婪的情绪，以及追涨杀跌的冲动，这点必须克服。必须建立操作系统、盈利模式、熟悉自选股、成熟习惯套路计划来克服和抑制恐惧与贪婪。

（二）低于预期、符合预期与超预期

人们对未来都会有预期，低于预期会引发抛售，符合预期会相对稳定，超出预期会引发购买。

（三）溃退与冲锋的号角

在股市中会有阶段性的重要消息，这个消息会影响预期和即时情绪，并引发市场溃退或者攻城拔寨。有号角意识以及认识阶段的主要矛盾是职业投资者必须具备的敏感觉悟。

三、有知者无畏

（一）确定性

必须是硬性严格的时间确定、价格确定、证据确定。

（二）框架思维与参考点

必须有边界地图、框架以及参考点，并进行比较证据、程度对比。

（三）以强胜弱

要有明显的优势，要运用明显的优势。

四、知行合一

（一）规律习惯

在操作上要养成中庸、组合、扩大概率、有后备、有效率、有预防风险远见的规律习惯。

（二）能力范围

要运用熟悉的盈利模式和投资熟悉的品种，新品种必须严格用万能公式过滤，尽量不赌不熟悉的机会。

（三）机会与时间

要知道机会的关键点和机会点所在，要相信盈利模式时间的力量，要清楚有些机会是有短线效率的，同时也要清楚有些机会是需要时间锻炼的。

第 21 篇
注册制形式下的实战策略研究

近几年沪深市场波动特征出现了一些新变化，绝大多数时间处于弱平衡状态，系统机会非常少，市场上的主要机会是以结构性的板块热点为主，总体操作难度较以往明显加大，这与市场的容量越来越大有关，也与整体经济环境不明朗因素有关。不管怎样，作为职业投资者，是需要股市实战获利和生存的，无论市场处于什么样的环境，我们都必须找出盈利赚钱的方法，我最近也在思考这个问题，也在统计波动规律并归纳总结研究新方法，下面我就把近期的研究成果总结如下。

一、防守反击的总策略

（一）弱平衡市是常态

持续大扩容与存量资金博弈可能是一个长时间的客观存在，这会导致市

私募冠军股市看家功夫

场长时间处于弱平衡状态，即使是指数上涨的时间，也只是局部个股存在机会（相当比例的个股不涨），对于这点我们必须要有清醒的认识，并且要有高度的警惕性和应对措施。

（二）弱平衡市的主要任务

市场处于弱平衡市时，我们的主要任务是：

（1）防止系统性大跌乃至股灾的出现。

（2）杜绝操作平庸机会造成的损失。

（3）等待与抓住一年一两次的最佳机会。

（4）平常的主要机会是平准个股短线机会与低振幅个股短线机会。

（三）弱平衡市的作战策略

（1）平时需要留足50%的预备队资金，这部分资金只有在出现无风险机会和有明显杀伤力后的低点后才能出击。

（2）采取防守反击战法，在做好严密防守的基础上，等待和看准机会再出击抓机会，最经典的机会是大跌抄底与低振幅战法、平准个股技术机会。

（3）严格杜绝追高，这包括短线波段高点以及长线有一定调整幅度后的中线高点。

（4）坚持做熟悉盈利模式，做熟悉个股，其他机会（包括新强热点板块机会）最多只能持10%仓位以下的娱乐尝试和学习。

二、最佳机会的把握

最佳机会就是一年一两次的急跌抄底。

（一）抓住最佳机会的手段

最佳机会出现前必须做好防守，必须为最佳机会出现时留有充分的资金。

（二）抓最佳机会的战术

大跌出现时比较历史类似情况，设好参照点，分批出击。

（三）抄底时的选股

（1）定增、大宗交易的手段建仓中线低位强股东低位冷门股。

（2）补仓原有的中线爆破点股、无风险品种、被套的低振幅股、机构重仓股（流通股占比 30%以上）。

三、平常的操作

平常的操作以低振幅战法为主，低振幅主要以三种形式呈现：

（1）经过统计验证的阶段短线爆破点战法。

（2）跟随大盘箱体波动的中线爆破点战法。

（3）下跌下限可控的基本面稳定的低成交量股。

（4）上述三个特点兼备的可以加分。

四、中线持股注意点

（一）中线持股的形式

必须是以定向增发和大宗交易的形式（有较大折扣）建仓，除非现金选择权不能轻易用二级市场方式建过大仓位的中线仓位。

（二）中线选股目标

（1）强股东基本面尚可的绝对低位冷门股。

（2）符合低振幅战法的低位超跌股（有中线爆破点股、低成交量小盘绩优稳定股）。

（3）小市值的公募基金重仓股（大宗交易后定增）。

五、短线游击目标

（一）中线爆破点战法细节

（1）中线爆破点的低位股是重要日常战法之一。

（2）需要用大盘高低点和万能公式来测评时机。

（3）根据大盘技术指标低吸高抛，遇见大盘危险时刻该清仓就得清仓。

（二）下跌下限低的个股玩法细节

（1）主要是基本面具有防守性的低位低成交量个股。

（2）结合有效短线爆破点。

（3）买卖时要有低挂、高挂的习惯。

（4）除非遇上大盘连续急跌，平常关注最好是调整充分的筑小平台的低成交量股。

（5）机构重仓股不能大仓位只能小仓位，低振幅重仓股最好是非公募重仓股和中线爆破点明确股。

（6）要防止短线低点中线不低的多公募重仓股，这类股一旦遇到大盘弱势还是有杀伤力的，包括社保重仓股。

第22篇
有效补仓实战技巧总结

持仓被套是每个人都会遇到的情况，怎样处理好持仓被套是职业投资者必须掌握的技术，这是一项综合技术，最能体现一个人的基础整体素质，现在我们就来总结一下这项实战技术的运用技巧。

一、要提前做好被套的准备

（一）要对大盘的波动性质定性

1. 大盘跌多数个股必然跌

大盘跌，多数个股必然跌，而且下跌的形式可能是领跌、轮跌、补跌。如果在不合时宜的时间过重持仓，必然被套甚至失误。因此，每段时间需要对大盘进行定性，把大盘区分为强势、平衡市、弱势三个阶段，每个阶段又要分为初期、中期、后期三个时间。在不同的时间要有不同的仓位、不同的选股风格、不同的阶段盈利方法任务。

2. 不同的仓位

平衡市、弱势、强势的性质通过历史的成交量能统计结合当前的重要均线趋向来判断。

（1）平衡市仓位。平衡市的股票平常持仓不能轻易超过50%，中线最佳时刻（严重超跌）的持仓不能轻易超过80%。

（2）弱势仓位。弱势多头持仓不能轻易超过20%（越轻越好，有持仓也尽量找机会退出，持仓必须与现金选择权有关），弱势的中线爆破点容易出现幺蛾子。短线最佳时刻（急跌后的均线乖离反弹）的持仓也不能轻易超过30%，并且要在做空上做文章。

（3）强势仓位。强势仓位多头中线持仓应在50%（另外还有30%的短线仓位）左右，最佳时刻（因短线超买）导致的短线大跌，可以加重仓位，剩下的20%仓位只在最佳短线时刻操作（短线爆破点前夕、尾盘超短线或者短线大跌后的补仓）。

3. 不同的选股风格

在不同的大盘背景下，选股风格是不同的，不能永远追涨杀跌。

（1）平衡市选股风格。

1）短线选股主要选有效的短线爆破点以及有反击能力的低位低振幅个股。

2）中线选股主要选强股东有中线爆破点基本面稳定的大宗交易、定增股（有双轨价格）。

（2）弱势选股风格。

1）途中反弹主要选"中线严重超跌+短线急跌"股和平准指标股。

2）熊市底部主要选有现金选择权题材的个股。

（3）强势选股风格。

主要选初步的强势股和上升途中的回档到位股。

4. 不同的阶段盈利方法任务

（1）平衡市的盈利模式。复合型的低吸高抛，双轨价格。

（2）弱势。严重超跌反弹，现金选择权。

（3）强势。组合性的中线持有（轮涨补涨），短线组合性的追初步强势股。

（二）职业投资者的必须考虑

1. 要留有充足的纠错预备队准备金

（1）为了保持心态的优雅。心态好，能力就强，就容易有好运气；心态差，容易出现低级错误，运气也差。

（2）增大获胜的概率。给自己留有后续纠错的机会。

（3）给新机会以机会。市场是随时变化的，随时可能出现新机会。

2. 选股要为未来留有希望点

（1）中线爆破点。这是支持持股信心的重要动力。

（2）低位小市值。大资金存有纠错的可能。

（3）不能有明显的负爆破点（包括潜在的）。这是摧毁信心的重要原因。

（三）常见被套情况以后避免

1. 大盘大跌

（1）表现形式。大盘跌，多数个股都跑不了，区别只是，早下跌，晚下跌，早晚下跌；早套牢，晚套牢，早晚套牢。

（2）应对手段。所以大盘潜在危险时刻要控制仓位，下跌初期要及时斩仓，下跌途中要学会做空。

2. 热点虹吸

（1）表现形式。最典型的是大盘指标股导致的二八现象。

（2）应对手段。对于无明显有效爆破点的股可以移仓至强势股，对于有明显中线爆破点的个股等待合理补仓点。

3. 原有爆破点消失

（1）表现形式。原有的爆破点消失或者延迟。

（2）应对手段。要经常与上市公司联系、追寻信息。

4. 上市公司幺蛾子

（1）表现形式。绩优公司的再融资、公募基金重仓股的先抗跌后补跌。

（2）应对手段。在这方面，我自己也吃过一些亏，一方面是降低这方面的选股趋向，另一方面是更严格地运用万能公式过滤。

二、补仓技巧

（一）不可补仓的股票

（1）下跌途中的基本面下滑的次新股，含有比率庞大的大小非的股票。

（2）具有强烈变现欲望的低成本的机构重仓股。

（3）价格高估以及国家产业政策打压的品种。

（4）大势已去、过气的前期热门股票。

必须换股操作而不是盲目补仓，这是必须警惕和不能忽视的。

（二）补仓的股票必须属于两种类型

1. 短期调整到位的

（1）大盘要到位。

（2）个股要到位，不能轻易提前重仓，如果提前重仓要及时纠错减仓。

（3）最好是股价转强时再补。

2. 后期有明显希望点

（1）中线爆破点。

（2）机构被套点。

（3）自我优势点。

（三）补仓和变现滚动操作

如果有差价做，可以通过做局部仓位差价探底成本，不能让明显的短线涨幅浪费了。

（四）该清零时就清零

补仓是重套时谋求自救的一种重要方式，力求判断精准，不能失误，否则会导致自己遭受更大的亏损，或者影响日后的机会、心态和运气。

反对盲目地孤注一掷。

（五）补仓时应该重点进仓

如果有多只个股被套，应该重点进攻，一只一只地救，反对同时全面进攻摊大饼。

第23篇
职业投资者常见失误行为

股市技术只是一种概率技术，股市中的结果是多因一果，因此在股市中没有百战百胜的将军，但是这并不能成为我们出现失误的理由，我们在实战中要尽一切可能地减少失误，并在每一次重要投资前做严格的风控分析。为了减少失误，我特别做了这篇总结，作为自己的风控审视原则。

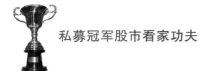

一、系统风险防控

（一）供求关系失衡风险

1. 供求关系失衡是常态

股票数量急剧扩张，高市盈率（低分红）股票众多，必然会导致市场平均股价重心是降低的趋势。对于这种供求关系失衡导致的风险要高度警惕和注意。

2. 主要盈利模式是防守反击

在供求关系失衡的背景下，一定要留有充足的抄底资金（50%以上），主要买入时机应在市场平均股价明显超跌之时。并以此保持良好的心态，不让自己因为焦虑而出现状态失误。

3. 结构性机会认识

市场常见机会形式为：

（1）平准权重指标股机会。

（2）比较大的中线爆破点。

（3）现金选择权保护的机会。

（4）强股东严重超跌的基本面趋好机会。

（5）阶段强势主流结构板块机会。

（二）涨跌周期风险

1. 股市下跌时什么技术都没用

在股市处于下跌周期时，绝大部分股票都会跌，而且是常常以轮跌的形式展示风险。这个时间，无论什么盈利模式，无论是否符合万能公式，无论个股有什么样的优点，都存在极大的下跌风险。这个时间最好的状态就是尽量少持有仓位，保持良好的心态。

2. 下跌周期的重要指标提示

（1）30 日等重要中期均线的压力非常强大。

（2）MACD 指标处于弱势周期时，风险大于机会。

（3）不管大盘也好、个股也好，中级行情后都孕育着极大的风险。

（4）强势股是逃跑机会而不是逆势的理由。

3. 弱势中敏感风险时间

（1）一月底是计提预亏集中时间。

（2）弱势季度底要格外注意，特别是符合国短线高点或者其他风险更要注意。

（3）年报、半年报截止的前几日。

（三）二八虹吸风险

1. 要有赛道意识

由于股票数量众多会造成供求失衡，但是大主力要维护市场稳定，市场常规主力也需要创造利润，每年市场会因为阴沟抱团取暖而造势结构性赛道机会，这也是近几年的常态，要对赛道股的波动规律加以研究和熟悉（看新能源、中特估等赛道股的历史 K 线）。

2. 被虹吸的弱势股

被虹吸的弱势股按照弱势周期系统风险处理，不能手软。

3. 抄底时也要考虑赛道和虹吸

超跌时要注意赛道机会和中线爆破点机会。

二、常见博弈风险

（一）成本弱势风险

1. 强势后的兑现风险

高振幅盈亏同源，但是亏的概率大。

2. 折价成本风险

（1）要注意定增价和定增时间的风险性。

（2）要注意大宗交易价格和大宗交易时间的风险性。

（3）要注意转债发行除权日的风险。

3. 平庸股风险

在供求关系失衡背景下，平庸股存在着明显的中线风险，特别是当期业绩处于下滑周期的平庸股。

（二）减持风险

1. 次新股的高定位风险

新股发行市盈率很多比老股的市盈率还高。

2. 次新股的基本面下滑风险

新股上市时进行财务包装是常态。

3. 次新股的股东减持风险

进行大宗交易时一定要注意大盘和个股的双低位置，以及前后的大宗交易规模和解禁时间。

（三）流动性风险

1. 下跌周期逃不掉

对于非中线爆破点股的持股数量要控制。

2. 反击周期无力

对于流通筹码过大的个股没必要在最佳时机加补仓，可以另起炉灶操作。

3. 大宗交易和定增双击

如果大宗交易价格低于定增价格，将会有一层保护。

了解大宗交易价格和定增价格公司意向也会对了解投机实际有帮助。

三、有诱饵的风险

主要针对绩优股和机构重仓股的风险总结。

（一）绩优股风险

（1）业绩不达预期。

（2）业绩下滑。

（3）偶然业绩好后会陷入下滑周期。

（二）再融资风险

（1）低价再融资。

（2）低成本再融资解禁。

（3）原始股东减持，大市值股遇此压力更大。

（三）机构重仓股

（1）在大盘下跌周期跌幅大。助跌性强，包括社保持仓股。

（2）对于技术破位要格外警惕。对于技术性走弱的机构重仓股要格外小心。

（3）对于压盘股不能过早重仓。包括有中线爆破点的此类股也需要注意节奏，一旦重套也会影响心态和状态。

第 24 篇
什么股才是你真正的选择？

A 股的数量越来越多，选股的难度越来越大。这就要求职业投资者必须进一步加强、改进自己的选股思维，以适应注册制时代的股市盈利要求。选股改进的内容必须适应当前股市的结构化机会特征、高市盈率特征以及时机需要等待的特征。下面，我就实战选股的具体原则做个较为细节的总结。

一、选股的核心要素

选股的核心要素主要包含主力、题材热度、成本、博弈角度、胜率和赔率等。

（一）主力与冷热度股

1. 结构化特征

股票数量多市场高市盈率必然造成机会的结构化特征与风险股数量大且杀伤力强，这种现象可能会长期存在。

2. 虹吸现象

存量资金博弈以及追涨杀跌的天性，市场容易造成强势板块对弱势板块的虹吸现象，为了市场指数的稳定，这其中的优惠伴随着指数平准现象。

3. 极端反转

结构化、虹吸现象演绎到一定程度，就会出现极端反转现象。在注册制时代，市场的主要机会和风险就是由于结构化热点、虹吸现象、极端反转这

私募冠军股市看家功夫

三个因素造成的，因此分析这三个因素的周期循环是我们选股时最重要的工作。

（二）成本与博弈性

1. 成本之下

成本之下具有利益一致性，但是持股多元化的公募基金具有整体算账特点。

2. 成本之上

成本之上具有零和博弈性，在热度强势时也有一定惯性、"博傻"性。

3. 成本与题材热度、庄股

（1）首次强热点在 MCST 线上方 5% 以下可以少量追高。

（2）强热点第一次大跌到 10 日均线附近可以少量低吸。

（3）在大盘的相对低点，处于相对低点前期热点股可以作为组合股之一。

（三）短线胜率与中线赔率

1. 胜率

胜率是指买完后短线很可能赚钱的股。

2. 赔率

赔率是指未来可能会有一次较大涨幅的股。

3. 年化收益率

我对年化收益率在 10% 以上的视为满意。

二、你真正的选择

（一）高胜率股

高胜率股具有以下特征：

（1）大盘低点，个股也低点，且股性明显活跃的股。

（2）大盘安全期，相比大盘波动抗跌易涨的有主力的股。

（3）处于活跃期的筹码集中股或者机构重仓股。

（二）高赔率股

高赔率股具有以下特征：

（1）低位的主力重套股。

（2）有明显迹象的低位重组壳股。

（3）绝对股价低不会退市的小市值股。

（三）常见形式

常见的需要计算年化收益率的股有：

（1）有现金选择权的股需要计算。

（2）高赔率股需要中线小仓位中线持有。

（3）高胜率股需要短线重仓操作。

三、什么股不是你的选择?

（一）低胜率股

常见低胜率股形式：

（1）无量的大市值股。

（2）高位走下降通道的股。

（3）被虹吸的股。

（4）过气的前热门股。

（5）冷门筹码集中股。

（二）低赔率股

常见低赔率股形式：

（1）无量的大市值股。

（2）不活跃的高价股。

（3）基本面清晰稳定的防守股。

（4）基本面明显下滑的股。

（5）多公募重仓股不容易成为强热点题材股。

（三）冷门股的活跃期

股票的活跃也是有周期的。

（1）大盘股一旦激活往往会阶段性活跃。

（2）冷门筹码集中股走强的特征是连续涨停或者走上升通道。

（3）遇到强热点，绩差小市值十大流通股东以散户为主的股更厉害。

（4）超跌的冷门极端低价股一旦转强往往具有较大涨幅。

（5）基本面不好的低价股如果有公募重仓新进，需要格外注意。

第 25 篇
注册制背景的实战策略修正

随着股市规模的急剧扩大，大盘和个股的波动规律也出现了新特点，对于这些新特点我们必须意识到，同时我们要根据这些新特点来修正自己的操作和选股思维。为此，我专门做了个总结，以厘清新形势下的实战思路。

一、大盘和个股的波动规律总结

（一）强弱指数

正常成交量情况下，沪市指数是强指数，深市指数、科创板指数、创业板指数是弱指数。这种情况说明了供求关系失衡和大主力权衡指数的矛盾，也意味着沪市指数的稳定与平均股价重心下移的矛盾和现实，对此必须充分地警惕与注意。

（二）主要系统机会是超跌反弹

市场在平稳期直接起偏大行情的难度比较大（即使是中级行情都有难度），市场最重要、最常见的机会是大盘的超跌反弹，在做这个机会的时候也需要精益求精，寻找最稳健的机会和短线热点机会，防止重仓投入平庸股票。

（三）虹吸现象

市场是存量资金博弈，市场新起强势热点时，由于公募基金的仓位规则和追涨杀跌特性共振，非常容易出现强势股虹吸弱势股资金的现象，要认识到市场结构化涨跌的特性并在行动上顺势反应。

（四）短线强机会节奏快

强热点机会的波动形式是，涨得急，节奏快，其后跌得也猛，如果没有短线思维，容易"坐电梯"或者追高快速被套。

（五）新股风险大

新股群体孕育着极大的风险，新股风险的体现形式是：新股发行价高容易破发，定位高容易短时间大跌结合长时间阴跌，大小非解禁的抛压，大宗交易接盘的抛压，基本面包装后遗症下滑，选股时要对这几个因素了解清楚。

（六）基本面下滑风险多且杀伤力强

经济大趋势如果不明朗，势必会导致绝对数量不少的公司基本面下滑乃至被标注 ST 警醒，这样的股票容易导致短线时间连续急跌和股价跌下去难以恢复，甚至股价不满 1 元的案例数量这几年急剧上升。

（七）要有止损意识

股价因为热点和题材出现明显的阶段上涨后，一旦转入跌势，下跌时间和幅度的杀伤力是非常大的，遇到这种情况一定要有止损意识，否则容易陷入长时间的被动。止损意识比以往更加重要。

二、主力机构的活动规律总结

（一）平准主力

平准主力的活跃时机是大盘超跌时和权重股活跃时，平准主力的目标品种主要是金融权重股和大市值央企股，平准股的活跃节奏和幅度可以参考前阶段的活跃股情况。

（二）公募机构与赛道

1. 公募的赛道现象

每个年度每个阶段，大盘都存在赛道板块，可以根据技术指标阶段关注伏击。

2. 公募的虹吸现象

市场出现阶段热点时，公募基金会趋强汰弱导致虹吸现象。

3. 公募的追涨杀跌现象

指数涨跌波段出现时，公募重仓股容易助涨助跌，波动幅度大于其他股。因此公募重仓股不适宜低振幅战法和逆势战法。

4. 十大流通股东的公募进出趋势。

（三）游资主力

主要是根据阶段的题材热点快进快出。

（四）企业股东主力

（1）注意大股东的强弱。

（2）注意再融资的节奏和解禁股的成本。

（3）注意减持的节奏和大宗交易的成本。

（4）注意同业竞争解决的承诺与重组业绩补偿承诺。

（5）注意增减持的趋势和动向（包括要约收购）。

三、题材热点与技术分析经验

（一）关注点缩容

常规的注意点是央企股、大股东持股比例大且强股、大股东增持股、财报业绩阶段上升股、基本面稳定股。

（二）题材热点

要注意成本博弈分析和技术指标高点的判断，仓位不能重，不能视若无睹也不能被诱惑。

（三）低振幅股

最好是中线超跌的无主导机构基本面稳健股。

（四）高胜率

应该是低位活性股、平行股或者缓上行股；急性上行股和缓慢重心下移股都需要高度警惕（吃过亏，也有统计数据支持）。

（五）高赔率

高赔率的主要体现形式是基本面明显风险的低价小市值股，包括超跌过的风险已经释放过的无退市风险的 ST 股。

（六）过去的失误总结

1. 基金重仓股在大盘不稳周期杀跌狠

在大盘不安全时，基金杀跌是不手软的，包括社保基金，它们做倒 T 成为习惯。

2. 股东减持股在大盘不稳期杀跌狠

要注意减持的节奏。

3. 小市值股在大盘为急跌见底前重仓

低振幅战法要控制流通性和成本节奏，不能在大盘还未到达阶段低位时就重仓被套，容易导致流通性风险和心态不稳。

4. 大宗交易和定增一定要选择明显低点时机

这是宝贵经验，也是王牌经验。

5. 对虹吸效应没有快速应对

这点一定要强化快速反应。

6. 看准了的中线题材股没有坚持到底

犹豫被套影响心态，导致赚小钱就清仓了，漏掉了大段利润。如果绝对仓位不重，也应该分批操作。

7. 对大市值等机会，犹豫导致机会丢失

不是自己习惯的明显机会把握不果断，应该用分批中庸的思维操作，应该服从规律统计，大市值机会可能也是一种常态机会。

第 26 篇
账户管理的细节要求

炒股的手段与目的追求必须匹配，也必须符合资金量流动的客观性，要取长补短，发挥优势克服弱点，根据投资者的心理追求和资金量大小，我把账户的管理模式分成三类，下面我来总结一下这三类账户的实战实务细节和操作要求。

一、选股篇

（一）中线选股结合活跃性

1. 中线选股的回避点

（1）基本面下滑的股（除非重组迹象特别明显）。

（2）中线涨过的股（特别是中线涨过处于下降趋势的股）。

（3）50万元交易门槛的股（如科创板、北交所）。

（4）多只基金持有（但没有绝对重仓，大盘一跌就比谁跑得快）。

（5）主要机构处于减持的股。

（6）定增、大宗交易数量大且成本低于市价的股。

2. 中线选股的要求点

（1）具有中线爆破点。

（2）大股东实力强且处于增持的股。

（3）价格低市值小已经跌透过且没有基本面风险。

（4）机构重仓被套且有后续自救能力。

3. 结合活跃性

（1）中线重仓必须结合阶段活跃性，不能股价沉闷又在同一价格附近过分重仓。

（2）中线重仓必须结合大盘位置和大盘活力，只有在重要低位和强势时才能重仓。

（3）中线仓位建仓最好结合双轨价格（双轨价格也必须结合大盘位置）。

（4）中线持仓在操作上要终端结合并回避明显大盘下跌趋势。

（二）短线选股结合低点

1. 短线选股的回避点

（1）短线不能情绪化盲动，要过一遍基本的F10、股吧流程。

（2）短线操作要符合阶段大盘的强弱特点，不能纯贪图短线走势强。

（3）短线操作也尽量优先熟悉股票，忌讳灵机一动的情绪化。

2. 短线选股的要求点

（1）爆破点要明确且统计有效。

（2）处于阶段活跃阶段。

（3）有利于阶段特点操作性（进出快或者有利于纠错）。

3. 低点的选择时机认识

（1）需要参考大盘和个股的技术指标。

（2）短线操作也要分批有预备队（中线更是这样）。

（3）如果出现失误要尽快退出。

二、仓位管理

（一）一级仓位管理模式

1. 定义

小资金管理，年度操作绝对不能输。

2. 管理模式

（1）以短线操作为主，大盘背景非常重要，出击模式是超跌或者超强，没把握就不动。

（2）不轻易中线，中线股也是短线操作，中线持有的股必须有现金选择权。

（二）二级仓位管理模式

1. 定义

中等资金管理，稳健为主。

2. 管理模式

（1）短线操作是主要模式。

（2）少量操作中线赌注股，中线赌注股以低位小市值为主。

（3）可以考虑股指期货投机。

（三）三级仓位管理模式

1. 定义

大资金管理，混合操作。

2. 管理模式

（1）日常的主要精力在此，混合组合作战模式。

（2）中线仓位不能过重，主要以双轨价格模式建仓。

（3）非常重视超跌反弹防守反击的模式。

（4）每个阶段都要有主要目标和计划（要考虑进出的速度和一定的仓位量）。

（5）要有股期指货对冲风险的手段。

（6）短线操作也应该根据大盘背景选立体模式。

第27篇
怎样制订和修正阶段实盘操作计划?

股市是多因一果千变万化的,我们进行股市实战,既要有盈利模式,也要有阶段的操作计划,而且阶段操作计划需要随着时间的推移和市场的变化进行一些修正,这是我们需要经常做的事情,"凡事豫则立,不豫则废"。下面,我就来总结一下怎样制订和修正阶段实盘操作计划。

一、仓位的控制调整

(一)市场的定性

每个阶段要给市场定性,根据市场性质确定持货仓位。

1. 强势市场

(1)正常阶段。

40%中线持仓:根据均线乖离增减仓。

40%短线持仓:根据均线乖离更换仓位。

20%预备队:意外下跌后再度走强的短线补仓自救资金。

(2)非正常阶段。

强势尾声阶段:40%以下的短线仓位,要注意进出流动性和设立止损位。

强势中的意外回调后再度走强:20%预备自救短线重仓或者投机超跌短线热点。

二八现象并价涨量增:不能视为强势,要适当换弱进强。

2. 平衡阶段

(1)预备队资金。目前市场规模大,供求关系失衡(可能会长期存在),正常平衡市时间至少要保留50%的资产为资金。

(2)中线持仓资金。中线资金不能超过30%,这其中包括双轨价格模式股和人生赌注股。

双轨价格股：以大宗交易和定增方式建仓，必须选在重要的大盘低位，并要注意其他重要机构的持仓成本和解禁时间。

中线爆破点：30%的仓位中，刨除双轨价格持仓后才能考虑这个仓位，否则这部分仓位要占用短线资金额度。

（3）短线资金。有条件的20%资金额度。

箱体低位转强时机：中线爆破点超跌股和短线热点股。

大跌趋势结束转强时机：中线跌透的中线爆破点股和平准强势大盘指标股。

意外高分机会：高效率爆破点股出现时间。

3. 弱势阶段

（1）不做不算错，仓位越低越好。

（2）有把握时可以适当做空或者对冲。

（3）现金选择权品种也需要分批建仓。

（4）抄底建仓最好等到第一个大阳线时间考虑。

（二）需要解决的问题

实战操作不可能不犯错，必须要有纠错能力和事先防范措施。

1. 需要换仓卖掉的股

买进逻辑消失或者发现了一些缺点，需要果断清零或者换股，不能拖沓。

2. 需要逢高卖出的股

有中线潜力，但是不是目前打分最高的股，可以等等，等到解套或者市场接近压力位时再出局。

3. 需要自救的股

有较好的中线潜力，股价也有一定优势，可以考虑补仓自救，在自救过程中要注意自救措施的有效性，不能陷入更大的泥潭。

4. 需要事先的准备

有的股有一定中线潜力且市值较小，但是有锁定期限，在未解禁前要留有万一被套的自救资金，自救措施要选在合适的低点补仓与强势时加仓。

二、自选股的实战投入

自选股进入重点候选榜的情况分类。

（一）短线机会

短线跌透或者处于活跃期。

（二）稳妥机会

指低位的低价小市值中线爆破点股，或者低位的低价小市值机构重套股。

（三）效率机会

如果大盘转强，可以迅速建仓上资金的中大市值平准股或者中线爆破点股。

（四）意外随机机会

指现金选择权股、满意的双轨价格股、有效的短线爆破点股。

三、高低行动点的分析认识

（一）箱体的行动点

1. 箱体高低点的判断

根据箱体位置以及平准股的异动规律判断时机。低吸高抛，箱底买箱顶卖。

2. 在箱底低位时怎样防止意外

主要是注意有没有意外利空因素，比如人民币贬值的情况，如果人民币持续贬值，就可能导致低位仍然有下跌的空间和时间，近期要注意人民币贬值的情况，谨慎一点，慢一点是好习惯。

（二）趋势的行动点

1. 怎么判断超跌的程度？

超跌程度比较有效的判断指标是 MACD、CCI、PSY。

用目前的指标值与前几次类似级别调整幅度的指标值比较，再辅以分批建仓和大阳线曙光初现的征兆。

超越技术的关键因素：下跌利空因素是否消除。

2. 怎么判断支撑位、压力位？

支撑位判断方法：趋势使用重要均线（30 日、60 日、半年线、年线）判断支撑与压力位。

（三）中线股的保护

市场下降趋势明显时间，仓位重时要用对应的期指保护对冲。同时要注意大主力对指数的护盘（有可能指数不跌个股普遍大跌）。

（四）注意流动性和集中持仓

分散持仓能够获得好的流动性、均衡风险，但也难以获得高收益。重点持仓有可能获得高收益，但对于时机和品种的选择一定要慎之又慎。正常情况下，只能一只重点重仓股（并要留住充足的被套自救资金），同时也要注意法规的持仓比例限制。

第 28 篇
周期、情绪和职业行为

人生成就，靠的是智慧和耐性。智慧就是知道事情会经历哪几个阶段，周期有多长。耐性就是能等待最佳时间的到来。

一、周期

（一）A 股的整体周期

A 股指数历史波动的形式，分为三个阶段并周期循环。这三个阶段分别是强势时间、弱势时间和平衡时间（又有平衡阶段和弱平衡阶段）。

（二）A 股的强势周期

1. 强势周期的起因

（1）阶段性的求大于供，是由制度性的变动导致的。比如以前的股改、融资制度的设立、投资范围的扩大。

（2）为融资或者新制度造势，比如以往的新股重启和创业板注册制试点。

（3）急跌超跌后的维稳救市。通常都是以中级行情的形式展现。

2. 强势周期的规律特点

（1）金融指标集体强势异动点火。

（2）启动的初期艰难，赚钱效应不强。

（3）中期开始轮涨不涨，遇大跌是抄底机会。

（4）后期疯狂，强势股赚钱效应快。会遇见政策打压。

（5）大涨之后都有大跌，大跌的伤害性非常强，必须躲过。

（三）A股的弱势周期

1. 弱势周期的起因

（1）大涨之后都会大跌，之前的行情越大，之后的伤害也越大。

（2）大利空消息导致的情绪共振，往往是中级下跌行情。

（3）弱势形成共识，遇到敏感时间（资金紧张时间）、敏感事件（黑天鹅消息）、敏感技术形态（重要均线压制）就容易出现短线急跌。

2. 弱势周期的规律特点

（1）既有领跌板块也有普跌效应。

（2）趋势时间长且均线有压制作用。

（3）尾声阶段容易出现情绪化的急跌。

（4）尾市急跌后必然会有救市措施出现（这是重要的股市获利机会）。

（四）A股的平衡周期

1. 正常的平衡周期

（1）箱体平衡周期。

（2）急跌后的恢复期。

2. 弱平衡周期

（1）二八现象周期。

（2）低位的低成交量稳定期（不跌也很难赚钱）。

（五）注册制下的周期

1. 平衡市和弱平衡市是主要波动形式

供大于求是常态。

2. 防守反击是主要获利手段

做超跌反弹是主要获利战术，并要防止平庸性交易。

3. 次新股风险大

（1）定位高得离谱。

（2）减持杀伤性大。

（3）基本面不稳定。

4. 选股注意点

（1）强股东很重要。

（2）没有解禁风险。

（3）处于基本面转好期。

（4）有中线爆破点。

二、情绪

（一）本我情绪

追涨杀跌是股市中的本能情绪，即使是老手也很难不受其影响。

（二）职业逆反情绪

1. 要有历史 K 线框架思维

（1）历史类似事件的单边涨跌程度。

（2）历史类似事件的翻转形式。

（3）历史类似事件后的修复形式和特点。

2. 要克服本我情绪

（1）要提前做好策略和准备（克服随机冲动）。

（2）要分批掌握好翻转形式（小市值可以分低过程低吸，大市值需要明朗）。

（3）统计历史、服从历史、克服情绪反馈。

（三）职业高端情绪

1. 优势发挥和扩大

低位的成本优势扩大（定增和大宗交易）。

2. 空仓和做空

弱平衡市，做空也是获利的重要手段。

3. 运用成熟盈利模式

跟热点难度大，随机技术难度大，做成熟模式，做熟悉股。

三、行动

（一）技能和工作

1. 客观认识

提高技术素质，客观认识社会，客观认识股市。

（1）供求关系情况。

（2）经济情况。

（3）个人能力情况。

2. 统计

（1）历史事件参照与比对。

（2）规律的发现并形成战法。

（3）战法的有效性。

（二）行动

（1）行为必须要保持服从心态。

（2）要把双轨优势发挥出来（成本、信息、多次买点）。

（3）短线、薄利、多频率、进出灵便性。

（4）每个阶段只能有极少数的有集合优势的中线重点品种。

（5）对个股的熟悉程度很重要（以往这方面还是有一些欠缺的）。

第 29 篇
中线爆破点战法的实务操作

　　随着股票数量越来越多，以及供求关系的持续失衡，中线爆破点战法在实战中的稳健优势越来越得到体现，我们有必要更为熟练地掌握这种战法并知行合一地执行。我把这种战法的实务要点做个细则性的总结，以期对于实战具体操作能有所帮助。

一、中线爆破点选股思维

（一）中线爆破点的表现形式

（1）定义：有一个中线的上涨理由，这个理由要隐含得明确，是熟视无睹的盲点。

（2）目前常见形式：要约收购、解决同业竞争承诺（大股东需要有实力有资源）、大股东准备增持、有机构被重套、创投类的壳资源。

（二）中线股价的下跌下限

（1）股价要处于低位，大盘下跌时要抗跌。

（2）目前常见的抗跌股：成交量稀少的股，或者绝对低价小市值无融资坚持压力股。

（三）优先行动标准与效率

（1）大盘安全且个股短线技术指标好。

（2）有其他短线上涨动力。

（四）股性与熟悉度

（1）中线股必须熟悉综合面，不能有过大的担心点。

（2）长时间跟踪，熟悉其股性。

二、选股需要注意的明显风险事项

（一）负爆破点

有明显的股价下跌理由。

（二）负趋势点

（1）基本面负趋势，包括隐含的基本面负趋势。

（2）技术面负趋势，最典型的是股价炒作投资和高价次新股的一路解禁压力。

（三）黑天鹅隐患

（1）经济环境导致的基本面下滑。

（2）大盘弱势导致的机构出货。

（四）做空也能赚钱

（1）股价有明显下降可能的股，不要浪费，要想办法做空，做空比做多容易赚钱。

（2）做空要多付出时间和努力。

三、实战中的仓位控制要点

（一）选时非常重要

在弱平衡背景下，选时非常重要，是输赢的最重要前提。

（二）中短线结合

中线股也需要短线操作，不能指望一口气吃个胖子。

（三）锁定仓位在下跌趋势要对冲

在下降趋势展开时，如果有锁仓持股，必须要有对冲手段。

（四）优势、精选、流动性

（1）三大优势法宝：低成本、资金规模、做空手段。

（2）精选：阶段重点股必须短线潜力、中线潜力、合适价格、熟悉度都具备。

（3）流动性：小市值要注意具备无限补仓能力，买卖档密集的要注意规模性的短线，两者要有明确的股价下限且没有低成本解禁压力。

四、股票池

建立自己的中线爆破点股票并跟踪熟悉。

我的股票池举例（不能盲目乱买，需要等到大盘和个股的双低位置才行），可以参照这个标准，选择自己的股票池。

（一）要约收购类型

百大集团600865：目前价格高，需要MACD、CCI调整到低位后才能考虑分批。

（二）需要解决同业竞争

宝光股份600373：目前价格高，需要MACD、CCI调整到低位后才能考虑分批。

（三）创投类的壳资源

鲁信创投 600783：目前价格高，需要 MACD、CCI 调整到低位后才能考虑分批。

（四）有机构被重套

社保重仓股：目前价格高，需要 MACD、CCI 调整到低位后才能考虑分批。

（五）大股东准备增持

大股东高比例增持股：需要等到大盘的 MACD、CCI 调整到低位后才能考虑分批。

第 30 篇
A 股股票的股性和活跃周期规律（上）

A 股中个股因为指数权重大小、业绩高下、行业状态、流通市值、上市时间先后的不同，是有明显的不同活跃时间的，这个活跃时间又是有着较为明显规律的，如果能够认识到这些股性规律，无疑能增加许多机会，避免许多风险，这是一个非常重要但普通投资者又不太了解的实战技术，我们应该学会并在实战中加以应用。今天，我们就来把这个实战技术与经验做个系统归纳性的总结。

一、指数下跌阶段

（一）指数高位大跌阶段

指长时间涨势后的下跌，或者是中级行情（一个月左右涨势）后的下跌。

1. 正常情况下

泥沙俱下，所有的高位股均会发生连续大跌，大市值个股、众多机构共同持有的热门股更容易跌得狠。

2. 低位权重股

大盘大跌时，低位的滞涨权重股会出现短暂抵抗，这种短暂抵抗又比较强烈，但只是短线对冲一下指数（对指数趋势转坏有时有掩护作用），随后也会出现补跌。

3. 最佳的处理

最好是完全空仓，或者逐步降低仓位，把破 20 日均线（如果涨幅不大则是 30 日均线）作为最后的防线，最后的防线一破，应该尽一切力量空仓，并转为做空的思维（做空期指或者融券做空）。

4. 恰当的操作

固定性产品，比如债券性基金或者分红满意度高的转债、REIRS 基金。

（二）指数低位大跌阶段

指长时间跌势后的下跌（没有获利盘），或者是跌破平稳箱底后的加速下跌。

1. 正常情况下

容易出货的股票更容易大跌，有小利好也是下跌的理由和时机，多数个股都会下跌，如果个股有短暂上涨就是出货机会。

2. 低位权重股

低位权重开始护盘（通常是大银行股和低位基本面较好的中字头低位权重股），这种走势不影响其他多数股下跌，反而对多数权重股有虹吸资金助跌作用。

3. 最佳的处理

适当地少量参与强势权重股的操作，并且要高抛低吸。

4. 恰当的操作

要保持耐心，宁肯错过，不要做错，市场一旦出现跌势，往往会超出绝大多数人的预期，也往往会超出高手的预期。

（三）非急速下跌趋势阶段

1. 正常情况下

不能轻易做多，可以逢高做空期指和融券做空。

2. 逆市上涨股

逆市上涨股不能碰，一旦补跌就会很厉害。所持个股如果有上涨机会，应该做差价抛出。

3. 最佳的处理

不能轻易补仓，如果补仓出现错误，要有止损行动和先设止损思维。

4. 恰当的操作

如果大盘出现意外急跌（不能有北向大规模动作，不能有利空消息配合），可以少量低挂低振幅股做短差。

（四）极端股灾救市阶段

极端股灾现象，跌得比较惨，网上骂声一片，管理层救市态度比较急迫。

1. 第一批次抄底标的

以上证 50、沪深 300 的低位权重股为主，还要观察盘面，这个批次没赚钱时不能出现一个批次。

2. 第二批次抄底标的

以低位的沪深 300 成分股和超跌绩优股（二线蓝筹股）为主，也可以适当地观察中证 500、中证 1000 中权重绩优股。

3. 第三批次抄底标的

严重超跌股，还要适当地考虑基本面和股东面。

4. 恰当的操作

抄底时要注意批次、仓位和不同批次的衔接，宁肯慢一步，不能快（多数人容易快进而考验心态），注意留有余力，保持优雅。

第 31 篇
A 股股票的股性和活跃周期规律（下）

这篇文章的上半部分总结了股市下跌阶段中不同股票的股性，下面是这篇文章的下半部分，总结指数上涨阶段时不同股票的股性。

二、指数上涨阶段

低位起涨的信号，是连续放量的中大阳线。

（一）指数低位起涨阶段

1. 右侧信号

（1）左侧仓位。不能超过30%，而且要以强势护盘权重股为主。

（2）右侧信号。右侧信号是放量的中大阳线，除了指标股领涨，其他多数个股不能继续下跌，如果有多数个股继续下跌，不是右侧信号，要谨慎。右侧信号出现后，仓位也不能超过50%。

2. 底部起涨的第一批次强势股

（1）右侧出现前。只能持有大盘强势权重股（通常是权重金融股）。

（2）右侧大概率出现时。可以买进新强势绩优股，适当减持前期持有的高位权重股（要有走软迹象）。

3. 低位的支撑强势股

（1）大盘刚上涨时容易出现反复。底部出现大阳后，一旦走软就容易跟随大阴，所以底部起涨时要适当地做差价。

（2）低位支撑。如果大盘真见底，还会启动技术到位的权重股护盘维护指数上涨趋势，这时技术性调整到位的权重股依然有短线机会。如果没有权重股的继续维护趋势，大盘有再次陷入跌势（甚至急跌）的可能。

4. 低位起涨的失败信号

低位起涨的压力位经常是30日均线（有时是60日均线），如果该均线越不过去，大盘再次下跌，要果断地降低仓位。

（二）指数高位疯狂阶段

高位的疯狂信号是强硬利空，压制不住股市的继续上涨。

1. 高位的警示信号

比较强硬的实质性利空出现。

2. 第一次大跌

第一次大跌后，往往还会二次见高点（除非利空特别震撼），强势股还会短线疯狂。

3. 再次跌破 10 日均线

在中级行情高位（一个月的急性行情），或者长时间升势（一年左右）后，股指有效跌破 10 均线（两天或者以上），需要逐渐降低仓位，甚至清仓（不算错）。

4. 恰当的操作

（1）收益满意后。不能加大仓位，而要收缩仓位，只用盈利操作也可以，后面大部分人一定会因大跌而赔钱，看似提前了结，吃的亏后面会证明是值得的，也可以通过做反弹或者做空赚回来（但不能在次高点或者半截被重仓套住且不动）。

（2）要做好赚做空的钱。也要耐心地等到右侧机会（放弃左侧机会也可以的）。

（三）指数上升通道阶段

1. 上升阶段的玩法

多品种组合车轮战，组合持仓结合重点短线持仓。

2. 上升通道中的大跌

上升通道中的大跌一般不会超过一天半，要根据这个节奏注意短线强势机会。

3. 上升通道过程的短线风险

主要是个股短线急涨乖离调整风险和期指高位的交割日风险。

4. 恰当的操作

尽量保持所持有的中线个股贴近重要均线附近，并有后备资金和短线操作手段。

三、指数箱体平稳阶段

市场大多数时间是在成交量能不充分的箱体中波动。

（一）箱体平衡市操作注意点

1. 要注意箱体区间

并要注意 MACD 高低和 CCI 高低的情况。

2. 仓位配置

中线以较少的低振幅赌注股为主，操作以短线模式为主。

3. 主要模式

有低振幅模式、短线爆破点模式、中线爆破点短线操作模式，留有充足的后备资金。

4. 有耐心等最佳机会来临

市场供求关系失衡的情况下，主盈利模式是防守反击，等一年中的最佳机会（较大的下跌出现），不能有急躁情绪，主力资金必须等最佳机会。

（二）箱体高位阶段

1. 不持仓也可以

不持仓最好，如果有难得品种持仓也需要严格压缩仓位，弱势中容易出现意外。

2. 可以考虑做空模式

主要是期指和融券。

3. 要考虑时间周期风险

特别是月底、季度底、利空集中释放时的风险。

4. 自选股注意点

除非比较有把握的短线热点或者有效短线爆破点，应以小市值央企股、要约收购股和基本面向上的小市值中线爆破点股为主。

（三）箱体低位阶段

1. 要注意技术指标的有效性

箱体低位时，要注意 CCI、MACD 的有效性，慢一点也可以。

2. 要注意平准强势指标股的有效性

既要注意，也可以作为操作组合之一。

3. 要注意是否有破位迹象

常见破位迹象是有利空消息、有敏感时间事件或者长时间不脱离箱底（久盘必跌）。

4. 箱底主要注意的个股

（1）第一批次是强势权重平准股（见强追）和低振幅中线爆破点（挂

低点吸）。

（2）第二批次是短线热点股和短线有效爆破点股。

（四）破箱体变换箱体走势

如果出现利空消息或者负逻辑 K 线走势一定要十分小心，对于该涨不涨反而下跌现象要高度注意。

第 32 篇
2024 年初股灾阅历和经验教训感悟

决定人生大成败的因素是关键时刻的输赢，以及关键事件的输赢，决定股市人生大成败的因素是股市大波动时间的输赢。关键时刻的输赢，不仅取决于人的专业经验，而且取决于人的整体素质，以及中庸心态和细节节奏处理质量。

2024 年 1 月和 2 月初 A 股出现股灾，许多投资者因此改变命运，我也亲历了这次股灾（之前也经历了 1994 年中旬、2005 年上半年、2008 年、2015 年中旬、2016 年 1 月、2018 年、2020 年 3 月的股市大跌），下面我把这次股灾的经过和经验教训总结一下，以期能变成宝贵的精神财富。

一、股灾经过

这次股灾与 2008 年、2015 年、2018 年的股灾不同，2008 年、2015 年、2018 年大跌前都出现了大牛市，下跌过程都伴随着较大的利空消息；而 2024 年这次是在此前两年下跌基础后出现的，而且下跌前后一直伴随着很多利好和救市措施。

下面是一些重要事件伴随的股市点位情况记录：

（一）2023 年 6 月 27 日

一名官媒退休知名媒体干部开始了他的炒股生涯，当天向股票账户中转入 10 万元人民币，并用这笔钱购买了 4 只个股和 2 只基金。

这天沪市收盘点位是 3189 点。

（二）2023 年 7 月 24 日晚间

国家重要会议首提"活跃资本市场"。

7 月 25 日的沪市收盘点位是 3231 点。

（三）2023 年 8 月 3 日

摩根士丹利总部策略师在一份报告中称"下调 A 股股票评级，该报告将中国股市评级下调至持股观望"，并建议投资者应在这一轮的上涨中获利了结。

8 月 4 日的沪市收盘点位是 3288 点。

（四）2023 年 8 月 3 日

重要媒体重要文章，"让居民通过股市也能赚到钱"。

（五）2023 年 8 月 16 日

重要媒体重要文章，"抹黑打压改变不了中国市场吸引力"。

8 月 16 日的沪市收盘点位是 3150 点。

（六）2023 年 8 月 19 日（周末，股市快要跌破 3000 点）

重要媒体重要文章，"为消费市场增添更多信心"。

8 月 21 日股市大跌，沪市收盘点位是 3092 点。

有一些人认为，此前的会议精神和媒体"唱多"的意图是，刺激股市上涨是为了刺激市场消费。

（七）2023 年 8 月 25 日（周末）

降低印花税。

8 月 28 日股市高开低走大阴线（上涨 34 点，阴线实体 100 多点），收盘点位是 3098 点。

此后股市继续阴跌。

（八）2023 年 9 月 24 日（周末）

重要媒体重要文章，"投资者不要以盈利为唯一目的"。

之后股市开始加速下跌，10 月 23 日跌到低点 2923 点（几年来的数次重要低点），之后出现反弹。

（九）2023 年 10 月 26 日（周末）

重要媒体重要文章，"鼓励更多长期资金积极入市"。

股市出现反弹并收复 3000 点。

（十）2023 年 12 月 13 日

重要媒体重要文章，"唱响经济光明论"。

股市连续下跌，12 月 21 日最低点 2882 点，收盘 2918 点，盘中大主力活动迹象明显。

这个时间我开始"看多"（开始犯策略错误）。

（十一）2023 年 12 月 27 日

股市再度跌破 2900 点并守住收出上涨阳线，28 日、29 日连续收出中阳线。由于每年年初是机构活跃期，我进一步"看多"并加大了仓位（策略性急躁操作，好在加仓的股是银行股和旅游股，比较抗跌并逆势了）。

（十二）2024 年 1 月 2 日

大盘出乎意料下跌，并跌到 2900 点一线挣扎，之后跌破 2900 点，最低跌到 2724 点。

（十三）2024 年 1 月 23 日

《新闻联播》重要消息，"采取有利有效措施稳定股市真心资本市场"，并在次日降准。

股市连续三日放量反弹收入 2900 点。

（十四）2024 年 1 月 29 日

重要媒体重要文章，"强化 A 股投资者回报"。

1 月 29 日开始连续大跌，银行股扛指数，大多数个股下跌惨烈，投资者损失最大的一个星期来临了，雪球爆仓、融资者爆仓、量化基金爆仓，连续跌停的个股比较普遍，中小市值股是重灾区。

2 月 2 日跌到 2666 点。

（十五）2024 年 2 月 4 日晚

证监会重要会议精神，口气很硬，但没有实质性内容。

2 月 5 日股市继续暴跌，跌停数量很多，指数创出新低 2635 点。

（十六）2024 年 2 月 6 日

汇金公司扩大购买范围，股市指数开始涨，中等盘子的绩优股（中证 500 和中证 1000）开始涨，但是小微盘股继续大面积跌停。

（十七）2024 年 2 月 7 日

证监会主席更换，2 月 8 日，股市大多数个股开始上涨，指数上涨，前期护盘的银行开始跌，小微盘股大面积涨停。

二、经验教训总结

（一）要非常重视 30 日均线的趋势作用与压力作用

这方面此次跌势中执行得不好，尤其在面临 30 日均线压力时没有及时减仓。

（二）底部放量的重大阳线至关重要

左侧抄底的仓位不能超过 30%，而且要有纠错思维。

（三）对媒体导向和大主力行为要有更清醒的认识

原先有认识，但是深度不够，尤其是对大主力的自私度认识不够，原来以为大主力会顾及强平盘现象出现，事实上并不是这样。

（四）抄底的顺序很重要，千万要记住，不能弄错

第一批银行股（上证 50 的权重股、中证 50 的权重股）。

第二批券商股（沪深 300 的权重股、中证 50 的低位股）。

第三批超跌的绩优股（中证 500 的权重股、中证 1000 的权重股）。

第四批严重超跌股。

正常反弹后的初期，在大盘的低点还要注意沪深 300 的低位权重股。

第 33 篇
股市中必须了解的主力动向

影响股价波动的重要因素之一就是主力机构的趋势动作，近几年 A 股出现了一些新的主力机构群体，比如北向资金、神秘资金、量化基金等，它们的规模十分庞大，它们的买卖注定会影响一部分股票的价格波动，甚至在特定阶段会影响大盘的趋势波动，我们有必要了解它们、监控它们，必要时要对它们的行动有所应对，今天，我们就来总结一下它们的活动规律，怎么监

控它们，以及应对的思维。

一、北向资金

在中国股市中，一般"北"指的是沪深两市的股票，"南"指的是香港股票。北向资金，是指通过沪股通、深股通从香港股市中流入大陆股市的资金。

（一）怎么查阅北向资金相关信息？

由于北向资金是通过香港股市进入 A 股的，所以要遵从香港联交所的相关规定，机构的基础信息每天都必须公布，这就为我们提供了了解的渠道和可能性，这也是投资者必须要做的常规功课。

1. 怎样查阅北向资金的总体动向信息？

可以通过"东方财富网"栏目导引的"数据中心"中的"沪深港通"栏目来了解北向资金的动向信息。

（1）当天的及时信息，可以在每天的交易时间打开这个信息，了解即时动态。

（2）历史情况及变化，了解日波动曲线图、持股存量金额、近一个月的变化情况。

2. 怎样查阅相关个股的北向资金动向信息？

如果你想了解一只个股的北向资金动向信息，可以进入"股吧"，点击"股吧"上面的"操盘必读"，会进入相关页面，点击"资金流向"，会进入相关页面，点击"沪深港通持股"会进入相关页面，就可以查看：

（1）北向资金每天持股情况变化曲线。

（2）每天具体的持股变化情况以及现持股情况。

3. 怎样查阅北向资金具体机构的动向信息？

在"数据中心"中的"沪深港通"栏目下，有一个栏目"机构排行"，里面有所有外资机构的持股以及每日变化情况，经常需要了解的情况有：

（1）你关心的股票谁持有数量较大，以及这个机构的操作情况。

（2）在这个阶段哪个机构在做多，哪个机构在做空？

（3）做多机构的主要"做多"股票是谁？做空机构的主要做空股票是谁？

（4）了解几个水平较高、资金实力较大机构的活动规律。

（二）应用北向资金相关信息的技巧

了解信息是为了利用信息。

1. 有关大盘的信息应用

（1）当日信息对大盘的短线趋势影响，可以分为当天影响、尾市影响和高低点影响。

（2）夜盘 50 的波动情况可以判断北向资金对突发信息的理解。

（3）波段趋势动作对大盘的波段趋势影响，以及注意波段两级情况的变化逻辑。

2. 有关个股的信息应用

（1）北向资金的资金量比较大，持续进出对个股的股价趋势影响还是比较大的。

（2）短线大的变化（众多机构的集中变化）可以判断个股的短线趋势。

（3）中资驻港机构的动向与"神秘主力"动向趋同。

（4）小市值单个机构的重仓股可以重点研究。

（5）重仓某个特定个股的机构动向值得重点跟踪。

二、神秘资金

目前国家队还是这 21 个账户：汇金公司有 2 个账户，分别是中央汇金投资有限责任公司和中央汇金资产管理有限责任公司。证金公司有 11 个账户：是由中国证券金融股份有限公司旗下的十个基金资管计划。外管局旗下投资平台有 3 个账户：梧桐树投资平台有限责任公司、北京凤山投资有限责任公司、北京坤腾投资有限责任公司。国家队基金有 5 个账户：招商丰庆、易方达瑞惠、南方消费活力、嘉实新机遇、华夏新经济。

（一）北向资金平台

比如"中银国际"的动向信息。

（二）ETF 基金平台

1. 沪深 300ETF510300

（1）份额变化情况。

（2）二级市场异动情况。

2. 上证 50ETF510050

（1）份额变化情况。

（2）二级市场异动情况。

3. 央企科技 ETF560170

（1）份额变化情况。

（2）二级市场异动情况。

（三）大市值央企股动向

（1）两极时可以作为先导动作。

（2）两极时的异动是玩真的。

三、量化基金

跟踪量化基金主要是跟踪主要的技术指标：

（1）注意重要均线的压力支撑。

（2）注意 MACD 临界点的大盘跟随力度。

（3）注意箱体上下沿的大盘相应情况。

四、QFII 机构

主要是注意摩根士丹利的小盘股活动规律以及跟踪操作。

五、公募基金

（1）对大趋势有助涨助跌作用。

（2）在两极时慢一拍动作。

（3）社保基金持股与公募非常类似。

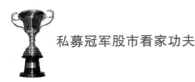
六、自我感受经验

（一）弱势经验

（1）警惕北向资金流出股。

（2）公募基金重仓股跌得多（包括社保）。

（3）北向资金、公募基金不存在持股成本问题，只要大盘跌就杀跌。

（4）超跌时抄底第一步考虑的应该是沪深 300 权重股中低位强势股。

（5）弱势中可以跟随北向资金做空。

（6）弱势中的相对安全股是 QFII 重仓的小市值强势股，它们考虑成本以及反击。

（7）弱势中线最安全的是大股东持股比例大绝对股东数量少的散户股（没有北向、两融、解禁）。

（二）强势经验

注意北向资金对低位股的初次连续和初次大量。

第 34 篇
近几年股市低位波动特点统计

通史知今，结合周期循环规律，我们的智慧就能提高一大块。

A 股中也没什么新鲜游戏，只不过是一些经典游戏套路来回演绎，几年一个循环，如果我们熟悉了这个游戏套路，大的方向策略也就心中有数了。

现在，我们来回顾归纳一下 A 股近几年低位波动的特点。

一、2018 年底 2019 年初的低点

（一）下跌原因

中美贸易战。

（二）下跌情况

1. 跌幅

由 3587 点跌到 2440 点，跌幅为 32%。

2. 领跌板块

大盘股领跌（此前 2017 年小盘已经跌幅较大）。

3. 下跌方式

60 日均线压制，从 2018 年 1 月 29 日跌到 2019 年 1 月 4 日。几乎跌了一年，其中 2018 年 10 月 19 日出现过重要低点。

（三）低位的波动情况

1. 次低点

2018 年 10 月 19 日出现过重要低点 2449 点，出现过两次中阳线，随后箱体震荡。

2. 最低点

2018 年底又出现了新低点 2440 点，出现新低点的可能原因是，年底因素（资金紧张，机构调仓换股）。

（四）低点后的恢复过程

1. 1 月低点点火启动情况

市场在 2019 年 1 月 4 日的行情启动点火板块如下：

（1）消息面是降准。

（2）首日板块涨幅，排名如下：板块涨幅排名第一的是证券，板块均涨幅 8.5%。板块涨幅排名第二的是多元金融，板块均涨幅 4.76%。板块涨幅排名第三的是软件服务，板块均涨幅 3.54%。保险和银行板块涨幅都进入前十。保险板块涨幅 3.08%，排名第七。银行板块涨幅 2.98%，排名第十。大盘总体放量不明显但涨幅比较大。

（3）规律总结，点火板块是金融权重股和当时热点股（软件是贸易战替代概念）。

2. 1 月的市场表现

市场在 2019 年 1 月迎来了小幅未放量的缓慢上涨行情，其特点有：

（1）证券依然是涨幅排名第一，板块均涨幅 9.2%。

（2）食品饮料、煤炭、家电等偏价值板块占优，主要是涨估值以及业绩增长明确的，比如消费、猪肉、鸡肉，沪深 300 成分股涨势好。

（3）还有下跌的板块。跌幅第一的板块供气供热还下跌 4.42%，全部竟然有 18 个板块下跌。下跌板块主要是抗跌的和预期业绩不好的。

（4）1 月底的情况，1 月 28 日见到高点，随后小幅调整了 3 个交易日，1 月 30 日见到重要低点，1 月 31 日是重要敏感日（大盘启动加速前）。

3.2 月的加速情况

（1）2 月 2 日春节假期休市，2 月 1 日大盘节前最后一个交易日，上涨33 点。

（2）节后第一天开门红上涨 35 点，开始加速，60 日均线支撑有效，冲破半年线。

（3）2 月 22 日大盘开始放量，依然是金融权重股领涨。

（4）第二小段上涨（2019 年 1 月 29 日～2019 年 3 月 7 日）：成长板块的电子国产替代（当时的热点，超越大盘 1 倍）和券商涨幅居前。

（5）涨至 2019 年 3 月 7 日股市开始横盘震荡。关键看 30 日均线是否告破。

（6）第三小段上涨（2019 年 3 月 26 日～2019 年 4 月 22 日）：行业普涨，牛市第一波上涨冲顶。2019 年 3 月制造业 PMI 重回荣枯线上，同时 MSCI 也宣布将分阶段将 A 股纳入因子从 5% 提升至 20%，内外部利好下股市重回上涨趋势。这一阶段中行业普涨。随后中美贸易摩擦再起波澜，2019 年牛市第一波上涨结束。

（7）第一波的调整目标是 30 日均线。

（8）第二波的调整目标是 60 日均线。

二、2020 年疫情造成的低点

（一）下跌原因

新冠疫情暴发，武汉封城。

（二）下跌情况

1. 跌幅

几乎全部个股出现一个跌停，部分个股出现两个跌停，春节假期前也有一些跌幅。

2. 领跌板块

受疫情冲击的板块。

3. 下跌方式

第一冲击波以跌停方式，第二冲击波技术单边下跌。

（三）低位的波动情况

1. 次低点

春节后两个交易日直接见次低点 2685 点，然后逼空上扬。国家队准备得越充分，反应得越强烈。

2. 最低点

之后，疫情向全世界扩散，世界各国股市都出现恐慌性急跌，A 股受影响也急跌，一口气单边跌到 2646 点。

（四）低点后的恢复过程

1. 先是缓慢上升

主要是疫情受益概念走势比较强。

2. 加速上升阶段

因为注册制改革，券商股集体猛涨，大盘加速。

三、2022 年的低点

（一）2022 年 4 月 27 日的低点

（1）下跌理由：无明显下跌理由。

（2）领跌板块：普跌。

（3）下跌方式：五浪型三个冲击波。

（4）见底方式：低位连续反击。

（5）低点领涨板块：新能源赛道股，热点股是房地产救市、央企改革。

（二）2022 年 10 月 31 日的低点

此次下跌与反弹情况与上半年非常相似。

四、低位情况的规律形式

（1）见底后急速反弹，恢复正常平稳波动形式。

（2）见底后缓慢上涨，然后再急涨出现中级行情。

第 35 篇

年底或年初时间实战经验谈

在年底或年初时间，股市大盘和部分特征股的波动常有一定的规律性，如果能发现这些规律并进一步在实战中利用这些规律，将能使我们把握一些较好的短线机会，同时规避一些较为明显的风险。总结阶段波动规律是每一个职业投资者必须做的工作，其经验是非常重要的，又是正统股市理论意识不到的。下面，我就把近几年股市年底或年初的波动规律做一个统计总结，可以作为实战参考。特别在做阶段的实战操盘计划时，这些经验需要考虑到。

一、9 月底是一个短线危险时间

（一）每一个季度底都是社会资金紧张时间

（1）除了 9 月底，3 月底、6 月底、年底也比较危险。

（2）资金紧张时间常常是季度底的倒数第二个交易日，这天往往逆回购数值较往常高不少，如果倒数第二个交易日与周四两个时间重合，往往会更危险。

（3）防范风险的方法是，在危险日前几天如果大盘弱势波动，可以见到个股高点线降低一下仓位，也可以在大盘和个股技术指标转弱时就降低一下仓位。

（4）如果大盘不是处于明显弱势趋势中，季度底的倒数第二个交易日的尾市，或者倒数第一个交易日的低点，可以对中线潜力股少量建仓，做个短线。

（二）9 月底的常见活跃股

9 月底后将迎来十一长假，其间是旅游、电影院的消费敏感时间。

（1）如果有相关潜在热门电影上映，受益的影视股可能会有一个短暂表现，节后会因题材出尽而下跌；如果电影票房超预期爆款，相关影视股又没有提前反应，也可能会短线猛冲一下。

（2）如果此前旅游股处在低位，9 月底也可能会提前短线表现一下，节后会因题材出尽而下跌。

二、10 月底也是一个短线危险期

（一）10 月底是三季报价差股密集公告业绩时间

（1）在大盘弱势时间，绩差股公布业绩容易大跌，绩优股业绩不达预期也容易下跌。

（2）2022 年、2023 年大盘都是在 10 月底期间见到的重要低点。

（3）在 10 月 31 日或者 11 月初，如果大盘不是特别弱，可以少量对超跌潜力股建仓做短线，有时也可能会有中线波段机会，建仓股最好是已经公布完业绩的。

（二）10 月是三季报公布期

（1）可以预估业绩增长股短线伏击业绩预增公告（如果大盘太差，预增公告则作用有限，大盘平稳低位股容易有短线利润）。

（2）可以以三季报公告日作为 T 日，统计业绩增长股在 T 日前后的波动规律，根据波动规律做短线。

（3）三季报公布前走势偏弱的大市值股、以往绩优股要注意防范黑天鹅风险（意外的）。

三、11 月是超跌错杀股的机会时间

（一）三季报情况影响相关股股价

（1）基本面恶化股会进一步弱势。

（2）原来业绩尚好股如果业绩不达预期也会迎来机构的持续抛盘。

（3）如果某个行业业绩集体转暖，这个板块会迎来机构建仓，走势会好于其他板块。

（4）小市值业绩超预期增长股容易走出上升通道。

（二）机构此时会有自救动作

（1）定增重仓被套股容易出现自救行情。

（2）社保重仓被套股容易出现自救行情。

（3）前期的热门板块如果在 10 月底经历了大盘拖累打击，11 月初容易再起一波。

（三）绩差股保壳的关键时间

一些有重组征兆的个股容易在此时出现重组消息或者资产收购、出卖消息。

四、12 月是机构活跃期

（一）指标股容易活跃

如果当年市场比较差，这个月大主力喜欢发动金融股或者其他大市值股拉抬指数。

（二）高位筹码集中股容易跳水

12 月或者 1 月初，一些长时间高位坚挺的筹码集中股容易因资金问题出现连续大跌。

（三）部分机构年底需要做市值

主要是单一机构重仓股和保险机构重仓股容易在 12 月底做市值。

（四）如果衍生品中严重超跌也会有机会

如果 REITS 基金超跌过分，存在机构年底做市值的可能性。

五、1 月持股要看业绩

（一）1 月底容易密集预亏

（1）要防止高商誉股计提预亏。

（2）要防止预亏预降业绩密集公布，危险日是 1 月底最后三个交易日。

（3）1月31日至2月4日是潜力股短线建仓时间。

（二）伏击预增扭亏公告

（1）要分析准确，要核实印证，先通过三季报找线索，但不能只看三季报的情况。

（2）要注意主营增长，不要非主营导致的预增。

（3）要统计预增公告对股价影响的规律。

（三）一号文件常常是事关农业的

如果农业股处于低位，业绩又稳定，可以短线伏击一下。

（四）1月初开始活跃的股

1月开市立刻就活跃的股，容易是有关机构的新年主打股。

六、春节前后的波动特点

（一）春节前消费股容易活跃

（1）有电影春节期间上映的相关影视股。

（2）酒类食品业绩增长股。

（3）铁路运输股容易受到消息面影响短暂活跃。

（二）春节前的最后两个交易日

（1）如果不是特殊情况，春节前最后一个交易日容易上涨图吉利。

（2）春节前最后一个交易日前的晚上出利好的股容易在最后一个交易日有比较大的涨幅。

（三）春节前后容易是一年的最好时间

这个时间是机构操作积极期，如果这个时间大盘走势差，预示当年都会比较差。

第36篇
特定时间段的持股注意点

沪深股市中的许多个股是有明显的股性的，在特定的时间这些个股的股性就会发作，如果能够熟悉这些股性并有效地应对操作，就能规避许多风险，抓住一些特殊机会，这项技术是沪深股市中最重要的特殊技术，我们一定要了解和掌握。下面，我就根据个股股性来总结一下特定时间段的持股注意点。

一、根据特定时间的持股注意点

（一）4月的持股注意点

1. 年报公布密集期

（1）持股必须是业绩明朗的，比如已经预告业绩扭亏增长的，或者行业稳定的，或者已经公布较好业绩的，防止踩雷。

（2）最危险的个股绩优股业绩低于预期，大幅下滑更危险。

（3）即使预盈的个股，也要注意是主营预盈，还是非正常收益导致的预盈。

（4）主营收入低于3亿元（科创、创业板低于1亿元）的绩差股要特别警惕，一旦被ST，股价容易连续大跌。

（5）原ST股公布年报并同时公布摘帽的容易有短线机会。

2. 季报公布密集期

（1）持股必须是业绩明朗的，比如已经预告业绩扭亏增长的，或者行业稳定的，或者已经公布较好业绩的，防止踩雷。

（2）年报增长不代表一季报增长，必须两者都增长才行，绩优股年报预增一季报下滑也容易大跌。

（3）即使预盈的个股，也要注意是主营预盈，还是非正常收益导致的预盈。

（4）年报较差、一季报大幅增长的个股容易大涨。

（5）业绩低于预期的个股在业绩公布后容易跌一段时间。

3. 4月底绩差股公布密集期

（1）29日、30日是绩差股公布密集时间，大盘容易发生震荡，在弱势中需要提前回避。这个时间常常是弱势波段下跌的最低点。

（2）对于基本面不稳定的公司也要有一定的警惕性，有些公司会更正预盈公告，变预盈为预亏。

（3）在五一假期需要重新选择自选股，5月如果大盘有机会，一季报超预期增长的股票容易涨。

（4）在大盘的低点，业绩不好且没有退市风险的中线赌注股是分批买点之一。

（二）1月的持股注意点

1. 年报预告密集期

（1）业绩涨跌50%的、业绩扭亏变亏的需要公告，公告时容易影响股价涨跌。

（2）对于商誉较高的公司要保持警惕，这类公司容易计提。

（3）可以根据三季报、资产重组进程、重大公告判断年报是否预盈，判断完后还需要进一步电话侦查才行。

2. 1月底是公告密集期

（1）1月底容易出现较多的计提预亏公告，大盘容易下跌。

（2）1月底、2月初的低点容易是短线买点。

（3）公告年报预披露时间，最先公布年报的几个业绩较好的公司容易收到短线炒作。

（三）其他的敏感时间段

（1）强势的春节假期前后一个交易日大盘容易涨。

（2）元旦后第一个交易日上午开盘后半个小时内表现比较强的个股容易涨。

（3）春节前最后一个交易日，如果大盘不是特别弱势，容易涨；这一天（前一天晚上）出利好的小盘股，容易涨停。

（4）3月底的倒数第二个交易日，弱势中容易跌。

（5）6月底，弱势中容易跌；股市高位，容易大跌。

（6）5月初，基本面趋坏的基金重仓股容易跌，新ST股容易跌。

（7）9月底，弱势中大盘容易跌，极弱市道后容易救市起行情。

（8）12月底，弱势中大盘容易跌。

（9）1月的行情走势，预示着大盘当年的走势情况。

二、根据大盘波动特征的持股注意点

（一）大盘股灾时的不同板块波动特点

1. 救市第一步

先救指标权重股，指标权重小涨抗跌时，其他股还会加速下跌。

2. 救市第二步

绩优股开始上涨，此时指标股也会小涨，小盘股容易大跌。

3. 救市第三步

小盘超跌股容易连续上涨，绩优股抗涨抗跌，权重股开始小幅下跌。

（二）大盘弱势时的持股注意点

1. 强势股容易补跌

当前的强势股容易补跌，补跌的速度也会很惨烈。

2. 利好短线刺激

利好短线刺激的股价，短线会很快被吞噬，第一天涨幅靠前的股容易在第二天跌幅靠前。

3. 大盘超跌反弹时的机会股

大盘超跌反弹时，超跌股容易反弹大一些，抗跌股或者微跌股依然有危险。

4. 大盘反弹到重要均线时容易到位

大盘反弹到重要均线时，比如30日均线，容易开始新跌势。此时应该有危机意识以及克服思涨情绪。

（三）大盘强势时的持股注意点

1. 大盘点火时

注意点火强势股和走强的机构重仓股。

2. 大盘二八现象时

需要换弱势为强势股，不能加买补仓弱势股。

3. 大盘上通道时

注意同样处于上升通道的股或者第一天量比放大的相对低位股。

4. 大盘上升通道出现调整时

在大盘上涨过程中出现指数调整，小调整时，涨幅不大的筹码集中股容易逆势上涨，大盘出现小阴线调整，小阴线出现三根后容易到位。

出现意外大跌时，前期最新的热点板块容易跌停，该板块止跌后容易大涨，大盘出现极速大幅度调整，下跌时间通常是一天半。

5. 大盘高危风险时间

大盘处于高风险时间，不做最安全，可以等待做空的时机。

在大盘高位，短线个股也会很活跃，要想做，一定要控制好仓位，仓位不能轻易超过 20%，以进出方便的大市值股为主，如果做热门股，只能以极少仓位快进快出。

第 37 篇
大盘大跌后怎样抄底

随着 A 股的数量越来越多，在考虑到经济形式不明朗、供求关系对投资者越来越不友好的情况下，投资操作要非常注意持股时机，防守反击战术以及捕捉超跌反弹机会是最重要的实战技术。今天我们就来研究一下具体的防守反击战术实务，大盘大跌后怎样抄底？

一、怎样判断大盘的抄底时机？

（一）大盘的短线低位判断

1. 短线技术底部判断

（1）CCI 低于-200（参考前几次底部的数值）拐头向上的时刻。

（2）这是平衡市的自然箱体短线低位。

（3）如果有持续利空作用（如人民币持续贬值）或者北向资金持续流出时，则需要进一步观察，进一步参考"中线技术底部判断"。

2. 中线技术底部判断

（1）MACD 绿柱线开始缩短。

（2）北向资金停止流出。

（3）大阴线后的低开十字星和低位长阳反击这两种 K 线形态是比较经典的见底信号。

（4）需要注意的是，中线见底前容易产生低位来回拉锯的正负反击（中小阳线），这时如果操作不当，也会出现较大的短线亏损。

（二）出场的判断

1. 注意重要均线的压力

弱势中要特别注意重要均线（30 日、60 日、半年线、年线）的压力，这种压力容易导致新一轮的大跌或者急跌。

2. 注意重要技术指标的压力

（1）CCI 低于－200 是拐头向上，没有特别的个股，可以观望一下。

（2）MACD 绿柱线开始缩短、北向资金开始流出，这都是比较明显的危险信号。

（三）重要的战术

1. 要为大跌后抄底留有足够的资金

在扩容形式、经济形势没有明显好转之前，防守反击会是相当长时间内的策略，在最佳时间没有来临之前，要留有充足的现金，并且要相信最佳时间一定会到来，要有耐心相信逻辑和规律的力量。

2. 安全情况下以短线操作为主

如果不是最佳时间，大盘相对安全，个股也有一定的可操作机会，这时应该是控制仓位的超短线操作，不能有重仓中长线思维。

中线持仓一定是用双轨价格获得的，要有足够的安全垫，并且要控制仓位。

二、抄底时怎样选择个股？

（一）技术性选股

1. 技术指标要求

（1）CCI 指标要求：必须是与大盘相匹配的低位，不能是抗跌股和高位股。

（2）MACD 指标要求：最好是低量的 MACD 绿柱线缩短股（大盘极弱势时），或者是带量的 MACD 红柱线金叉股（大盘明显转强时）。

2. 北向动向要求

北向资金停止流出，最好是开始流入。

（二）短线爆破点题材

1. 明确的爆破点

比如即将公布较好的中报、证监会、交易所审批事件。

2. 可推测的爆破点

包括回购、增持行动、启动转债发行等。

（三）机构情况要求

1. 股东要求

有十大股东性质的机构被套且开始反击，或者北向开始初步增持，或者有平价附近的大宗交易行为。

2. 盘面异动

中线超跌，短线已经抗跌，最近的一两个交易有明显的护盘行为。

（四）组合设置

1. 低振幅组合品种

（1）股价下跌下限有限的小市值股。

（2）这种品种的投入，应该是在大盘最低点（非常超跌但形式还不明朗），买的时候最好是低挂。

2. 快速建仓的品种

（1）流通性好的，能够快速上仓位的市值较大的潜力股。

（2）这种品种的投入，应该是在后面趋势比较明朗且进一步看好的情况下。

第 38 篇
"稳、准、狠"的具体形式体现

股市没有用兵布阵，一样两军对垒；没有刀光剑影，一样充满杀机；没有硝烟弥漫，一样惊心动魄。

在股市中，要想获得胜利，既需要有大盘背景的配合，也需要有合适的投资品种，更需要有超出常人的个人能力。在能认识清楚时机的前提下，稳、准、狠地行动，是一个优秀职业操盘手的必备素质。下面我就来总结一下，在股市中，"稳、准、狠"的具体体现方法。

一、怎样稳？

（一）投机的第一要素就是时机的选择

1. 要有时机的概念

（1）A股波动具有周期循环的特点规律，大涨后有大跌，大跌后有较强的反弹，长时间围绕着3000点上下波动。

（2）在A股长线持股不动，大概率的是赌博行为，并且久赌必输。

（3）历史数据和许多优秀者的交易经历证明，在A股进行交易，必须要有判断持仓时机和持仓轻重的操作系统，这是防范风险的必需，也是稳健的必要条件。

2. 时机的确定要有严格的原则

（1）比较成熟的交易系统是判断大盘的价量关系以及熟练地使用大盘的MACD指标暗示。

（2）个股的操作必须有大盘安全的前提保证，先大盘后个股，如果大盘表现差，个股的判断没有意义，跌势中什么股什么战法都没用。

（3）在大盘背景不明朗的情况下，不轻易加大仓位，坚决不能重仓，有仓位也需要逐渐降低仓位。

3. "稳"的正确理解

（1）正确的"稳"是较为精确地判断市场，不能因此而降低攻击力，防范风险是为了进攻，是为了等待最佳时机争取更大的收益，而不能为了防范风险降低攻击力。

（2）在弱势中，如果有做空意识，将能更好地抑制做多冲动、更好地顺势。

（3）"稳"是顺应规律，服从规律，在市场两极容易产生极端波动，这时要了解历史波动的规律情况并利用，不能跟着情绪成为失控的傻瓜，这时正确的有胆识也是一种智慧稳健的表现。

（二）事先杜绝黑天鹅

1. 心态稳健

（1）在股市，没有纯粹的完美，只要不后悔就是完美，如果后市有两种选择，应该接受那种能够实现稳定可接受的结果。

（2）留有余力，保持优雅。保持后续进攻和纠错的能力，心态就会是稳健的。

（3）股市实战技能，心态第一，技术第二，运气第三。

2. 短线、低振幅、下限可控原则

（1）短线波动存在着简单明确关键因的因素，而长线更复杂容易出现新的变量。

（2）低振幅、下限可控是简单的操作，概率相对高。

（3）在价格、成本、趋势、市场情绪、热点上，尽量追求顺势和领先一步的主动以强胜弱。

3. 品种的选择要事先杜绝黑天鹅

（1）要有强烈的预防退市的风险意识。

（2）重仓股要有稳健的基本面和大股东实力保证。

（3）在弱势中，避险要坚决，不能屈从于外在压力和扳本心理。

二、怎样准？

（一）有最强逻辑品种概念

1. 时间确定原则

投资品种的选择要有时间观念，最好是确定时间，最低也需要有可接受的区域时间。

2. 价格确定原则

投资品种要有价格概念，最好是有确定价格，最低也需要有能覆盖持股时间的股价损耗的一定冲击力。

3. 题材确定性原则

题材必须清晰，杜绝模糊幻想。

（二）精确与批次的结合体

1. 关键因要有胜算

关键因要明确，要有情绪冲击力以及统计数据的支持。

2. 要计算年化收益率

要计划好可接受的年化收益率，并且在过程中尽量扩大年化收益率和降低成本。伏击题材是为了赚钱，而不是非得做完整这个题材。

3. 把握过程要批次中庸

再简单的机会，做起来也不会那么简单，所以要观察大盘，要有开始，要批次投入，要留有纠错的能力。

三、怎样狠？

（一）该止损时要果断

1. 止损止盈操作要果断

（1）如果大盘不利，止损要坚决，不能顾及小正确，为了小正确出现大失误是常见情况，一定要避免。

（2）有了利润，一定要把握住，在弱势中不能白白浪费一次利好或者意外的上涨机会。

2. 做空的思维要进一步加强

许多投资者做空是有心理习惯障碍的，也会有一些交易门槛阻碍，要克服，一定要建立自己强大的"空军"。

3. 顺势的原则要克服脆弱情绪

（1）最佳机会：从理智逻辑、历史规律上看出明明是机会，但又有心理障碍和恐惧感。

（2）最恐惧风险：明明风险已经显现，但是又有点舍不得，有侥幸心理。

（二）机会来临时要集中综合资源加油干

1. 重要品种机会要盯紧

核心重要的品种要盯紧，可以有一些先期开头仓位，如果没有第一批次仓位，就很难有开始。

2. 最佳大盘时机来临时仓位要猛一点

当大盘和个股的价格时机都出现最佳情况时，要敢于上仓位，敢于有攻击力，但要看好右侧信号。

3. 准备操作过程都要充分

尽量把信息研究清楚，勤快点，也要有明确的参考点。

第 39 篇
弱平衡市场的具体操作实务

弱平衡市场是 A 股波动的最常见的一种情况，怎样在弱平衡市场中生存并获得一定的利润是职业投资者必须面对的课题，我们必须要有求真务实的认识和有针对性的手段。现在，我就此做个总结，作为我自己的具体操作实务理论指导。

一、弱平衡背景的客观认识

（一）弱平衡背景原因

（1）供大于求，供求关系失衡。

（2）经济形式不明朗，导致上市公司的估值下降。

（3）公募基金为代表的机构创造结构性机会。

（4）大主力阶段性的维稳市场。

（二）K 线波动规律

（1）股价是有重力的和情绪相对低落。

（2）市场走势比较滞涩，正常情况下，单个波段涨跌不大，以横向箱体或者缓斜箱体为主。

（3）有利空就会出现平均股价重心下移，有时会用权重板块对冲指数。

（4）对平均股价、各类指数的波动要心中有数。

（5）指数较大上涨的最典型原因是前期的大跌。

（三）技术指标波动规律

（1）最有效需要掌握的指标是 CCI、MACD、PSY。

（2）CCI 的有效值边界是正负 200 以上，该指标常常会先于大盘拐头。

（3）MACD 配合 CCI 更有时效性，当 CCI 持续转向且 MACD 红绿柱线缩短时是较有效的行动点。

（4）PSY 作为辅助指标。

（四）可把握机会的认识

（1）超跌反弹机会。

（2）做空机会。

（3）短线熟悉的低振幅冷门股机会。

（4）机构阶段偏爱的结构化板块机会。

（5）机构被套自救机会。

二、有针对性的特殊手段

（一）双轨价格

（1）双低的大宗交易。

（2）双低的定向增发。

（3）有合适利润的要约收购和现金选择权。

（4）有合适年化收益率的能兑现的债券。

（二）双轨信息

（1）制度性预告信息。

（2）行政网站类信息。

（3）月底资金习惯信息。

（4）做空信息的利用。

（三）选股优先事项

（1）大股东为了增加股权的要约收购。

（2）没有解禁压力的央企技术形态好的股。

（3）有解决同业竞争承诺的股。

（4）基本面稳定、价格低、大股东有实力的小市值股。

三、怎样做多获利?

（一）技术指标提示

（1）CCI-200 后的拐上，属于提示信号。

（2）MACD 的绿柱线缩短属于抄底信号。

（二）其他常见信号

月底、季度底跌后的止跌状态。

（三）趋势力度

（1）管理层的稳定市场声音力度。

（2）金融股的维稳力量强度。

（3）MACD 红柱线的常读和根数数量。

（四）经典投机标的

（1）超跌潜力股。

（2）有短线爆破点的潜力股。

（3）强势平准股。

（4）有双轨价格契机的潜力股。

四、怎样做空获利?

（一）技术指标提示

（1）CCI+200 后的拐下，属于提示信号。

（2）MACD 的中等强度以下红柱线缩短属于做空信号。

（二）其他常见信号

（1）相对高位的月底、季度底来临。

（2）利空预告、利空业绩的密集公布时间（往往是最后时间附近）。

（三）趋势力度

（1）证券市场的黑天鹅利空力度和持续时间。

（2）大市值个股的杀跌力度。

（3）MACD 红柱线的长度和根数数量。

（四）经典投机标的

（1）弱势的股指期货。

（2）高位破位的融券标的。

（3）下降通道收到均线压制的融券标的。

（4）有短线负爆破点的融券标的。

第 40 篇
客观认识与务实策略

要想做成一件事情，或者成就一项事业，最重要的前提是求真务实，求真是客观清醒地认识环境和该事情的关键因素，务实是在符合自身能力的基础上大概率地顺势以强胜弱。炒股赚钱也是这样，必须实事求是，必须以客观认识市场以及自身的能力，破除虚幻习惯与错误的固化思维，先防范风险然后稳健地抓住简单机会。

一、虚幻与儒家文化

（一）儒家文化

儒家文化的核心是维护区域社会稳定和维持区域社会现状。其实，宗教也有类似的情况。对于满意现状的人来说，这是有积极意义的，他们也为此鼓吹和呐喊，甚至用教育和制度来固化人们的思想。由于历史、习惯、文化、权力等原因，儒家文化的力量是异常强大的，也是有很强的表面说服力的。

（二）股市中也存在儒家文化

最为典型的就是价值投资、长线持股，这是从业资格考试的标准答案，也是公募基金的制度设计。这对于市场稳定是有帮助的，但是对于个体在二级市场上赚钱则是未必。

（三）股市中愚蠢虚幻

股市中除了类儒家文化，还有愚蠢。股市价格相比现实来说是有杠杆的，现实价格就是净资产，但是股市价格相比净资产是有市净率倍数的。在现实中，人的平庸是正常的，一旦进入股市，人们的愚蠢也会是被杠杆放大的。

常见的愚蠢有：

（1）盲信股市类儒家文化，吃再多的亏，也无法进步。

（2）不自量力，妄想平庸的自己以弱胜强，快速铸就传奇。

（3）没有依据、逻辑、虚幻未来结果。

（4）情绪失控，多巴胺赌瘾，恐惧与贪婪反向引导自己。

（5）工作量努力不够，好吃懒做。

二、A 股的客观

（一）融资是第一目的

常规任务是融资，维护社会经济的运转。

（二）稳定是理想状态

既保持行业的正常运行，又不能冲击实业的就业积极性。

（三）危机时一定维稳

股市稳定是社会稳定的重要组成部分，大主力的力量是空前强大的。

（四）摆脱愚蠢就是赢家

股市的客观盈亏数据是残酷的，但是 A 股又是最容易赚钱的市场，主要原因是绝大多数投资者是愚昧的，只要你不愚昧，即使是平常人也能获得不错的收益，这尽管不是传奇收益，却也是比其他多数行业就业者要强不少的收益。

三、A 股的重要客观规律

（1）长时间维持在 3000 点上下。

（2）牛短熊长，弱平衡是常态。

（3）次新股减持力度大，业绩下滑比例高，所以第一年不计入指数。

（4）博弈性强，博弈策略重于价值策略。

（5）消息刺激是主要热点源，以及会导致情绪趋势。

（6）主力机构活跃性有明显规律。

四、常见机会归纳

（一）超跌反弹

超跌反弹是最常见最容易的机会。但是标的股不能是负基本面趋势和负技术面趋势的个股。

（二）机构被套自救

表现形式是：

（1）大股东持股比例大且综合面强（如央企和发达地区国企）。

（2）二级市场金融属性且有后续资金能力。

（三）中线爆破点

（1）要约收购形式的大股东增持。

（2）有资产重组承诺（包含强股东的解决同业竞争承诺）。

（3）双低位置的大规模增持与回购。

（四）双轨模式

（1）双轨价格。主要指双低定增与大宗交易。

（2）双轨信息。行政审批时间差。

（五）现金选择权

（1）现金选择权。

（2）全额要约收购。

（六）融资盲点

（1）小市值转债的抢权效应。需要几个双低时间。

（2）京交所的新股波动周期。

（七）做空

（1）股指期货。

（2）融券做空。

五、实战策略要点与技术手段

（一）防守反击

严控风险，留有充裕的预备队，耐心等待最佳时机。

（二）中线选股、短线操作

个股要缩容熟悉，要双低，严控基本面、技术面、成本面趋势。

（三）建立强大的人民空军

要建立、熟练、实施做空手段。

（四）短线低振幅

不追高，以低振幅短线为主。

（五）有熟练判断指标

MACD、CCI、PSY、KDJ、MCST 要形成本能应用。

（六）最佳机会要重仓

要有足够的耐心放弃平庸机会，等待最佳机会，最佳机会来临后要重仓。评判最佳机会要对比历史 K 线。

（七）有对冲手段

锁定仓位要有对冲手段。

第 41 篇
怎样分析大盘和个股的量价规律？

随着 A 股数量规模的急剧扩大，以及经济形式的不明朗，A 股的波动特点愈加明显，熊长牛短，大部分时间弱平衡窄幅波动。对于 A 股的这种波动新特点，我们一定要足够重视，并要加强短线敏感应对能力，这是职业投资者的生存前提。现在就来总结一下怎样分析大盘和个股的量价规律，以便让自己的短线操作能力得到进一步的加强。

一、量价关系原理

（一）量

股市中的成交量分析是异常重要的，量是活跃度，是趋势的能量，绝对振幅的大小，类似于汽车的油（能量的大小）。

高量能导致的极端暗示指标是心理线 PSY，与历史上的 PSY 钝化天数相比，量能大钝化天数会多，量能小钝化天数会少一点。

（二）价

价的解释有两个：

一是趋势，价格变动的单边趋势、主动趋势。趋势的衡量指标是均线的趋势。

二是高低，目前的价格在局部框架中所处的钟摆位置。股价高低的衡量指标是 MCST（长线标准）、MACD（中线标准）、CCI（短线标准），其中 CCI 更敏感一些，先于 MACD 拐头反向。

（三）组合逻辑

单维因素容易出现偶然随机现象，组合逻辑容易是大概率。

常见的股市逻辑有七种：①超越；②连续；③反击；④逆反；⑤规律；⑥过度；⑦混沌。

常见的 K 线逻辑也是这七种：①超越；②连续；③反击；④逆反；⑤规律；⑥过度；⑦混沌。

（四）量价的基本原理关系

（1）价涨量增继续看涨。

（2）价涨量小则涨势不大。

（3）价跌量增继续看跌。

（4）价跌量小则跌势不大。

（五）其他影响因素

（1）股市波动是多因一果。量价关系是最常见的因素。

（2）影响股市波动的其他最常见因素还有消息题材和机构大户的买卖。

（3）技术分析只是一种概率，不是"1+1＝2"的绝对结果。

（4）历史类似现象的统计比较技术是重要分析手段。

二、大盘波动的分析思维

（一）低点标志

当 MACD 和 CCI 指标最低点出现后，常常是指数低点出现的标志。

进一步判断的方法是：

（1）如果明显缩量，则是大趋势上涨途中的次级调整到位或者阶段连续下跌告一段落，后续有望出现反向小涨。

（2）如果出现放量中大阳或者放量不跌（常常是十字星），后市则大概率地出现偏强的反弹上涨。

（二）高点标致

当 MACD 和 CCI 指标最低点出现后，常常是指数低点出现的标志。

进一步判断的方法是：

（1）如果明显小量，则是大趋势下跌途中的次级反弹到位或者阶段连续上涨告一段落，后续有望出现反向小跌。

（2）如果出现放量重大阴或者放量滞涨（常常是十字星），后市则大概率地出现偏大的下跌走势。

（三）上涨加速标志

金叉往往是加速上涨的标志。

放量是这种标志的加强，低量是这种标志的减弱，逆反是这种标志的否定。

（四）下跌加速标志

死叉往往是加速下跌的标志。

放量是这种标志的加强，低量是这种标志的减弱，逆反是这种标志的否定。

三、个股波动的分析思维

（一）在大盘平衡波动时主要抓低振幅个股机会

这类机会的主要特征是：低量的（成交量排名最低的）、指标处于低位的（MACD 绿柱线最长开始缩短，CCI 开始从低位拐头向上）。

这类股的波动特点是：如果大盘震荡比较抗跌且大盘上涨，则容易出现小涨幅。缺点是：振幅不会很大，很难出现涨停或者大涨。这类股如果叠加爆破点则更加容易操作。

（二）在大盘强势波动时主要抓高振幅个股机会

第一种情况，量比正排名（适合于特别强的大盘）。

价涨量增（量比排名），指标处于金叉或者刚刚金叉过的（MACD 红柱线初步伸长，CCI 数值在 0 以上但低于 100），这类股的波动特点是，一旦上涨就容易出现较大上涨。需要注意的是，如果大盘不是那么强，只是一日行情时，就容易短线上当。

第二种情况，量比负排名（适合于强平衡市）。

量比开始缩小的（量比负排名，股价止跌），指标处于低位的（MACD 绿柱线最长开始缩短，CCI 开始从低位拐头向上）。

第三种情况，量比正排名（适合于大盘牛市已经持续一段时间了）。

价涨量增（量比排名），MACD 指标处于二次金叉（MACD 红柱线缩短到零轴后，不出现绿柱线，再次红柱线强劲伸长），这类股的波动特点往往比较强。

第四种情况，银河海王星强势市场短线高效选股法。

第一步，随便进入一只股的日 K 线图画面；

第二步，点击右下角的分时线画框下面的"主"；

第三步，点击该画框中的"总览"；

第四步，会弹出一个新画框，点击"主力买入"会出现当天所有主力买入较多的股票；

第五步，在尾盘 20 分钟有主力买入的股票中选择低位的、基本面尚可的股。

（三）在大盘弱势波动时主要抓做空个股机会

在大盘弱势时，任何做多手段都是容易亏的逆势思维，这个时间适合做空。

第一种情况，股价在 MCST 上方的股。

价跌量增（量比负排名，股价止跌），指标处于高位的（MACD 红柱线最长开始缩短，CCI 开始从高位拐头向下）。

第二种情况，股价在 MCST 下方的股。

单日上涨后第二日就走软，指标处于高位的（MACD 红柱线最长开始缩短，CCI 开始从高位拐头向下）。

四、技术分析的同时考虑基本面趋势和短线爆破点

（一）基本面趋势

主要指本年度的主营是出于上涨情况，还是下滑情况。

（二）爆破点

在强势市场中，爆破点是重要选股依据；在弱势市场，爆破点的有效性需要统计效果。

爆破点的常见分类：

（1）制度性的爆破点，比如业绩公告和预告情况。

（2）行政审批爆破点，主要各相关行政部门网站。

（3）历史承诺和计划，主要是同业竞争、要约收购、股权转让公告，以及年报计划和董秘问答。

（4）有未来预期的社会题材。

第 42 篇
短线操作的具体临战经验

股市实战老手经过长时间的实战观察统计，总结了一些比较有效的具体临战经验，对于提高收益率增强判断力有非常好的帮助，今天，我们就来把这些经验总结记录一下，供我们在实战中进行盘面印证，如果适合自己，则需要记住并转换成为自己的战力。

一、看线法

观察大盘股和小盘股谁强谁弱？

大盘的日波动线分为白线（大盘股）和黄线（小盘股）。它们的波动关系经验是：

（一）白线在上红盘，黄线在下红盘

这是后市看涨信号，且常常是启动的初步信号，短线应持有涨幅超越大盘的低位强势股（不论大小盘）。

（二）白线在下绿盘，黄线在上绿盘

这是后市看跌信号，且常常是启动的初步信号，短线应融券做空超越大盘的股（以大盘股为主）。

（三）白线在上红盘，黄线在下绿盘

这是二八现象，并且常会伴随发生虹吸现象，应该有所行动，少量买进大盘股，或者部分把小盘股换成大盘股，或者减仓小盘股，操作大盘股也应该是短线的。

（四）白线在下绿盘，黄线在上红盘

这是强平衡市，属于赚钱较好的时间。可以操作技术状态较好的小盘股，比如有爆破点的小盘股、技术指标较佳的小盘股。

（五）白线在上绿盘，黄线在下绿盘

大概率继续跌。

（六）白线在下红盘，黄线在上红盘

大概率继续涨。

二、看比法

观察涨跌比的数量情况。

（一）涨跌比率大于1而大盘涨

大概率是强势。

（二）涨跌比率小于1而大盘涨

危险信号。

（三）涨跌比率大于 1 而大盘跌

平衡市信号。

（四）涨跌比率小于 1 而大盘跌

大概率是弱势。

三、看头法

"头"即领头羊。成交量大的股票开始走软，或者前期的热门板块走软，应当小心，这表明个股行情已接近尾声。

四、看势法

股票趋势走软，市场热点消失在还没有出现新市场热点的时候，不要轻易买股票。

五、看量法

（1）成交量屡创天量，而股价涨幅不大，应随时考虑派发。

（2）反之，成交量极度萎缩则不要轻易抛出股票。

六、看明细法

大盘 5 分钟成交明细若出现价量配合理想的情况，当看好后市，反之要小心。

七、看时法

一只个股成交量若上午太小，则下午反弹的机会多；若上午太大，则下午下跌的概率大。

八、看黄金 2：30 法

此法操作时间最好在下午 2：30，因为 2：30 后的涨跌预示着明日走势，运用 60 分钟 K 线分析，可靠性高。

九、看穿透法

（1）上涨的股票若压盘出奇地大，但最终被多头全吃掉，表明拉升在即，随后会大涨。

（2）下跌的股票若托盘较大，但最终被空头全砸掉，表明抛压沉重，随后大概率继续跌。

十、看均线法

（1）均线头上托效应是强势表现。

（2）均线压头效应是弱势表现。

（3）上穿均线是金叉，有量则增加黄金量。

（4）下穿均线是死叉，有量则增加死亡率。

（5）对于日线和 K 线均有效。

十一、看大成交法

（1）盘面经常出现大手笔买卖，买进时一下吃高几个点位，表明有机构在增仓，应及时跟进。

（2）盘面经常出现大手笔买卖，卖出时一下砸低几个点位，表明有机构在出货，如果没有看见反击力量，则需要减仓。

十二、看内外盘法

（1）个股处于超跌后，在盘整或下跌时，内盘大于外盘，且阴线实体小，成交量大，日后该股有行情的可能性大。

（2）大盘暴跌，而该股没跌多少或者根本没跌，承接盘强，成交放得很大，后市有戏。这是比较经典的抄底选股方法。

十三、看 K 线法

（1）股价上冲的线（日线波动）绝对地多于下跌的线且垂直角度越大时越应看好该股。

（2）K线阳线多逢低看好，K线阴线多则需要谨慎。

十四、看逆势法

（1）在下跌的趋势里，逆势上涨股，多数股会补跌，少数股成为黑马股，应该回避买入这类股。

（2）在上涨的市道里，落后大盘涨幅的股，容易受到新资金关照，可以少量组合伏击。

十五、看冲天炮法

开盘数分钟就把股价往上直拉，而均线没有跟上，往往都是冲天炮，冲上去会落回来，以当天失败而告终。

十六、看阴虚法

当日下跌放巨量，但收的阴线实体不大，而且大部分时间在前一日收盘价上方运行，第二天涨的概率大增。许多出利好股的第一天容易出现这种情况，这预示有新机构在短线快速建仓。

十七、看高点上移法

涨幅在5%以上，内盘大于外盘，高点不断创新，低点不断抬高，说明有机构大户在进货，当日冲击涨停概率大。

十八、看分价表法

分价表若是均匀分布说明散户在博弈，而如果波动较大则表明有机构介入。

十九、看夜盘 50 期指

1. 前日波动不大的情况

夜盘50指数出现大涨大跌，往往预示着下个交易日的开盘和上午情况。

2. 前日大盘大涨

（1）如果夜盘 50 出现大涨，则需要比较日昼涨跌幅来判断次日情况。

（2）如果夜盘 50 未涨或者下跌，次日容易出现回跌。

3. 前日大盘大跌

（1）如果夜盘 50 出现大跌，则需要比较日昼涨跌幅来判断次日情况。

（2）如果夜盘 50 未跌或者上涨，次日容易出现回涨。

第 43 篇
怎样接近和做到"有知者无畏"？

　　股海投资的最大忌讳是情绪化失控赌博，这包括单维大众化的基本面分析和技术分析，久赌必输，甚至可能遇到人生重大打击；职业投资的最高境界是追求有知者无畏，主要是了解时间、价格的大概率和确定性，如果在有知者无畏的方向持续努力，你的财富和技能就将持续进步，成为一个自由自在的合格职业投资者。

　　那么，怎样在有知者无畏的方向持续有效地努力呢？现在我们就来一起讨论和研究这个非常重要的股海课题。

一、纵横捭阖，冷心为上

（一）不合格投资者

股市多巴胺旺盛和股瘾执迷者为明显不合格投资者，他们的经典表现是：不看行情难受、不满仓难受、天性永远看多、操作上是天然的追涨杀跌者。

（二）菜鸟投资者

被学院派股市儒家理论固化（简单技术分析和基本面分析）者、无明显优势盈利模式者、无法持续稳健进步者，都属于经典菜鸟投资者。

（三）合格投资者和优势投资者

（1）基础素质具备逻辑思维、网状思维、客观统计思维、自我角度的人。

（2）在股海中净盈利 300 万元以上者。

（3）不热爱股市，冷静理智，认为股市投资只是赚钱的手段。

（4）有优势盈利模式，人生和股海均持续稳健进步。

二、A 股的边界常识

（一）市场的价值判断

（1）市场多数时间中的多数品种不具备投资价值。

（2）A 股投机博弈价值较高，因为多数投资者愚昧，调控规律明显（大涨大跌必然调控）。

（3）市场的关键点是融资市、主力市、消息情绪市。

（二）股市的单边强弱边界

（1）历史上单边上涨原因、上涨幅度的熟悉和记忆。

（2）历史上单边下跌原因、下跌幅度的熟悉和记忆。

（3）历史上特殊情况的熟悉和记忆。

（三）实战中的原因和结果比较

（1）常识性的认识和比较。

（2）持续细致的熟悉和比较。

（3）发挥规律性的因素和应用。

（4）关键时刻的回顾和比较并留有余地。

三、常见波动方式及其应对思维

（一）股市常见波动形式

1. 强势

有近期的强势成交量和趋势数值作为参考点。

2. 弱势

有近期的弱势成交量和趋势数值作为参考点。

3. 平衡市

有近期的平衡市成交量、趋势、箱体规律作为参考点。

（二）常见背景的应对策略

1. 强势背景

重仓中短线结合，持有贴近重要日均线的新强势股。

2. 弱势背景

做空为主，做多指端局部仓位的短线超跌反弹，严禁追涨强势股。

3. 平衡市背景

局部仓位的低吸高抛，高低需要有技术指标作为参考点。

（三）市场是周期循环的

（1）大涨后是大跌，大跌后是大涨。

（2）平衡市中会发生虹吸现象和大小板块之间的跷跷板。

（3）平准阶段会有权重平准股。

四、个股常见波动动力

（一）热点题材股

（1）常规交易所制度导致波动节奏股。

（2）突发大消息股受益股。

（3）年度偏好热点题材股。

（二）主力重仓股

（1）赛道股（与阶段基本面倾向题材挂钩）。

（2）游资偏好股（与阶段热点消息挂钩）。

（3）平准股（与阶段强势金融股挂钩）。

（4）有规律的机构重仓股。

（三）严重超跌股

（1）下跌周期跌透股。

（2）机构被套股。

（3）低于现金选择权股。

（四）基本面质变股

（1）资产重组。

（2）行业周期转强。

（3）政策高力度支持。

（五）多因一果与主要矛盾

（1）股市是多因一果的。

（2）多因一果中可能有一个关键的主因。

（3）消息、走势、反馈、情绪可能会互相影响。

（六）熟能生巧和规律应用

（1）盈利模式要熟悉和经常统计。

（2）中线股的股性要十分熟悉。

（3）要熟悉 7 个常见 K 线逻辑判断。

（4）要注意股性反馈力量。

（七）执行力

（1）要增加概率、品种组合和成本组合。

（2）双轨价格和双轨信息的利用。

（3）投资依据要有时间、价格和年化收益率的概念。

（4）优势要发挥出来。

（5）要有行动参考点思维。

第44篇
职业操盘出师的 21 道考题

正确的炒股方式是什么？

低价买，高价卖，赚取中间的差价，并且以相对较快的时间，大概率地持续反复。股价波动有规律，机会发生也有概率。炒股就是要认清规律，把握大概率，回避小概率，按照这个思维炒股就是正确的方式。

为了把正确的炒股方式贯彻到实际行为中去，下面是一些职业操盘手总结的 21 个炒股思维，我们需要牢记并重复固化，千万不能忘记。

（1）股票市场是上帝根据人性的弱点而设计的一个陷阱。

解释：股市是虚拟经济，容易让人犯晕，患多巴胺上瘾症，许多在其他领域耳聪目明的人，一旦进入股市就变成糊涂蛋，犯低级错误还顽固执着。

人们进入股市前，必须要学习，而且不能学习劣等功夫，要学习上等功夫。

（2）服从大概率，顺势而为，必须要有判断势的操作系统。

解释：A股实战技术，最重要的是选时，要有短时控制仓位的判断系统方法。为自己定一条无形的综合线，线上工作，线下休息。

（3）会买的是徒弟，会卖的是师傅，会空仓休息的是师爷，会做空的是索罗斯。

解释：不会空仓就不会赢钱，一定要会防范风险，要有最后的降落伞。不能是永动机和永炖机，适当地学会做空，有两只眼，有双向意识。

（4）心态第一，策略第二，技术只有屈居第三了，运气因素也是有的。

解释：中庸折中，组合递进。留有余力，保持优雅。

（5）成功的密码是：用简单的动作，不断地正确重复。

解释：用有效盈利模式赚钱，而不是用个股来赚钱。

（6）股票投资成功的秘诀是勤奋。

解释：与体育运动员一样，要持续熟悉市场，保持自己的投资状态，有些功课要天天做。

（7）实事求是，严格地用参照物比较，有过硬的依据，不能幻想。

解释：高低好坏是没有绝对标准的，要设立参照物，设立条件依据，比较打分订计划。

（8）看不懂、看不准、没把握时坚决不进场，不能凑合，拒绝侥幸与犹豫。

解释：欲速则不达。赚简单容易的钱，财不入急门，铤而走险必是雪上加霜。侥幸是加大风险的罪魁，犹豫则是错失良机的祸首。宁可错过，不可做错。

（9）理想境界地卖股票是世界难题，只要赚钱卖就对，赔钱卖就错。

解释：追求80分容易获得成功，不能因为追求更完美的结果导致事与愿违。

（10）熟悉股性，利用股性，是选股的重要标准之一。

解释：有意识地熟能生巧。

（11）组合中庸折中是职业操盘的基本素质要求。

解释：优秀是良好的习惯，在关键时刻，决定命运的永远都是基本功。

（12）纠错和最后原则一定要坚决执行。

解释：人不可能百战百胜，永远不犯错误，但是不能犯致命错误，为此，事物出现时不能失控，丧失今后一段时间的正常能力发挥的可能性。

（13）有知者无畏，不恐惧，不贪婪，不后悔。

解释：炒股追求的境界是有知者无畏，做之前就知道大概的结果，并把这个结果比较稳健地拿下，倒金字塔展开。即使没有追求到最佳结果，也不后悔，一旦后悔就要追求最完美结果，这就容易推翻几十年已经证明的方法（血泪铸成的），从而开始新的悲剧。

（14）站在风口上，猪都能上天。题材是第一生产力。

解释：股市的效率在于热点题材，股市的安全度在于盲点套利。

（15）山不在高，有仙则名；水不在深，有龙则灵；股不在优，有庄则强。

解释：找庄家，帮赢家，锦上添花，是股市盈利的真谛。

（16）基本面决定股价的下限，资金面决定股价的上限。

解释：满意的分红率决定股价的下限大概位置，资金的正反馈和疯狂决定股价的上限。

（17）行情在绝望中新生，在犹豫迟疑中上涨，在欢乐中死亡，在满怀期望中下跌。

解释：市场是周期循环运转的，板块个股是周期活跃涨跌的，股市中没有新鲜东西，从来都是古典老游戏的反复演出。

周期，最大的利好是跌过头，最大的利空是涨过头。

（18）最厉害的炒股方法是操纵市场、内幕消息，两者结合是无敌的，但是这是违法的。是否有合法的近似手段？

解释：如果你能找到合法的类似于操纵和内幕消息的方法，你就容易成为赢家，这方面是有实战空间的，比如你熟悉一些公开的行政网站和行政审批失效法规，就能提前一两天获得一些利好公告。你知道一些现金选权的公开方案，就能获得类似于风险的利润。

（19）该涨不涨，理应看跌；该跌不跌，理应看涨。

解释：与此类似的股谚还有，利好出尽是利空，利空出尽是利好。这个原理也可用于K线、消息等逻辑结果的判断。

（20）孙子兵法的核心是以弱胜强。你的明显优势是什么？

解释：股市战争的关键因素有：先进的方法、勤奋的努力、雄厚的资金、优势的交易门槛、合适的进场时机等，你需要有自己的优势，培养自己的优势，等待优势的来临。

（21）炒股是为了生活更好，不能因为痴迷而成为股奴。

解释：炒股是手段，不是目的。人生的结果都是一样的，但是每个人的精彩过程不一样，挣钱是为了让生活过得更有意思。

第45篇
顶级操盘手的强大心法

职业和业余是有本质区别的，职业操盘手首先是唯物客观的，其次是有一整套适合自己的交易系统，最后是稳健中庸易行的知行合一。

下面，我就来谈谈这些异常重要又不为一般人了解或者难以自悟接受的个性思维。

一、炼金术是炼心术

（一）实事求是

股谚说，股市投机的结局是，一赢二平七亏。其实，现实中更残酷，因为那个"一"中有七成是凭运气而赢的，随着时间的拉长，这个"一"中的大多数人会不断地变化。这个"一"中，只有那些常年不变的人才属于顶级操盘手，这个数量是非常少的。

多数人没有显示统计过程，没有逻辑判断思维，对自己的经历不记忆，又有多巴胺虚幻症，综合素质低，很难实事求是，眼高手低是绝大多数人不可克服的天性。

（二）风险、收益和运气

股市交易场所中有"投资有风险，入市须谨慎"的标语，这绝不仅是标语，而是残酷的事实，如果你忽视了这一点，只要交易时间够长，就一定会出现人生中的重大打击。

因此，股市技术中有三种：防范风险、增加收益、正价好运气的概率习惯。

股市中的真正技术是那些有赢逻辑支撑的，有大概率支持的，有知者无畏的技术状态是形势，这种真技术一定能胜过绝大多数投资者，保证成为股市中的那个"一"，但是在特定时间与七成中的极端阶段好运气分子相比，有可能比不过，有时甚至差距还比较大。

真正的操盘手是事先有知、表现稳定持续的，还能防范风险的，但是与阶段小概率的极端运气者相比可能拼不过，比如说1万个股散户参加短时间实盘赛，真正的高手能够进入前100名，但是拿到第1名的难度很大，在大牛市中拿到第1名的难度则更大。

（三）以强胜弱

孙子兵法的核心内容是以强胜弱。股市兵法的核心内容也是这样。

你的盈利模式必须超出常人，要比其他多数投资者有明显的优势，比如价格优势、信息优势、资金优势，又必须是合法的。

二、化险为"益"的工作过程

（一）要有成熟、有效、合适的操作系统

要有一套有效的制约仓位风险收益的操作系统，并能保证你有良好的战斗心态，抑制住恐惧和贪婪的输家心理。

（二）在操作前要做认真细致的准备

炒股实战，六分心态，三分技术，一分运气。

尽可能多地了解所选中个股的各种情况，精心做好操作的前期准备工作，是克服恐惧的有效方法。

（三）熟悉历史以及股市周期

任何股市都有涨有跌，既要了解股市的不可预知的混沌性，又要了解股市规律性的周期性。

以个股的短线确定性和大盘的周期规律性，作为我们防险获利的最主要资源。

（四）具体项目的获利

需要优势成本、一定的纠错能力、足够的时间。

戒贪心，要细心，有耐心，中庸折中以平常心炒出大成绩。

结局不后悔就是成功。

三、股市里长期生存的法宝

（一）资金的使用量

一个未脱离成本的项目，不能超过总资产的一半，要留有足够的纠错或者意外反击资金。

（二）制作有把握的时间

看不准行情的时候就退出，也不要在看不准行情的时候入市。

（三）选股的下跌限重于活跃度

职业投资者选股时注意爆破点和下跌限，业余投资者本能地都喜欢个股的活跃度。

（四）以熟为重，以模式为重

最好的顾问是自己，熟能生巧，统计打分结果，摆脱情绪感觉化。

（五）具体操作行动

第一笔操作可以宽松点，作为今后行动的参考点，没有第一笔很难开始操作，第一笔过于轻率重仓则容易出现心态失衡。

重仓行动时一定要参考历史 K 线和短期技术指标，要养成习惯。

极端情况的行动要分批和尾市。

第 46 篇
做一个优秀的股市谍报人员

一个优秀的操盘手，首先是一个优秀的股市谍报人员，我们要想在股市中获得差价利润，必须首先通过公开信息发现一些隐含有中线爆破点或者短线爆破点的股，然后在合适的时机买进卖出。其中，通过公开信息发现有价值的爆破点是许多股友的短板，下面我就这方面的工作做个细节总结。

一、情报的主要因素

（一）股东因素

1. 大股东

（1）大股东有什么资源以及对基本面的趋势影响。

（2）大股东有什么历史承诺和基本面趋势规划。

（3）近期是否有大股东变化、变化目的以及资产、财务处理事项。

（4）大股东的金融能力以及倾向。

2. 主要流通股东

（1）是核心资产还是众多资产之一。

（2）是否有庄家属性。

（3）当前的状态。

（4）历史风格。

（二）基本面趋势

（1）基本稳定，难以变化。

（2）有明显变化征兆。

（3）有转型征兆。

（4）不可救药。

（三）技术趋势

（1）相对高价需回避价格区。

（2）相对低价可操作几个区。

（3）活跃期还是呆滞期。

（4）明显股性规律。

（四）重要个性

（1）是否具有时尚属性。

（2）是否具有中线重要爆破点。

（3）是否具有明显特征的个性事件。

（4）波动性和流动性的均衡。

二、明显的负爆破点

（1）是否存在重大股东隐患。

（2）是否存在退市风险。

（3）是否存在中线负爆破点。

（4）是否存在短线负爆破点。

（5）是否存在弱势博弈风险。

（6）是否存在流通性风险。

三、明显的中线爆破点

常见的中线爆破点：

（一）历史承诺

有助于基本面改善的承诺，比如解决同业竞争（同时大股东有改善基本面的能力）。

（二）大股东是玩资本游戏的

有些上市公司的大股东本身就是资本市场游戏玩家。

（三）新大股东是想借壳上市的

新大股东有资产，且原上市公司是纯壳。

（四）未来有一个强大概念刺激点

市场或者社会存在着一个未来强大事件刺激时间点，这个事件一旦爆破，该题材概念会明显响应。

四、明显的短线爆破点

（一）熟悉掌握常见的短线爆破点

对于市场经常出现的短线爆破点要知道和熟悉，笔者书籍有详细介绍，要模拟盘跟踪。

（二）要统计有效性

要通过统计手段知道哪些短线爆破点正在有效。

（三）结合万能公式

结合万能公式选时选股，进行中庸折中的操作。

五、实战目的

（一）中线爆破点

主要是博取中线爆破点的爆破，也不放过顺势波段。

（1）中线筹码等待中线爆破。

（2）也根据大盘波段和个股的意外技术高低点，进行局部的低吸高抛。

（3）抓主要矛盾，分批折中操作，不被次要矛盾蒙蔽双眼。

（二）短线投机

主要做短差。

（1）波动规律明显的机会。

（2）活跃股的短线低点。

（3）呆滞股的明显转强。

（三）短线针对性选股法

（1）模仿。根据近期强势股，找寻爆发前相似状态的品种。

（2）优势。根据大盘背景和自己的优势，选择恰当的品种进行操作。

第 47 篇
鲜为人知的高手盘感训练

人们眼中的天才之所以卓越非凡，并非天资超人一等，而是付出了持续不断的努力。1万小时的锤炼是任何人从平凡变成世界级大师的必要条件。无论是体育运动，还是画画唱歌，抑或是工匠技能，要想具备一定高度的功力，除了有教科书、老师指导外，都需要一定时间一定次数的认真训练。

其实，股市功夫也需要这个训练过程，然而有过这个训练过程的股民极少，主要原因有二：一是不知道要这么做，二是不知道该怎么做，没有这方面的训练教程。下面我就把股市盘感基本功的训练方法总结一下，供有缘人借鉴参考，只要多下些功夫，一定会让自己的功力提高不少的。

一、训练的方法总则

（一）每天的复盘

相信每天进行复盘的人还是比较多的，但是多数人的这种复盘只是情绪加强和低层次地选股（主要是其后可能振幅大的股，而不是选赚钱概率高的），这样没有正确理论指导的当天复盘是一种自以为的有技术的勤奋赌博，其实对于提高收益率以及提高炒股功力的作用是有限的。

有效的复盘必须是有正确的理论指导的，有统计规律的总结和记忆的，前者能够提高眼前收益，后者能提高炒股功力。而这些正是这篇文章需要解决的。

（二）历史复盘

1. 有效复盘

要有目的地经常看大盘和个股的K线图，一方面是总结特殊规律，另一方面是强化记忆，如果你是做事业的话，还需要文字总结（我自己就是这么做的，如果有几个股友，还可以交换看法讨论，这对记忆和深刻更有帮助）。

2. 涨功力

要把关键时点、关键波段的K线记忆清楚，不仅是具体清晰的走势，还有当时的信息情绪与前因后果都要清楚，前事不忘，后事之师，让历史告诉未来，避免被那些同样的势头绊倒两次，同样的机会又一再错失。没有这方面记忆训练的人，很容易每次大跌都躲不过，每次重大底部都害怕。

3. 统计眼前规律

要统计近两年的大盘波动规律和其原因，特别是量能和K线组合的关系、大主力调控意图和 K 线组合的关系、意外重大事件和 K 线组合的关系，并把总结的规律运用到实战中来检验、细化、提高。

4. 形成指导理论

通过有效、有目的、综合的复盘，把规律性的东西总结出来，写成《花荣 K 线蜡烛图股法》或者《张三、李四等 K 线蜡烛图股法》，你的水平将会得到极大的提高，有许多内容可能会固化到你的记忆中。

二、大盘的盘感训练

大盘的盘感主要复盘内容有：

（一）大的上升波段

（1）起因和启动点前后的 K 线组合和盘面。

（2）波段的时间和高度。

（3）中间的大震荡原因和后续。

（4）顶部转折的特征。

（二）大的下降波段

（1）起因和启动点前后的 K 线组合和盘面。

（2）波段的时间和跌幅。

（3）中间的反弹原因和后续。

（4）底部转折的特征。

（三）平准波段

（1）大箱体的大概区间。

（2）平准的波动特点。

（3）强弱股的波动特点和周期转换规律。

（4）有效爆破点和盈利模式（这点也适用于大盘强势波段）。

（四）突发事件时间

（1）突发事件。影响的幅度、历史影响的幅度，要与当时大盘的位置结合。

（2）大箱体的真假突破。有时一些引发情绪化的小事件会导致箱体的假突破，而引发恐慌性（贪婪性）的大消息会引发较大突破。

私募冠军股市看家功夫

（3）政策消息。政策消息的有效性与K线组合的结合规律。

（4）改变命运。大波段、大突发事件正是改变命运的关键时刻，正反两面都适用，就看你是怎么做的。做得对就是英雄，做错了就是狗熊。

三、个股的盘感训练

个股的盘感主要复盘内容有：

（一）阶段牛股的波动情况

（1）阶段牛股的原因。

（2）牛股前后的K线组合。

（3）牛股的涨幅。

（4）随大盘波动强势个股的涨幅。

（二）阶段的有效盈利模式

（1）常见的爆破点要熟悉。

（2）这阶段的高频率爆破点。

（3）统计爆破点对股价的影响。

（4）顺应实战。

（三）沉闷风险股的归类

（1）高风险股的特点。

（2）弱势沉闷股的特点。

（3）弱势股的低位转折情况。

（4）平庸股（可能有中线爆破点）的虹吸现象。

（四）系统化的节奏

日常的波动，也会有一些常见的小事物对大盘和个股产生影响。

（1）可预期事件点的盘感统计训练。

（2）可预期时间点的盘感统计训练。

（3）周边市场对大盘和个股的影响统计。

（4）箱体位置的个股活跃规律。

四、每天的统计复盘和日记

每天的功课和关键时刻功课主要有：

（一）这个阶段大盘定性与主要矛盾

平衡市要稳健，大趋势要适当过度。

（二）这个阶段的主要盈利模式和投资目的

用盈利模式赚钱，而不是用个股来赚钱。

（三）积累优势、积累资源、消化劣势

投资能力是综合能力，而不仅仅是分析能力。

（四）关键时刻的回顾和顺应

关键时刻的情绪基本上是反的，要通过回顾历史树立信心，同时采取组合分批的 80 分原则展开行动，不能错过第一时间，有时错过第一时间就没机会了。

第 48 篇
盘感训练阶段性记忆测试试题

学习的过程很重要，但是学习的结果更重要。为了检验我们股市 K 线地图的熟练程度，我们特别设计了下列测试题，一方面帮助检验训练结果，另一方面再次加深训练印象。

一、测试题

（1）A 股历史上最大的牛市是哪一次？原因是什么？持续时间多长？幅度是多大？

（2）A 股历史上第二大的牛市是哪一次？原因是什么？持续时间多长？幅度是多大？

（3）现在有可能启动一次涨到 2 万点以上跨度 10 年的大牛市吗？为什么？

（4）历史上最大两次牛市见顶后，股市的走势是怎样的？

（5）管理层对股市的具体要求是什么？

（6）2020 年春节出现新冠疫情大利空后，A 股开盘后的跌幅是多少？

（7）2020 年后，大盘的主要波动形式是什么？

（8）国家层面的大机构在市场中的主要任务是什么？

（9）2020 年后，A 股急跌的单波次跌幅是多少？

（10）每年 1 月的行情比其他月份活跃还是沉闷？

（11）历史上哪个月容易出现大震荡？

（12）弱势时间，什么特殊时间市场资金容易紧张？

（13）连续强势市场，什么样的时间容易出现大震荡？

（14）弱市中的大盘超跌反弹，在什么位置容易再次下跌？

（15）如果市场一年都比较弱，什么时间大机构会做市值，怎么做？

（16）股市长时间低迷后，大主力发动中级行情时有什么特征？

（17）大盘维持大箱体平准波动时，指数跌到下沿时什么股会经常维护箱体指数下沿支撑？

（18）怎样区分强势股和弱势股？强势股和弱势股该怎么操作？

（19）市盈率高于老股的多数次新股在第一年的走势特征是什么？

（20）市场连续出现二八现象时，该怎么办？

（21）大盘弱势时，转债发行除权日，相关股票常会发生什么情况？

（22）在大盘强势市场中，大盘出现短线技术性调整时，什么股容易逆势涨？

（23）强势市场、平衡市场、弱势市场的选股思维有什么不同？

（24）在弱势市场中追涨强势股是许多人的习惯，这种习惯对不对？

（25）在大盘急跌后期会出现什么现象？

（26）在大盘连续涨一个月后，或者连续跌一个月后，什么样的股容易出现业绩大变化？

（27）每年 1 月中下旬，什么股容易出现利空？

（28）一个强热点板块出现，如果具备操作性，买涨幅大的股，还是买涨幅小的股？为什么？

（29）螺旋桨 K 线股的走势有什么特点？

（30）在弱势中，出现小利好的大盘和个股容易出现什么走势？

（31）人民币升值或者贬值涨跌利好利空哪些股？

（32）什么样的股容易出现重组事项？

（33）你有什么 K 线复盘经验新总结？

二、测试题答案

（1）2005～2007 年，因为股权分置改革，持续时间 2 年左右，从 1000 点涨到 6124 点。

（2）2014 年 7 月至 2015 年 6 月，因为发行新股重启，持续时间一年左右，从 2000 点涨到 5178 点。

（3）没可能，因为与历史上的最大牛市起点时的综合面相比，目前综合面不支持。

（4）出现了两次历史上比较惨烈的熊市，许多人亏损累累。

（5）稳中有涨，涨幅有限。防止暴涨暴跌，防止急上急下。

（6）大盘两个跌停，20%。

（7）2020 年后，大盘的主要波动形式是大箱体平衡平准波动。

（8）国家层面的大机构在市场中的主要任务是稳定市场、分享经济成长红利。

（9）沪指 14% 左右。

（10）更为活跃，要么是阶段行情，要么是阶段大跌。

（11）6 月底，这个时间资金比较紧张。

（12）每个季度底的最后一个周四或者月底倒数第二个交易日，逆回购比较高。

（13）市场连续大涨后，期指溢水较大，在期指交割日容易出现震荡，尾市是买进抄底机会。

（14）当指数反弹到 30 日均线的时候。

（15）在 12 月底做市值，通过大市值基本面好的金融股或者蓝筹股。

（16）强势启动金融板块，连续启动 2～3 天，或者持续启动某大市值板块。

（17）当时地位的基本较好的金融股。

（18）MCST 线上是强势股，根据 MCST 线或者均线、CCI 指标判断与支撑后吸纳；MCST 线下是弱势股，根据价量关系追强。

（19）单边长时间阴跌，并面临大小非解禁的压力。

（20）顺应市场，警惕虹吸现象。

（21）除权现象的下跌。

（22）前期涨幅不大的筹码集中股。

（23）强势市场选初步超越股，平衡市场根据技术指标低吸活跃股，弱势市场短线做严重超跌股。

（24）这种股振幅大，大涨大跌，但是大跌概率更大，容易获得比赛的后几名。

（25）前期抗跌的强势股补跌，超跌的大市值指标率先止跌。

（26）券商股、保险股，还有其他持股市值比较大的股，比如创投概念股（要看持股市值）。

（27）高商誉股容易计提导致巨亏，基本面下滑的股容易预亏预降。

（28）买涨幅大的股，事实证明热点板块中的强势股容易涨得多和抗跌，这点许多人知道但在实战中有心理障碍。

（29）阶段振幅小，但日振幅常有上下影线。一旦走强便常会连续，一旦下跌便常会跌停。

（30）容易高开后快速回补缺口，甚至出现大跌，因为有机构找到了出货机会。

（31）人民币升值利好航空、造纸、房地产；人民币贬值利好出口贸易，比如纺织服装。

（32）大股东发生了转换、大股东是资本高手、大股东是强股东有未上市资产、需要解决同业竞争，莫名其妙地出现局部要约收购事项，出现过资产重组但失败的壳股，公司表示过改变主营方向的基本面差股。

（33）自己总结。

第49篇
每年半年底实战注意点

每年6月下旬和7月是一个比较特殊的时间，历史数据统计，这个时间段非常容易出现比较大的有特点规律的波动，因此，对于这个时间的特点规律进行总结，是非常有必要的，也是实战需要注意和参考的。下面我就把这个时间段，实战操作需要注意的事项进行归纳总结。

一、6月底容易出现大波动

（一）六月底是社会资金紧张时间

在这个时间，银行喜欢短暂收拢资金，股市中逆回购也容易出现短期明显升高的现象，这些都会对股市、债市的价格产生影响。

（二）股市高位容易出现震荡

最为典型的是2015年6月底。

（三）股市低位有时也会震荡

2013年6月底曾经出现过底部大震荡。

（四）弱势中6月底容易普跌

弱势中季度底（有时月底也会）容易震荡，6月底更容易震荡。如果不是大盘明显比较强或者有很好的投资目标品种，尽量防范一下。

二、7月容易出现行情

（一）7月初容易产生偏大行情

近几年产生的两次偏大行情，都是7月初产生的，比如2014年7月、2020年7月。产生偏大行情时，都是由金融指标股价涨量增激活大盘的。

（二）平衡市也容易产生反弹

在平衡市中，6月底容易出现低点，7月初也容易出现反弹走势。

（三）其他的季度底和月底

4月底、9月底也容易出现弱势震荡，8月底由于是半年报截止时间，这个时间容易集中公布绩差股的业绩，在弱势中这个时间也容易震荡。

（四）其他的季度初和月初

1月初、5月初、9月初容易出现短暂行情，尤其是业绩超预期好的成长股。

二、6 月底和 7 月初的个股节奏注意点

（一）债券品种

由于资金紧张，债券容易承压，在这个时间债券品种（包括转债品种）容易出现短线抛压，因此稳健投资者可以选择合适的债券品种进行低吸。

如果投资转债要注意的因素有：满意的年化收益率、有下调转股价的大概率题材、溢价可以承受（具有股性）。

（二）错杀的 ST 股

4月底公布完年报后，有许多股会被 ST，这时新 ST 股容易出现波段性的大幅下跌，并带动一些老 ST 股和部分绩差亏损股跟随大跌，在经过 6 月底的震荡后，这些股容易出现超跌状态，其中一些被错杀股以及基本面明显有趋好迹象的个股可能有机会，如果对基本面有信心，一些基本面稳定的临近 1 元面值大盘央企股也可以适当注意。

（三）大盘指标股

如果大盘在 7 月出现新的中级行情，要注意金融指标股的动向，一旦金融指标股明显价涨量增，应该第一时间参与。也可以适当注意一些小盘金融股是否也属于强势股范畴，还有也需要观察沪深 300 成分股中的低位新强势股。

有时，中字头的央企股也会成为点火板块，值得在这个时间注意。

（四）中报可能业绩不错的股

进入 7 月，业绩波动大的个股会提前预告中报业绩情况，此时的选股要注意先评估调研一下，要注意预告公告造成的短线股价刺激爆破。

（五）股指期货

这个时间大盘容易产生较大波动，如果股指期货玩得熟练，这个时间也可以多加注意。

（六）定增、大宗交易

如果大盘出现意外的中线低点，有基本面合适的定增大宗交易也可以考虑。进行定增大宗交易时，要注意回避解禁时间是敏感弱势期的操作，比如在6月底、4月底解禁股都容易出现较大跌幅。

第50篇
论大资金实战的关键素养

要想在股市中获得成功，首先要有客观上有效的理论指导，其次是知行合一地把理论变成自己的本能功夫（多年磨一剑），再次要像运动员一样勤奋不懈地保持状态，最后还要有足够的有知者无畏和等待最佳机会的耐心。但是许多神话爱好者认为，真正的赚钱技术是半张纸看一眼不用练就立刻掌握，不用分析收集情报信息想什么时候赚钱就什么时候赚钱，想赚多少钱就赚多少钱。

现在我们来总结一下，保证股市实战稳健所需要的一些关键素养。

一、论风控

高手的第一素养是有效风控，关键性的大跌均需要规避，不会炒股的重要标志是一切大跌都没落下，即使你再有名甚至拿过冠军。

（一）给大盘定性

每个阶段中要给大盘定性，根据大盘的阶段及时性性质决定实战计划。

给大盘定性的关键要素是主要矛盾、情绪反馈与大主力动作。

1. 主要矛盾

市场在一个阶段中存在着一个重要的标志性事件，这个事件影响着人们的情绪，并进而导致市场出现一个阶段性的趋势。我们要清楚这个事件与趋势的影响度和转折点，最好是提前预知或者尽快响应。

市场常见的趋势有：

（1）箱体震荡平准趋势。

（2）单边强势趋势。

（3）单边风险趋势。

2. 黑天鹅

股市投资是一项长久的事业，时间拉长就必定会遇见黑天鹅，而职业要求一次较大的损失也不能允许有，这就需要我们有事前的防范措施。

黑天鹅的事前防范措施有：

（1）波段操作法。在保证平衡效率的前提下尽可能地短线，防止投资项目时间过长，杜绝与公司共存亡的模式。

（2）大股东的抗风险性。大股东实力和后援也是公司综合质量和实力的一个组成部分。

（3）后援实力的保证。打仗是需要预备队和后援保证的，股市投资也是，更要防止自身实力的哗变。

（二）仓位控制

其实，炒股技术就是仓位轻重、仓位组合和仓位性能的变化。

1. 仓位轻重

仓位轻重决定着你的心态，以及该项目的最终持仓成本和成败，如果你有无底线补仓的能力，你将不可能失败，如果你过早地重仓甚至满仓，你很可能会出现莫名其妙的因心理压力而导致的失误。

2. 仓位组合

仓位组合的目的有二：一是顺应趋势，二是提高效率。

（1）强势组合应该是重仓多强势品种。

（2）弱势组合应该是轻仓单一超跌品种。

（3）市场突变时需要反应速度。多品种的明显作用是，建仓速度快，撤退速度也快。

3. 仓位性能

股票无好坏，需要利用好天时和性能。

（1）大市值股票进出灵便，波动幅度相对呆滞。

（2）小市值股票进出低效率，但波动幅度大。

（3）对于衍生品种和具有重要事项的品种，要清楚相关定价和执行制度。

（4）弱势重质，强势重势。

（三）风控与进攻的矛盾

有时，股市中的中线风控措施与短线收益率是矛盾的，这时一是要看你的目的，二是看你的满意度，二者要同时综合考虑。

（1）大盘在高位时，多数人的情绪是昂奋的，个股是活跃的。

（2）大盘在低位时，多数人的情绪是低落的，个股是呆滞的。

（3）对大盘定性后，一些意外的次级反应不能浪费。比如说强势中小利空，弱势中的短线利好。

（4）要有期指的对冲和临时手段。

二、论选股

高手的第二素养是胜率稳而高，不会炒股的人不重视准确率但特别注意短线大涨幅，喜欢博短线大振幅，有惊喜但沮丧更多。

（一）准确率

（1）股市中的准备率最重要，最低要求是七赢二平一亏。

（2）买卖时机组合和大盘背景数量组合是提高准确率的最常见手段。

（3）优势交易手段（如低价定增、大宗交易）能用则用。

（4）平衡市中，低振幅的稳定品种的投资方式要能看习惯。

（5）坚决反对平衡市背景下的高振幅低准确率方法，这是被动的刀口舔血动作。

（二）时机背景

股市实战既要遵守原则，又要灵活地服从背景趋势。

1. 顺应市场潮流

该短线就短线，该长线就长线，该大盘股就大盘股，该小盘股就小盘股，该低价股就低价股，该高价股就高价股。不能执迷自己的主观思维习惯。

2. 背景不同，技术形态不同

强势背景重高振幅股，平衡背景下重规律股，弱势背景重低振幅股。这点很重要，许多人违反这个原则，永远都是追涨杀跌。

3. 第一笔操作

看好一个品种后，要有第一笔操作，即使在不完全满意的时候也要有第一笔操作，这第一笔可以仓位轻微一些，如果没有这第一笔操作，很容易漏掉了这个品种的操作。

（三）有庄则灵

主力的风格一定要熟悉和顺应。

（1）有庄无庄，短线庄还是中线庄，死庄还是活庄？

（2）机构的风格、目的、成本怎样？

阶段活跃游资的盈利模式要统计研究。要研究近期的大涨幅活跃股，伏击或者模仿。

（四）题材是第一生产力

股票数量众多后，题材热点的重要性更不能忽视。

1. 要统计判断板块的操作性

强势热点才能操作，要对情绪刺激和板块反应即时观察，设立自选股熟悉。

2. 龙头的作用不能忽视

虽然短线涨幅大，但是事实证明龙头股是相对有效和安全的，热点板块中的弱势股操作难度大。对于这点，许多人也是有心理障碍的，也是容易吃亏的。

3. 爆破点技术

短线爆破点技术一定要熟练，要统计其有效性，要勤奋地发现跟踪中线有效点。

【花言巧语加油站】

（1）只要眼光拉得足够长，原本那些让你纠结的话题，瞬间变得清晰可见。所有人都很有智慧，你只是忍不住时常短视。

（2）只有心灵才能洞察一切，最重要的东西，用眼睛是看不见的。

（3）有时，坚持了你最不想干的事情之后，便可得到你最想要的东西。

（4）凡事别说想不想，先问自己配不配。

（5）让人成为人的，恰恰是梦。

（6）恋人之间的语言不是语言，是语气。语气不是别的，是弦外之音。

（7）回忆里的人是不能去见的，去见了，回忆就没了。

（8）一个人可以坦坦荡荡地走在阳光里，也可以落落大方地走在星光里。

（9）以前觉得靠关系的人一定是很无能，接触过后发现人家还真样样比你强。

（10）江湖不是打打杀杀，而是人情世故。

（11）教育不是灌满一桶水，而是点燃一团火。希望这本书能点燃你心中发财的那团火。

炒股水平提高的学习路径

知识与技能，知与行，还是有着一定的距离的。

知识是能力形成的第一步，知识能够让你拥有一张武功图解，知道了努力的方向。下面笔者就把花氏炒股技术的最重要内容做个浓缩，以及提示一下大家今后需要进一步努力的方向，并留一些长线辅助作业。

通过对下面内容的理解、强记以及作业，可能会使你的武功快速强化。

一、花荣操盘术的浓缩

（一）股市的基础理财技术

股市基础理财技术＝六分心态＋三分技术＋一分运气。

股市理财必须是心平气和的，不能有多巴胺心理、逆势心理、扳本心理、输不起心理、急于证明自己的心理，有了这些心理，你就会变成一个不走运的笨蛋，技术实力发挥不出来，甚至自己给自己挖坑。股市赢钱难不可怕，可怕的是自己给自己挖坑，一旦投资者给自己挖坑，股市就变成了地狱。

股市理财技术不难，只要你自己不犯糊涂，不给自己挖坑，一般智商的人都能发财。

股市中最基本的技术有两个：

第一个基本技术是股市周期技术，股市存在着牛市和熊市，牛市做多并逃顶，熊市做空或者空仓。

第二个基本技术是无风险套利，即掌握和运用那些低风险、无风险的理财技术（必须是真的无风险，不能是没有落地的），就能够让股市变成天堂。

笔者自己就是一个实际的例子，笔者的财富基本上是依靠 2005～2007 年、2014～2015 年这两次牛市，以及一些无风险套利项目积累起来的。

在形成目前的投资理念之前，即 2004 年之前，笔者已经是成名的机构操盘手，在业内的名气不比现在差，也创造过大户们羡慕的传奇，但是由于防范风险技术没有过硬，成功果实没有保住，甚至遭受过巨大的不堪回首的磨难。所以，笔者现在的股市理财技术的形成是用血泪铸造的，一点也不过分。笔者自己珍惜，笔者的朋友珍惜，也希望大家珍惜。对于业余投资者，基础技术足够了，掌握好了下次牛市就能改变命运。

（二）股市的专业理财技术

股市高级理财技术是一种概率。

盈利模式＝强势模式＋平衡势模式＋弱势模式＋题材爆破点模式＋无风险套利模式＋人生赌注股模式＋阶段规律博弈模式。

花式万能选测股法＝大盘＋题材热点＋主力＋均线趋势＋MACD＋K 线逻辑＋心理障碍。

股市判断逻辑＝超越＋连续＋反击＋逆反＋规律＋过渡＋混沌＋目的或结果。

股市的概率＝确定性（时间、价格）＋趋势力量（系统）＋组合（仓位、成本）＋最后防线（清零、接受可接受的结果，不赌博）。

掌握股市专业技术需要一定的天赋和素质，需要足够的阅历和实践，如果掌握好了，能够增大发财的概率，能够让股市理财成为职业。

二、掌握和提高技术水平的途径

（一）去除坏习惯

许多人在学习花荣技术前，或多或少地学习过技术分析、基本面分析，或者是其他的赌博技术（可能你自己以为是投资技术），如果你对以前的投资结果不满意，就放弃吧，别学江南七怪里的柯镇恶，武功明明不行，还固执得不行，那不是自己吃亏吗？

（二）努力养成新习惯

决定人行为的因素不是知识而是习惯，为了能够发财过上好日子，不辜负老婆孩子，多花些力气吧，要熟记、要应用、要不断地总结，优秀是财富的副产品！

（三）提高基础素质

许多人学股市理财、学下棋、学某项技能，达到一定程度后水平就停滞不前，这是因为基础素质的提高遇到了瓶颈。提高一下基础素质，就会继续突破的。《万修成魔》专门提供了这方面的内容。

（四）进一步学习

《万修成魔》再看几遍。

三、技能实习作业

（1）把本文全篇理解并能背诵默写。

（2）写一篇文章：关于花家军股友常犯的错误以及怎样改正。

（3）在熊市中不赔钱（不要求赚钱，只要求不赔钱），在熊市中你怎样赚一些小钱（可以用一切手段)？

（4）正确地操作一个无风险套利的大项目，例如，要约收购、现金选择权、封转开等，要组合正确的操作，不能盲目套利赔钱。

（5）在大盘底部区域（去杠杆完成、贸易战结束、注册制实施，至少两项利空消失）来临后，用1/4的仓位抓住一只人生赌注股。

（6）在下次大牛市中，挣下一千万元以上。写一篇文章：关于你怎样保证你能在下一次大牛市中赚一大笔钱。

以上作业开卷，可以问别人、可以抄、可以跟别人合作，要不惜一切代价完成。

本书有部分章节的资料总结得到了几位股友的帮助，在这里谢谢他们的辛勤劳动！

本书的阅读参考书是《百战成精》《千炼成妖》《万修成魔》《青蚨股易》《操盘手1》《操盘手2》《操盘手3》。

花荣的新浪微博：http：//weibo.com/hjhh。